普通高等教育
十三五
"十三五"规划教材

统计分析系列

统计学
——理论、案例、实训

刘小平　李　忆　段　俊　编著

电子工业出版社
Publishing House of Electronics Industry
北京·BEIJING

内 容 简 介

本书是一本集理论与方法、案例与实训为一体的统计教材。全书共 9 章，主要介绍统计基本概念、数据收集与显示、数据描述、抽样分布、参数估计、假设检验、相关与回归、时间序列、指数。在本书编写过程中，作者广泛吸纳国内外优秀统计学教材成果，大胆融入现代教学理念，充分结合作者二十多年的统计学教学实践和教材编写经验，各章采取"案例导入—经典理论—本章小结—案例实验—思考题—练习题—实训题"的编写路径，体系完整，结构新颖。全书将统计理论、统计方法、实际案例、实验实训、综合练习融为一体，具有知识性、应用性、趣味性和易读性等特点。电子课件和习题参考答案可登录华信教育资源网 www.hxedu.com.cn 免费下载。

本书内容丰富，很少涉及统计学理论的数学证明，每章均配有与实际应用紧密联系的案例、练习和实训，运用一至两种软件对案例进行实验操作，适合作为高等院校经济、金融、管理、文学、法学等专业的本科生统计学课程教材，也是广大统计爱好者和统计工作者的参考读物。

图书在版编目（CIP）数据

统计学：理论、案例、实训 / 刘小平，李忆，段俊编著. —北京：电子工业出版社，2017.7
（统计分析系列）

ISBN 978-7-121-31719-4

I. ①统… II. ①刘… ②李… ③段… III. ①统计学－高等学校－教材 IV. ①C8

中国版本图书馆 CIP 数据核字（2017）第 120979 号

策划编辑：秦淑灵
责任编辑：徐　萍
印　　刷：三河市良远印务有限公司
装　　订：三河市良远印务有限公司
出版发行：电子工业出版社
　　　　　北京市海淀区万寿路 173 信箱　　邮编：100036
开　　本：787×1092　1/16　印张：15　字数：384 千字
版　　次：2017 年 7 月第 1 版
印　　次：2018 年 11 月第 3 次印刷
印　　数：2000 册　　定价：35.00 元

前　言

本书是为高等院校非统计学专业的学生编写的一本统计学教材，主要适用于经济、金融、管理、文学、法学等专业的学生。由于统计学是一门方法论性质的学科，应用性很强，尤其在数据分析方面，有着其他学科所不具备的独有特性，因此，学生对统计学掌握的好坏，对人才培养的质量有着重要影响。

本书集理论与方法、案例与实训为一体，各章采取"案例导入—经典理论—本章小结—案例实验—思考题—练习题—实训题"的编写路径，体系完整，结构新颖。全书将统计理论、统计方法、实际案例、实验实训、综合练习融为一体，内容丰富。书中很少涉及统计学理论的数学证明，每章均配有与实际应用紧密联系的案例、练习和实验，并运用一至两种软件（SPSS、R 或 Excel）对案例进行实验操作，具有知识性、应用性、趣味性和易读性等特点。为方便教师教学和学生学习，本书提供电子课件和习题参考答案，读者可登录华信教育资源网 www.hxedu.com.cn 免费下载。

本书主要包括描述统计、推断统计和经济管理中常用统计方法三个部分。第 1 章至第 3 章为描述统计部分，第 4 章至第 6 章为推断统计部分，第 7 章至第 9 章为经济管理中常用统计方法部分。本书按一学期 48 学时教授，每章后的案例实验操作及实验题的练习，教师可以根据实际教学进度和效果，适当调整内容。

本书由重庆邮电大学刘小平教授、李忆教授和重庆师范大学段俊老师联合编写。刘小平编写了第 1、2、3、8 章，李忆编写了第 5、6、7 章，段俊编写了第 4、9 章。全书由刘小平总纂定稿。本书的撰写得到了重庆邮电大学和重庆师范大学的大力支持和帮助。此外，重庆邮电大学经济管理学院硕士研究生毛立静、文瑞、田晓颖、张津铭、王青、官银平、郑慧对本书的撰写提供了协助，在此一并深表感谢！

本书的出版得到重庆邮电大学教育教学改革项目的资助（项目编号：XJG1509，负责人：刘小平），还得到重庆邮电大学校级教材立项资助（项目编号：JC2015-06，负责人：刘小平）。重庆邮电大学已在前期将统计学课程作为学校重点课程建设。

在本书付印之际，谨向所有帮助和支持本书编写和出版的朋友表示衷心的感谢！由于编者水平有限，书中难免有不妥或谬误之处，恳请各位专家和读者指出，不胜感激（作者电子邮箱：liuxiaoping@cqupt.edu.cn）。

刘小平

2017 年 5 月于重庆

目　　录

第1章　绪论 ··· 1

1.1　统计的含义 ··· 1

1.1.1　统计与统计学 ·· 2

1.1.2　统计数据的内在数量规律性 ··· 2

1.2　统计学的基本概念 ·· 4

1.2.1　总体和样本 ·· 4

1.2.2　参数和统计量 ·· 4

1.3　统计软件简介 ·· 4

1.3.1　SPSS ··· 5

1.3.2　SAS ·· 5

1.3.3　R ·· 5

1.3.4　Excel ··· 6

本章小结 ··· 6

思考题 ·· 6

练习题 ·· 7

第2章　数据收集与显示 ·· 8

2.1　数据的计量 ··· 8

2.1.1　数据的计量尺度 ··· 8

2.1.2　数据的类型 ··· 10

2.2　数据的收集 ··· 11

2.2.1　数据的直接获取 ··· 11

2.2.2　数据的间接获取 ··· 12

2.2.3　数据的质量 ··· 13

2.3　数据的显示 ··· 15

2.3.1　数据的审核 ··· 15

2.3.2　统计分组与频数分布 ··· 15

2.3.3　数据的显示 ··· 20

本章小结 ··· 30

案例实验 ··· 31

思考题 ·· 39

练习题 ·· 39

实训题 ·· 42

第3章　数据描述 ··· 44

3.1　总量指标与相对指标 ··· 45

　　　3.1.1　总量指标 ··· 45

　　　3.1.2　相对指标 ··· 45

　3.2　集中趋势的测度 ·· 49

　　　3.2.1　众数 ··· 49

　　　3.2.2　中位数 ··· 51

　　　3.2.3　分位数 ··· 53

　　　3.2.4　均值 ··· 54

　　　3.2.5　几何均值 ··· 56

　　　3.2.6　众数、中位数和均值的比较 ··· 57

　3.3　离散程度的测度 ·· 58

　　　3.3.1　异众比率 ··· 58

　　　3.3.2　极差 ··· 59

　　　3.3.3　四分位差 ··· 59

　　　3.3.4　方差和标准差 ·· 60

　　　3.3.5　离散系数 ··· 61

　3.4　偏态与峰度的测度 ·· 62

　　　3.4.1　偏态 ··· 62

　　　3.4.2　峰度 ··· 63

　3.5　数据的标准化 ··· 64

　　　3.5.1　标准化值的计算 ·· 64

　　　3.5.2　标准化值的作用 ·· 64

　　　3.5.3　契比雪夫定理 ·· 65

　本章小结 ··· 66

　案例实验 ··· 66

　思考题 ··· 69

　练习题 ··· 70

　实训题 ··· 72

第 4 章　抽样分布 ··· 74

　4.1　抽样方法 ··· 74

　　　4.1.1　简单随机抽样 ·· 74

　　　4.1.2　分层抽样 ··· 74

　　　4.1.3　机械抽样 ··· 75

　　　4.1.4　整群抽样 ··· 75

　4.2　抽样分布 ··· 75

　　　4.2.1　χ^2 分布 ··· 75

　　　4.2.2　t 分布 ··· 76

　　　4.2.3　F 分布 ··· 77

　　　4.2.4　正态总体的样本均值和样本方差的分布 ·· 78

　　　4.2.5　样本比率的分布 ·· 81

      4.2.6　两个样本统计量的分布 ·· 81

　本章小结 ·· 82

　案例实验 ·· 82

　思考题 ·· 84

　练习题 ·· 85

　实训题 ·· 85

第5章　参数估计 ·· 86

　5.1　参数估计的基本原理 ··· 86

      5.1.1　估计量与估计值 ··· 86

      5.1.2　参数估计的基本方法 ··· 86

      5.1.3　点估计评价标准 ··· 87

　5.2　一个总体参数的区间估计 ··· 88

      5.2.1　总体均值的区间估计 ··· 88

      5.2.2　总体比率的区间估计 ··· 91

      5.2.3　总体方差的区间估计 ··· 92

　5.3　两个总体参数的区间估计 ··· 93

      5.3.1　两个总体均值差的区间估计 ·· 93

      5.3.2　两个总体比率差的区间估计 ·· 96

      5.3.3　两个总体方差比的区间估计 ·· 97

　5.4　样本量的确定 ··· 98

      5.4.1　确定样本量的一般问题 ·· 98

      5.4.2　估计总体均值时样本量的确定 ·· 99

      5.4.3　估计总体比率时样本量的确定 ··· 100

　本章小结 ·· 101

　案例实验 ·· 101

　思考题 ·· 104

　练习题 ·· 104

　实训题 ·· 108

第6章　假设检验 ·· 109

　6.1　假设检验的基本原理 ··· 109

      6.1.1　假设检验的基本思想 ··· 109

      6.1.2　假设检验的基本概念 ··· 110

      6.1.3　假设检验的基本步骤 ··· 112

      6.1.4　关于 p 值 ·· 113

　6.2　一个总体参数的假设检验 ··· 114

      6.2.1　总体均值的假设检验 ··· 114

      6.2.2　总体比率的假设检验 ··· 117

      6.2.3　总体方差的假设检验 ··· 118

　6.3　两个总体参数的假设检验 ··· 120

6.3.1 两个总体均值差的假设检验 ………………………………………… 121

6.3.2 两个总体比率差的假设检验 ………………………………………… 126

6.3.3 两个总体方差比的假设检验 ………………………………………… 127

本章小结 …………………………………………………………………………… 129

案例实验 …………………………………………………………………………… 129

思考题 ……………………………………………………………………………… 133

练习题 ……………………………………………………………………………… 133

实训题 ……………………………………………………………………………… 136

第7章 相关与回归 …………………………………………………………………… 137

7.1 相关分析 …………………………………………………………………… 137

7.1.1 变量间的关系 ………………………………………………………… 137

7.1.2 相关关系的类型 ……………………………………………………… 138

7.1.3 相关系数 ……………………………………………………………… 140

7.2 一元线性回归 ……………………………………………………………… 142

7.2.1 回归分析的基本概念 ………………………………………………… 142

7.2.2 一元线性回归模型的设定 …………………………………………… 143

7.2.3 参数的最小二乘估计 ………………………………………………… 144

7.2.4 一元线性回归分析中的显著性检验 ………………………………… 146

7.2.5 一元线性回归方程预测 ……………………………………………… 150

7.3 多元线性回归 ……………………………………………………………… 152

7.3.1 多元线性回归模型的设定 …………………………………………… 152

7.3.2 参数的最小二乘估计 ………………………………………………… 152

7.3.3 多元线性回归分析中的检验问题 …………………………………… 155

本章小结 …………………………………………………………………………… 158

案例实验 …………………………………………………………………………… 158

思考题 ……………………………………………………………………………… 164

练习题 ……………………………………………………………………………… 164

实训题 ……………………………………………………………………………… 167

第8章 时间序列 ……………………………………………………………………… 168

8.1 时间序列概述 ……………………………………………………………… 169

8.1.1 绝对数时间序列 ……………………………………………………… 170

8.1.2 相对数时间序列 ……………………………………………………… 170

8.1.3 平均数时间序列 ……………………………………………………… 170

8.2 时间序列描述性分析 ……………………………………………………… 170

8.2.1 时间序列的水平描述 ………………………………………………… 170

8.2.2 时间序列的动态描述 ………………………………………………… 173

8.3 时间序列的分解与模型 …………………………………………………… 176

8.3.1 时间序列的分解 ……………………………………………………… 176

8.3.2 时间序列组合模型 …………………………………………………… 177

8.4 时间序列趋势分析 178
 8.4.1 移动平均法 178
 8.4.2 趋势模型法 180
8.5 时间序列季节变动分析 184
 8.5.1 按季(或月)平均法 185
 8.5.2 移动平均趋势剔除法 186
 8.5.3 季节变动的调整 187
8.6 时间序列循环波动与不规则变动分析 188
 8.6.1 循环波动分析 188
 8.6.2 不规则变动分析 191
本章小结 191
案例实验 192
思考题 201
练习题 201
实训题 203

第9章 指数 204
9.1 指数概述 204
 9.1.1 指数概念 204
 9.1.2 指数分类 205
 9.1.3 个体指数编制 205
9.2 总指数编制 206
 9.2.1 综合指数法 206
 9.2.2 平均数指数法 208
9.3 指数体系 209
 9.3.1 基本概念 209
 9.3.2 指数体系分析 210
9.4 指数的应用 213
 9.4.1 工业生产指数 214
 9.4.2 零售价格指数 214
 9.4.3 消费价格指数 216
 9.4.4 股票价格指数 217
本章小结 218
思考题 218
练习题 218
实训题 221

附录A 常用统计表 222

参考文献 232

第1章 绪 论

案例导入：

毕业生起薪你给多少？

据国内某招聘网站 2016 年 8 月发布的《2016 年应届毕业生就业力调研报告》显示，2016 年应届毕业生期望月薪平均值为 4985 元，而实际签约月薪为 4765 元，近三成毕业生进入互联网行业。而且，IT/互联网/通信/电子行业的平均月薪最高，应届生平均薪资水平为 5693 元。与 2015 年相比，2016 选择创业的应届毕业生比例明显下降，由 6.3% 降至 3.1%。同时，2016 年应届毕业生选择就业的比例有所上升。

1. 从行业看

毕业生期望就业的三大行业依次为 IT/互联网/通信/电子、金融/银行/投资/基金/证券/保险、政府/公共事业/非营利机构。而从实际就业行业来看，排名前三的是：IT/互联网/通信/电子行业占 29.5%；加工/生产/制造/汽车行业占 16.1%；金融/银行/投资/基金/证券/保险行业占 13.7%。

2. 从类型看

排名靠前的学校仍是以理工类和财经类为主，前十名中，清华大学、上海大学、同济大学都是典型的理工类大学；而上海财经大学、上海外国语大学、对外经济贸易大学和中央财经大学都是典型的财经类大学。

3. 从薪资看

应届生实际签约薪资水平较高行业：IT/互联网/通信/电子行业，5693 元；金融行业，4685 元；文化/体育/娱乐/传媒，4552 元。

应届生实际签约薪资水平较低行业：农/林/牧/渔/其他，3500 元；服务业，3873 元；文教体育/工艺美术，3900 元。

应届生实际签约薪资水平较高专业：法学，6060 元；医学，5722 元；工学，5222 元。

应届生实际签约薪资水平较低专业：农学，3425 元；艺术学，3395 元。

1.1 统计的含义

案例导入中报告了国内某招聘网站对中国 2016 年应届毕业生就业力的调研结果，其中与数据有关的事实很多。在当今全球化经济环境中，大量的数据处处存在，它们都是可以利用的。案例中的数据就被用来反映 2016 年应届毕业生起薪情况。在当今的管理界，最成功的管理者是那些能够理解数据并能够有效利用数据的人。我们几乎无法想象，案例导入中如果不存在数据将会怎样，那将会是一份价值渺小的报告。

数据无处不在，又是如此有价值，研究数据的科学必将产生，并将具有极其广泛的应用，实用性极其强大。统计学就是一门研究数据的科学。

1.1.1 统计与统计学

"统计"在现今人们的工作、生活中绝不是一个陌生的词。人们经常说"这是上月的产量统计"、"我国去年的 GDP 值统计出来了吗？""你学过统计吗？"从中可以看出，"统计"一词使用频繁但含义却不单一，它被人们赋予了不同的含义。因此，很难给"统计"下一个简单的定义。概括起来，"统计"有三个方面的含义。一是指统计工作，统计工作是收集、整理和分析统计数据的活动和过程；二是指统计数据，统计数据是收集、整理和分析统计数据活动的成果；三是指统计学，统计学是进行统计数据收集、整理和分析的方法和科学。这三个方面的含义各不相同，但互相之间却是有联系的。统计学是指导统计工作的方法和理论，统计数据是统计工作的成果，而统计工作对统计学的发展不断提出需求。可见，统计实际上是统计工作、统计数据和统计学三者相互区别又相互联系的有机统一体。

统计学是一门收集、整理和分析大量统计数据的方法科学，其目的是探索数据的内在数量规律性，从而科学地认识客观事物。

统计数据的收集是指获取统计数据的过程，统计学研究获取统计数据的来源以及获取的方式和方法。

统计数据的整理是指对原始统计数据的处理、分组和显示，统计学研究不同类别的统计数据的不同整理方法。

统计数据的分析是统计学的核心内容，统计学研究探索数据的内在数量规律性的各种方法。

既然统计学是研究统计数据的收集、整理和分析的科学，可见，统计学与统计数据的关系密不可分。

离开统计数据，统计学将失去研究对象，也就无须存在。另一方面，对于统计数据来说，如果没有统计学的科学方法进行整理和分析，从而获取有用的信息，统计数据只能是一堆枯燥的数字而已，将毫无价值。

1.1.2 统计数据的内在数量规律性

如前所述，统计学的研究目的是探索数据的内在数量规律性。那么统计数据的内在数量规律性是什么？统计数据的内在数量规律性是否存在？为什么统计学的方法能够通过分析统计数据来找到统计数据的内在数量规律性呢？下面通过几个简单的例子来看看。

图 1.1 是新中国人口发展趋势图，从图的走势可以初步看出，新中国人口发展大致经历了六个阶段，分别是：第一个人口高增长阶段（1949—1957 年）、人口低增长阶段（1958—1961年）、第二个人口高增长阶段（1962—1970 年）、人口有控制增长阶段（1971—1980 年）、第三个人口高增长阶段（1981—1990 年）、人口平稳增长阶段（1991 年至今）。

图 1.2 是我国 2000 年以来各年移动电话年末用户数趋势图，从图的形状可以看出，我国从 2000—2014 年期间，移动电话年末用户数的发展趋势非常明显，几乎为直线趋势。

表 1.1 是 10 个品牌啤酒的广告费用和销售量数据表，通过表中数据可以大致看出，随着广告费用的增加，啤酒的销售量总体上也在增加。这是否说明啤酒销售量与广告费用投入之间存在某种联系？

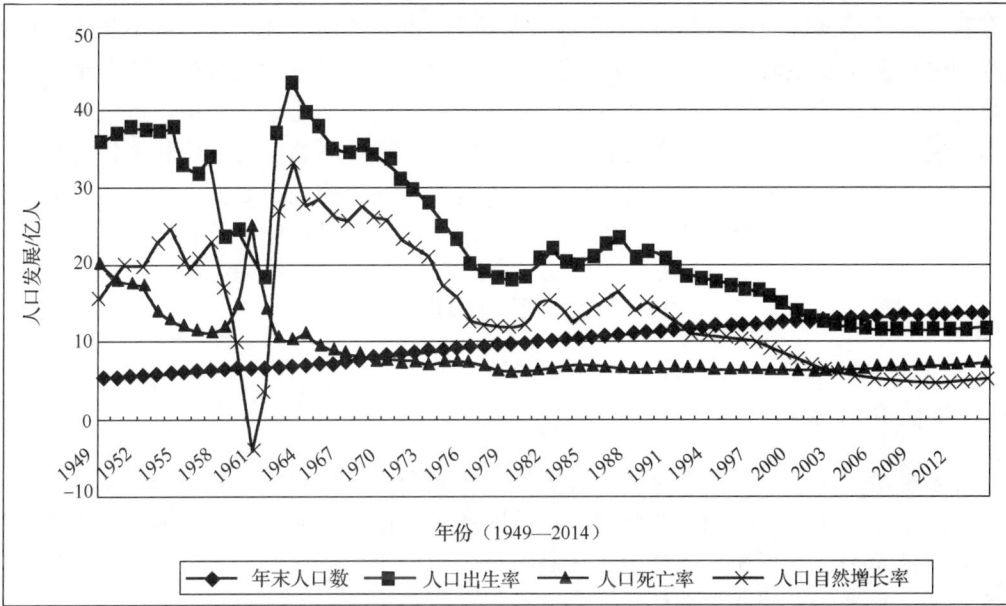

图 1.1　新中国人口发展趋势图

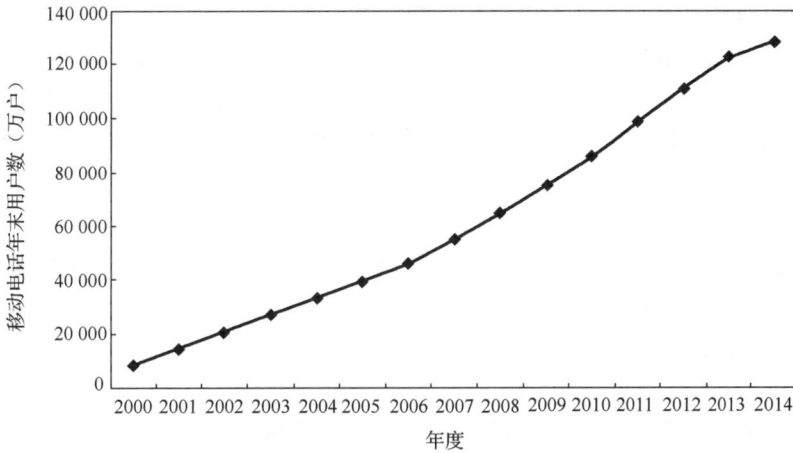

图 1.2　中国近几年移动电话用户数

表 1.1　10 个品牌啤酒的广告费用和销售量数据表

啤酒品牌	A	B	C	D	E	F	G	H	I	J
广告费用(万元)	122.0	69.7	105.1	78.6	9.7	1.5	23.5	1.8	5.8	1.8
销售量(万箱)	39.8	25.7	19.8	15.5	9.8	8.6	8.9	5.6	5.7	5.5

　　以上例子简单地说明了一个道理，统计数据的数量规律性是客观存在的，统计学通过研究大量统计数据，能够找到其数量规律性，从而科学地认识客观事物，人们利用它解决各种各样的问题。

　　统计学之所以能够通过研究大量统计数据找到统计数据的数量规律性，是因为统计数据所反映的客观事物是必然性和偶然性的对立统一体。必然性反映事物内在的本质特征，偶然性则反映事物表现上的差异。

　　在我们进行某一次观察时(获取一个统计数据)，事物的偶然性使我们看不到数量规律，而在我们进行多次观察时(获取大量统计数据)，虽然事物的偶然性使得统计数据千差万别，但必然性就隐含在其中，利用统计方法可以将其找到。在以上几个例子中，虽然新中国每一年人口发展数据、每一年我国移动电话用户数、每个品牌啤酒的广告费用和销售量都是不尽相同的，甚至是差异很大的，但统计方法通过大量的、多次的观察数据，能够尽可能地去除数据所表现的偶然性，将统计数据中所客观存在的内在的数量规律性找到。

1.2　统计学的基本概念

1.2.1　总体和样本

　　总体就是所要研究的对象的全部个体所构成的集合。构成总体的每一个元素称为个体。例如，研究某地区民营企业的经营状况，该地区所有的民营企业就是我们的研究总体，每一个民营企业就是个体。再如，研究中国各高校外国留学生所占比例情况，全国所有的高校就是研究总体，每一所高校就是个体。

　　总体根据所包含个体是否有限可以分为有限总体和无限总体。有限总体的范围能够明确确定，且元素的数目是有限的。无限总体所包括的元素是无限的，不可数。

　　样本是从总体中抽取的一部分元素的集合，构成样本的元素的数目称为样本容量。例如，在研究某地区民营企业的经营状况时，从该地区抽取了 15 家民营企业进行调查研究，这里所抽取的 15 家民营企业构成的集合就是样本，样本量为 15。再如，在研究中国各高校外国留学生所占比例情况时，从全国高校中抽取了 50 所高校进行调查研究，这里被抽中的 50 所高校所构成的集合就是样本，样本量为 50。

　　在抽样过程中，根据样本量大小不同，可以将样本量大于或等于 30 的样本称为大样本，样本量小于 30 的样本称为小样本。

1.2.2　参数和统计量

　　参数描述总体特征的概括性数字度量，是研究者想要了解的总体的某种特征值。总体参数的种类很多，但研究者常关心的主要有：总体均值(记为 μ)，总体方差(记为 σ^2)，总体比率(记为 π)等。总体参数通常用希腊字母表示。

　　与总体参数相对应，统计量用来描述样本特征的概括性数字度量，它是根据样本数据计算出来的一些量，是样本的函数。常用的样本统计量有：样本均值(记为 $\bar{x}$)，样本方差(记为 s^2)，样本比率(记为 p)等。样本统计量通常用英文字母表示。

　　统计学中的绝大多数问题都是研究如何根据样本统计量去推断总体参数的问题。例如，用样本均值 $\bar{x}$ 去推断总体均值 μ，用样本方差 s^2 去推断总体方差 σ^2，用样本比率 p 去推断总体比率 π 等。

1.3　统计软件简介

　　由于计算机的发明和广泛应用，使得统计学有了更大的发展，计算机为统计应用的普及提供了更好的条件。

目前，处理统计数据的软件很多，比较常用的有 SPSS、SAS、R、Excel 等。

1.3.1　SPSS

SPSS 是软件英文名称的首字母缩写，原意为 Statistical Package for the Social Sciences，即"社会科学统计软件包"，是一种集成化的计算机数据处理应用软件。但是随着 SPSS 产品服务领域的扩大和服务深度的增加，SPSS 公司已于 2000 年正式将英文全称更改为 Statistical Product and Service Solutions，意为"统计产品与服务解决方案"。

SPSS 是世界上最早的统计分析软件，由美国斯坦福大学的三位研究生于 20 世纪 60 年代末研制，同时成立了 SPSS 公司，并于 1975 年在芝加哥组建了 SPSS 总部。1984 年 SPSS 总部首先推出了世界上第一个统计分析软件微机版本 SPSS/PC+，开创了 SPSS 微机系列产品的开发方向，极大地扩充了它的应用范围，并使其能很快地应用于自然科学、技术科学、社会科学的各个领域。迄今 SPSS 软件已有 40 余年的成长历史，全球拥有大量的产品用户，广泛分布于通信、医疗、银行、证券、保险、制造、商业、市场研究、科研教育等多个领域和行业，是世界上应用最广泛的专业统计软件。

SPSS 由多个模块构成，模块数量随版本的不同而有所变化，主要模块功能有：Statistic Base、Advanced Statistics、Regression、Categories、Missing Value、Conjoint、Forecasting、Custom Tables、Complex Samples、Bootstrap、Decision Trees、Neural Network、Data Preparation、Statistic Adapter、Direct Market。

SPSS 具有功能强大、兼容性好、易用性强、扩展性高等特点，得到了广大统计分析人员的钟爱，也是非专业统计人员的首选统计软件。

1.3.2　SAS

SAS 全称为 Statistics Analysis System，最早由北卡罗来纳大学的两位生物统计学研究生编制，并于 1976 年成立了 SAS 软件研究所，正式推出了 SAS 软件。

SAS 是用于决策支持的大型集成信息系统，但该软件系统最早的功能仅限于统计分析，至今，统计分析功能也仍是它的重要组成部分和核心功能。SAS 广泛应用于金融、医药卫生、生产、运输、通信、政府和教育科研等领域。

SAS 是一个组合软件系统，它由多个功能模块组合而成，其基本部分是 BASE SAS 模块。在 BASE SAS 的基础上，还可以增加如下不同的模块而扩展不同的功能：SAS/STAT(统计分析模块)、SAS/GRAPH(绘图模块)、SAS/QC(质量控制模块)、SAS/ETS(经济计量学和时间序列分析模块)、SAS/OR(运筹学模块)、SAS/IML(交互式矩阵程序设计语言模块)、SAS/FSP(快速数据处理的交互式菜单系统模块)、SAS/AF(交互式全屏幕软件应用系统模块)，等等。

它采用 MDI（多文档界面），用户在 PGM 视窗中输入程序，分析结果以文本的形式在 OUTPUT 视窗中输出。使用程序方式，用户可以完成所有需要做的工作，包括统计分析、预测、建模和模拟抽样等。但是，这使得初学者在使用 SAS 时必须要学习 SAS 语言，入门比较困难。

1.3.3　R

R 是 S 语言的一个分支。1980 年左右，由 AT&T 贝尔实验室开发的 S 语言是一种用来进行数据探索、统计分析和作图的解释型语言。最初 S 语言的实现版本主要是 S-PLUS。S-PLUS

是一个商业软件，它基于 S 语言，并由 MathSoft 公司的统计科学部进一步完善。后来新西兰奥克兰大学的 Robert Gentleman 和 Ross Ihaka 及其他志愿人员开发了一个 R 系统，由 "R 开发核心团队" 负责开发。R 可以看作贝尔实验室(AT&T Bell Laboratories)的 Rick Becker, John Chambers 和 Allan Wilks 开发的 S 语言的一种实现。

　　R 是一套完整的数据处理、计算和制图软件系统，是一个自由、免费、源代码开放的软件。其功能包括：数据存储和处理系统；数组运算工具(其向量、矩阵运算方面的功能尤其强大)；统计分析工具；统计制图功能；编程语言——可操纵数据的输入和输出，可实现分支、循环，用户可自定义功能。

1.3.4　Excel

　　Excel 是办公自动化中非常重要的一款软件，可以方便地对数据进行排序、筛选等预处理，并对各种数据进行统计计算和分析，以丰富的图表方式显示数据及分析结果。Excel 被广泛地应用于日常统计工作中。

　　Excel 函数共有 11 类，分别是数据库函数、日期与时间函数、工程函数、财务函数、信息函数、逻辑函数、查询和引用函数、数学和三角函数、统计函数、文本函数以及用户自定义函数，统计函数是其中的一类。Excel 中所提的函数其实就是一些定义的公式，它们使用一些称为参数的特定数值按特定的顺序或结构进行计算，用户可以直接用它们对某个区域内的数值进行一系列运算。统计函数就是一系列的统计模型或计算公式，用户选择或输入相关的参数，就可以进行统计计算，如计算均值、方差等。

　　虽然 Excel 不是单独开发的统计软件，但由于其具有一定的统计功能，操作界面简单，且为广大用户所熟知，因此深受使用者欢迎。

本 章 小 结

　　1．统计学是一门收集、整理和分析数据的科学，其目的是探索数据内在的数量规律性。统计学和统计数据密不可分。

　　2．统计是认识事物的工具，无论是工作、学习，还是日常生活中，都需要运用到统计学的知识，它广泛应用于社会的各个领域，学好统计学非常有用。

　　3．统计学中涉及很多的基本概念，本章介绍了最常见的概念：总体和样本，参数和统计量。它们贯穿全书。

　　4．处理统计数据的软件很多，比较常用的有 SPSS、SAS、R、Excel 等。对于不同的使用者，可以根据自己的条件，选择学习。学习统计软件的最好方式是在使用中学习，并多看帮助和说明。

思 考 题

　　1．什么是统计与统计学？如何理解统计数据与统计学的关系？

　　2．什么是总体与样本？它们之间有什么关系？

　　3．什么是参数与统计量？它们之间有什么关系？

　　4．试举出日常生活中的例子以说明统计数据及其规律性。

练 习 题

1. 一家研究机构从电商从业者中随机抽取 1000 人作为样本进行调查，其中 70%的人回答他们的月收入在 6000 元以上，80%的人回答他们日常购物会选择网购方式。

(1)这一研究的总体是什么？样本是什么？样本量是多少？

(2)"月收入 6000 元"是参数还是统计量？"选择网购的占比 80%"是参数还是统计量？

(3)指出该项研究中的参数和统计量。

2. 某大学经济管理学院为了解毕业生的就业意向，分别从工商管理专业抽取 20 人、市场营销专业抽取 30 人、会计学专业抽取 50 人、经济学专业抽取 60 人进行调查。

(1)这一研究的总体是什么？

(2)研究者所关心的参数是什么？

(3)样本量是多少？

第2章　数据收集与显示

案例导入：

庞大的中国网民队伍

中国互联网络信息中心(CNNIC)2017年1月22日发布了第三十九次《中国互联网络发展状况统计报告》。《报告》显示，截至2016年12月，我国网民规模达7.31亿，互联网普及率达到53.2%，超过全球平均水平3.1个百分点，超过亚洲平均水平7.6个百分点。

《报告》显示，我国2016年全年共计新增网民4299万人，增长率为6.2%，我国网民规模已经相当于欧洲人口总量。其中，手机网民规模达6.95亿，占比达95.1%，增长率连续3年超过10%。而台式计算机、笔记本电脑的使用率均出现下降，手机不断挤占其他个人上网设备的使用。

《报告》显示，2016年，我国手机网上支付用户规模增长迅速，达到4.69亿，年增长率为31.2%，网民手机网上支付的使用比例由57.7%提升至67.5%。手机支付向线下支付领域的快速渗透，极大丰富了支付场景，有50.3%的网民在线下实体店购物时使用手机支付结算。

《报告》指出，我国网民规模经历近10年的快速增长后，红利逐渐消失，网民规模增长率趋于稳定。2016年，中国互联网行业整体向规范化、价值化发展，同时，移动互联网推动消费模式共享化、设备智能化和场景多元化。

以上资料比较简明扼要地反映了当下中国网民用户的基本情况，问题的关键在于，上述数据是怎么得到的？众多的数据如何显示才会让我们对研究对象的数量特征与规律"一目了然"？

2.1　数据的计量

2.1.1　数据的计量尺度

统计数据是对各种客观现象的信息进行计量的结果，由于现象的性质不同，予以计量的尺度或测量的程度也是不同的。例如，有的现象只能对或只需对其属性进行分类，如人口的性别和民族、产品的质量等级、服务态度的好坏等；有些则可以或要求必须用比较精确的数字加以计量，如一定时期一定地区的经济活动总量、人口的平均寿命、企业的销售收入、学生考试的平均成绩等。根据计量学的一般分类方法，按照对事物计量的精确程度，可以将采用的计量尺度由低级到高级、由粗略到精确分为四个层次，即定类尺度、定序尺度、定距尺度和定比尺度。采用不同计量尺度可以得到不同类型的统计数据，进而需要采用不同的统计分析方法进行分析研究。

1. 定类尺度

定类尺度也称类别尺度或列名尺度，是最粗略、计量层次最低的计量尺度。运用"属于或不属于"的判断标准对事物的某种属性进行平行的分类或分组，用于测量定类变量，如性别分类、民族划分、企业所有制属性等，计量的结果只是表现为某种类型，各个类别之间是平等、并列关系，没有顺序、大小、优劣之分。为了便于统计处理特别是计算机的识别，对不同的类别用自然数字表示或编码表示，例如，用编号"1"表示男，编号"2"表示女；用编号"1"表示汉族，用编号"2"表示苗族，用编号"3"表示满族等，但是这些数字不可以区分大小或进行任何的数学运算，只能计算各个类别或组内的频数或频率。

定类尺度具有的数学特性：$=$ 和 $\neq$。

2．定序尺度

定序尺度也称顺序尺度，是对事物之间等级差别或顺序差别的一种测度，它不仅能将不同的事物分为不同的类别，还可以确定这些类别的优劣或顺序。一般可以用数字与字符表示，如受教育程度分为大专以上、高中、初中和小学及以下几类，可以分别编号为 1，2，3，4；考试成绩等级可以分为优、良、中、及格、不及格；职称变量可以分为初级、中级、高级，等等。显然，定序尺度对事物的计量比定类尺度要精确一些，这种测量值不仅反映了类别差异还反映了次序差异，但类别之间的准确差值无法说明。因此该计量尺度包括定类尺度(等于或不等于)的数学特性，还具有<和>的数学特性，但还是不能进行加减乘除等数学运算。

定序尺度具有的数学特性：$=$ 和 $\neq$；$>$ 和 $<$。

3．定距尺度

定距尺度也叫间隔尺度，它不仅能把事物分为不同类别并进行排序，还可以准确地计量它们之间的差距。显然，度量的层次高于定序尺度，是一种较精密的计量尺度，通常是使用自然的或物理的单位作为计量的尺度，如长度用米度量、重量用吨度量、考试成绩用百分制度量、收入用人民币元度量等。定距尺度的计量结果表现为具体的数值。由于这种尺度的每一间隔都是相等的，因此只要给出一个度量单位，就可以准确地标出两个数值之间的差值。比如，甲乙两地的海拔高度分别是 2000 米和 1000 米，甲乙两地的温度分别是 30 摄氏度和 20 摄氏度，甲乙学生的考试成绩分别是 85 分和 70 分，比较它们的顺序和异同，并计算其差距，即甲地的海拔高于乙地 1000 米，甲地的温度高于乙地 10 摄氏度，学生甲的分数高于学生乙 15 分。因此定距数据不仅具有定类尺度和定序尺度的特性，其结果还可以进行加减运算。

定距尺度具有的数学特性：$=$ 和 $\neq$；$>$ 和 $<$；$+$ 和 $-$。

4．定比尺度

定比尺度与定距尺度属于同一层次，也是用数值对现象进行计量的较为精密的计量尺度，也称比率尺度。定比尺度除了具有上述三种计量尺度的全部特性以外，还具有一个特性，就是可以计算两个测度值之间的比值，这就要求定比尺度中有绝对"零值"，所谓"零值"或"0"表示"没有"或"不存在"，这是它和定距尺度的唯一差别。

定比尺度具有的数学特性：$=$ 和 $\neq$；$>$ 和 $<$；$+$ 和 $-$；$\times$ 和 $\div$。

在定距尺度中没有绝对零点，如果定距尺度的计量值为 0，表示一个数值，即"0"水平，而不表示"没有"或"不存在"，如成绩 0 分、海拔 0 米、温度 0 摄氏度，不能说没有成绩、没有海拔高度、没有温度。而在定比尺度中，"0"表示"没有"或"不存在"，这犹如现实生活中的"0"大多表示"无"、"没有"或"不存在"的意思，如职工人数、销售收入、固定资产投资额、移动电话户数等为 0，表示该事物不存在。因此对于定比变量，除了可以分类、比较大小、进行加减乘除以外，还可以计量测度值之间的比值，职工人数 200 人比职工人数 100 人多 100 人，还可以计算人数 200 人是人数 100 人的 2 倍，但考试成绩 90 分不能计算说是分数 45 分的 2 倍。

上述 4 种计量尺度对事物的计量层次是从低级到高级、从粗略到精确逐步递进的。高层次的计量尺度包括低层次的计量尺度的所有特性，如表 2.1 所示；高层次计量尺度的计量结果可以很容易地转化为低层次计量尺度的计量结果，反之则不那么容易。如将不同数值的业务收入容易转化为高、中、低业务收入，而将高、中、低业务收入转化为具体数值的业务收入几乎不可能。

表 2.1　四种计量尺度的比较

	定 类 尺 度	定 序 尺 度	定 距 尺 度	定 比 尺 度
分类(=，≠)	√	√	√	√
排序(>，<)		√	√	√
差值(+，−)			√	√
比值(×，÷)				√

由于高层次的计量尺度包括低层次的计量尺度的所有特性，对事物的计量更精确，可以应用的统计分析方法更多，分析也更方便，因此，在统计分析中，应尽可能使用高层次的计量尺度。

2.1.2　数据的类型

与数据计量尺度相对应，数据也有 4 种：定类数据、定序数据、定距数据、定比数据。将定类数据和定序数据称为品质数据或定性数据，将定距数据和定比数据称为数值型数据或定量数据。

统计数据是利用某种计量尺度对现象进行计量的结果，采用不同的计量尺度将得到不同类型的数据。计量尺度有上述 4 种，相应地，统计数据也有 4 种类型。定类数据，由定类尺度计量形成；定序数据，由定序尺度计量形成；定距数据，由定距尺度计量形成；定比数据，由定比尺度计量形成。

定类数据和定序数据均表现为类别，是说明事物的品质、属性特征的，称为品质数据或定性数据。品质数据一般用文字表达，不用数值表示，即使用数值表示，也只是表示其符号或代码，数值本身不表明计算结果的大小。如对经济活动的不同区域计量形成的数据为"东部"、"中部"或"西部"，便于处理可分别用编号"1"、"2"、"3"表示，但并不表示"西部"要比"东部"大。

定距数据和定比数据均表现为数值，是说明事物数量特征的，称为数值型数据或定量数据、数量数据。定量数据的数值表示计量结果的大小。不同类型的数据，必须采用不同的统计方法进行分析与处理。统计学中研究的统计数据主要是数量数据。

区分计量的层次和数据的类型是十分重要的，因为对不同类型数据将采用不同的统计方法来处理和分析，见表 2.2。

表 2.2　不同计量层次、不同数据类型与不同统计分析方法比较

测量尺度	数据类型	一般案例	适用的统计分析方法	
			描述统计方法	推断统计方法
定类尺度	类型数据	单位性质	比例、众数、异众比率	列联表分析、卡方检验等
定序尺度	顺序数据	质量等级	比例、中位数、四分位差	计算等级相关系数等非参数分析
定距尺度	数值型数据	温度	全距、均值、标准差	积差相关系数、t检验、ANOVA回归、因子分析
定比尺度	数值型数据	重量	几何均值、调和平均数	变异系数

2.2　数据的收集

数据的收集就是进行统计调查。统计调查是根据统计研究的目的和要求，有组织、有计划地向调查对象收集原始资料和次级资料的过程。原始资料也称第一手资料或初级资料，调查者通过实地调查或亲自试验所获得；次级资料也称二手资料，是调查者借用别人已经加工整理过的资料，如从统计年鉴、会计报表或其他的出版刊物上所获得的资料。统计调查所收集的资料主要指原始资料。

2.2.1　数据的直接获取

1. 普查

普查是为某一特定目的而专门组织的一次性的全面调查。它对调查总体中的每一个个体单位都要进行调查，如人口普查、经济普查、农业普查、疾病普查等。

普查是适合于特定目的、特定对象的一种调查方式，主要用于收集处于某一时点状况上的社会经济现象的数量，目的是掌握特定社会经济现象的基本全貌，摸清和掌握有关国情国力、企业基本实力等基本情况，为国家、部门或企业制定有关政策、措施或决策提供依据。

普查具有以下特点：

(1)普查有一次性的也有周期性的。普查按一定周期进行，便于研究现象的发展趋势及其规律性。如人口普查每 10 年进行一次，尾数逢 0 的年份为普查年度。新中国成立以来，我国已经成功进行过五次全国人口普查，分别在 1953 年、1964 年、1982 年、1990 年和 2000 年，2010 年 11 月 1 日开始了第六次人口普查。在 2004 年开展第一次全国经济普查，每 10 年进行两次，分别在逢 3、逢 8 的年份实施。农业普查每 10 年进行一次，每逢 7 的年份进行。

(2)规定普查的项目和指标。普查时必须按照统一规定的项目和指标进行登记，不准任意改变或增减，以免影响汇总和综合，降低资料质量。同一种普查，每次调查的项目和指标应力求一致，以便于进行历次调查资料的对比分析和观察社会经济现象发展变化情况。

(3)普查的规范化程度高，所获得的资料全面，其数据一般比较准确。因此它可以为抽样调查或其他调查提供基本依据。如人口普查登记的主要内容：姓名、性别、年龄、民族、户口登记状况、受教育程度、行业、职业、迁移流动、社会保障、婚姻、生育、死亡、住房情况等。

(4)普查使用范围比较窄，只能调查一些最基本的、特定的现象。

(5)普查一般需要规定统一的标准调查时间。标准调查时间包括：资料所属的时间即标准时点，调查工作期限。

　　标准时点是指对被调查对象登记时所依据的统一时点。调查资料必须反映调查对象的这一时点上的状况，以避免调查时因情况变动而产生重复登记或遗漏现象。例如，我国人口普查的标准时点为普查年份的 11 月 1 日零时，就是要反映这一时点上我国人口的实际状况；农业普查的标准时点定为普查年份的 1 月 1 日 0 时；经济普查的标准时点为普查年份的 12 月 31 日。

　　而调查工作期限是指，在普查范围内各调查单位或调查点尽可能同时进行登记，并在最短的期限内完成，以便在方法和步调上保持一致，保证资料的准确性和时效性。如第六次人口普查 2010 年 11 月 1 日—10 日为入户登记；11 月 16 日—12 月 25 日为事后质量抽查；2011 年 3 月至 2012 年 5 月期间公布普查数据；2010 年 12 月至 2012 年 6 月进行普查资料开发利用和分析。

　　(6)普查工作量大，花费大，组织工作复杂。

2．抽样调查

　　抽样调查是根据随机原则从调查总体中抽取部分单位进行观察并根据其结果推断总体数量特征的一种非全面调查方法。

　　抽样调查是实际中应用最广泛的一种调查方式和方法，具有以下几个特点：

　　(1)经济性。由于调查的样本通常是总体单位中很少的一部分，调查的工作量小，因而可以节省大量的人力、物力、财力和时间。

　　(2)时效性。由于整体工作量小，调查准备时间、调查时间、数据处理时间等环节都可以大大缩减，从而提高数据的时效性，可以迅速及时地获得所需要的资料。

　　(3)准确性。因为全面调查的工作量大，环节多，登记性误差往往很大；而抽样调查由于工作量小，可以把各个环节的工作做得更细致，登记性误差往往很小。因此抽样调查的数据质量有时比全面调查更高。

　　(4)灵活性。由于工作量小、成本低、组织方便，因此可以根据需要对时间、调查对象和调查内容进行灵活的调整。

　　(5)适应性。由于具备以上 4 个方面的特点，抽样调查广泛应用于社会经济和科学技术的各个领域，能够解决全面调查无法或很难解决的问题。对于无法进行全面调查或不可能进行全面调查以及没有必要进行全面调查的总体，抽样调查就可以发挥其作用。

2.2.2　数据的间接获取

　　数据的间接来源是指次级资料(二手资料)的收集，次级资料主要是公开出版或公开报道的数据，当然有些是尚未公开的数据。次级资料的使用，有些是免费的，有些是有偿的。如果统计资料通过某些渠道可以来源于已有的数据，就无须花费大量的人力、时间和费用进行直接调查。

1．公开出版和公开报道的数据

　　(1)政府出版物

　　政府出版物是数据来源的主要渠道。中国政府提供的统计数据资料范围最广、信息最多。如由国家统计局编辑、国家统计出版社出版发行的《中国统计年鉴》、《国民经济和社会发展统计公报》、各部、委公开出版物等。在《中国统计年鉴》中，有每年中国的国民经济和社会发展情况的各方面的数据资料，包括人口和劳动力、农业、工业、运输、邮电、固定资产投资、商业、对外贸易和旅游、财政金融、物价、人民生活、教育科学文化、科技发明创造、体育卫生等资料。

(2)法人组织出版物

法人组织出版物的统计资料或调查数据资料一般通过出版社来公开出版发行，如各种经济信息中心、信息咨询机构、专业调查机构等编制和出版的统计资料，贸易和行业组织公开提供的二手资料，以及来自各类专业期刊、报纸和书籍的资料，等等。

(3)国际组织出版物

联合国、世界银行等每年出版的《统计年鉴》中，有 160 个以上的国家或地区的统计数据。除了有年度出版物，还有月度出版物，如联合国的《统计月报》。其他国际出版物还有《世界经济年鉴》《国外经济统计资料》《世界发展报告》等。

2．非公开出版和报道的数据

这类数据是指在本系统、本行业、本单位内部，用于指导工作、交流信息的非卖性内部资料，不包括机关公文性的简报等信息资料。被纳入公司的内部数据库的各种文件档案：年度报表、股东报告、可向新闻媒介透露的产品测试结果，以及由公司内部有关部门编写的与员工、顾客和其他人员交流的公司刊物等。

3．互联网公布的数据

当今互联网络已成为人们获取信息的非常重要的渠道，几乎所有的政府机构和大公司都有自己的网站并提供公共访问端口，访问者可以从中获得有用的数据。若干统计数据来源网站如表 2.3 所示。

表 2.3 统计数据来源部分网站

各政府机构、公司组织	网　　址	数 据 内 容
中华人民共和国国家统计局	http://www.stats.gov.cn	统计年鉴、统计月报等
国务院发展研究中心信息网	http://www.drcnet.com.cn	宏观经济、财经、货币金融等
中国经济信息网	http://www.cei.gov.cn	经济信息及各类网站
华通数据中心	http://data.acmr.com.cn	国家统计局授权的数据中心
中国互联网络信息中心	http://www.cnnic.net.cn/	互联网发展研究、互联网数据
美国预算编制办公室	http://www.whitehouse.gov/com	财政收入、支出、债券等
美国市场学会	http://www.ama.org	使用关键词可以查询该组织的所有出版物
世界之见	http://www.worldopinion.com	拥有数千份的市场调研报告

相对资料的直接获取，二手资料的收集比较容易，采集数据的成本低，能很快得到。二手资料的作用很大，一般我们在分析研究问题的时候，首先都是从对二手资料的分析开始的。但是二手资料也有其局限性，任何二手资料都是因为其使用者特定的研究问题和研究目的而存在的，在使用二手资料的时候，要注意数据的定义、含义、计算口径和计算方法的变化，避免错用、误用和滥用。并且在引用二手资料的时候要注明数据出处，尊重他人的劳动成果。

2.2.3 数据的质量

统计数据质量的好坏，决定着管理决策的科学性与可靠性。统计的整个工作过程就是对数据的加工过程，从原始数据的收集开始，经过整理、显示、样本信息的提取到总体数量特征的推断，都涉及统计数据的质量控制问题。统计调查阶段就是收集统计数据，是统计研究的第一步，因此该阶段的数据质量直接影响到整个统计工作过程的质量。

1. 统计数据的误差

统计数据的误差，就是调查所得的统计数字与调查总体实际数量之间的离差。例如，对某地区的工业增加值进行调查的结果为 30 亿元，而该地区的工业增加值实际为 29 亿元，那么， 统计调查误差就是 1 亿元。统计数据的误差主要有以下几种：

(1) 登记性误差

登记性误差是由于错误登记事实而发生的误差，不管是全面调查或是非全面调查都会产生登记性误差。分类：偶然性登记误差和系统误差。偶然性登记误差是因为调查人员责任心不强、业务技术水平等原因造成的观察、测量、计算错误、笔误、错填、遗漏，以及被调查者的回答错误所引起的误差。该误差在数量上不会偏向某一方，不具有倾向性。而系统误差是调查人员或被调查者故意虚报、瞒报、假报、故意歪曲事实所引起的误差，具有明显的倾向性，在数量上往往偏向某一方。如"富瞒穷虚"的统计现象，不少富裕地区没有完善全面反映社会经济的发展情况，反映总量指标时瞒的成分非常大，美言"留有余地"，而且在反映增长速度时大搞"橡皮筋"游戏，有很好的伸缩力，想减缓速度少报几个单位，想加快速度多挖潜几个单位；而穷的、经济基础比较薄弱的地区，有强烈的"赶超"意识，千方百计地利用统计上的"盲点"，提高经济总量及其发展速度。

(2) 代表性误差

代表性误差只有非全面调查中才有，全面调查不存在这类误差。非全面调查由于只对调查现象总体的一部分单位进行观察，并用这部分单位算出的指标来估计总体的指标，而这部分单位不能完全反映总体的性质，它与总体的实际指标会有一定差别，这就产生了误差。

当采用抽样调查时，应严格遵守随机原则，保证足够的样本容量，选择适当的抽样调查方式方法，以控制误差的范围。

2. 统计数据的质量要求

传统的统计数据质量仅仅指其准确性，通常用统计估计中的误差来衡量。随着人们质量观念的变化，质量的含义不断延伸，准确性已不再是衡量统计数据质量的唯一标准。从用户使用的角度来看，对数据的质量要求主要有以下几个方面。

(1) 准确性：最小的非抽样误差或偏差。

(2) 精度：最低的抽样误差或随机误差。

(3) 时效性：在最短的时间内取得并发布数据。

(4) 适用性：满足用户决策、管理和研究的需要。

(5) 可解释性：发布数据的支持数据以及必要的文字介绍与诠释。

(6) 可比性：加工整理后的数据间要满足可比性。

(7) 完整性：调查的单位无遗漏、调查的内容要齐全。

(8) 最低成本：在满足以上标准的前提下，考虑减轻调查负担，以最经济的方式取得数据。

2.3　数据的显示

2.3.1　数据的审核

对统计调查所获得的数据，在进行整理显示之前，还必须进行严格的审核，以确保统计数据的质量要求。

对数据的审核主要从资料的准确性、及时性和完整性等几个方面进行。

1.　直接来源数据的审核

完整性：是否有遗漏，是否填写齐全。

准确性：数据是否真实反映客观实际情况；数据是否有错误，计算是否正确。

2.　间接来源数据的审核

对间接来源数据审核的主要内容包括资料的完整性、准确性、适用性和时效性。对统计资料准确性的审核是统计审核的重点，有逻辑检查和技术性检查。逻辑检查是用来检查调查表或报表中的内容是否合理，有关项目之间是否矛盾的一种方法。这种方法要求检查人员坚持实事求是的科学态度，熟悉业务，有一定的实际工作经验和周密的逻辑推理能力。技术性检查主要包括：填报的单位有无遗漏与重复；调查的内容填写是否齐全，所填内容与表格规定是否一致，有无错行与错栏的情况；计量单位是否和法定计量单位一致；各行与各栏间数字的合计项、乘积项等与分项数字是否符合等。

2.3.2　统计分组与频数分布

统计整理的中心任务是统计分组和编制频数分布表。

1.　统计分组

（1）统计分组的概念

统计分组就是根据统计研究的需要，将统计总体按照一定的标志区分为若干组成部分的一种方法。通过分组把现象内部不同性质或不同数量的单位分开，按性质或数量相同的单位归并在一个组内，说明现象内部各组之间的相互关系及其特征。例如，大学生按性别、年龄和政治面貌分组，工业企业按经济类型、生产规模大小和所属行业分组，等等。

（2）统计分组的标志

进行统计分组时，最关键的问题是如何选择分组的标志和确定各组的界限。所谓分组标志，就是将总体区分为不同组别的标准或依据。分组标志有数量标志和品质标志两种。一个总体一般具有多种特征，对同一资料采用的分组标志不同，有可能得出相异甚至相反的结论。

分组的基本原则是按照不同的标志分组，体现组内的同质性和组间的差异性。

① 按品质标志分组。就是按事物的品质特征进行分组。如企业按经济类型分组，可以有国有企业、集体企业和其他类型；按管理系统分组，可以分为中央直属企业、地方所属企业。人口按性别可分为男和女两组；按民族可分为汉族、蒙古族、朝鲜族、回族、藏族和壮族等。

② 按数量标志分组。就是按事物的数量特征进行分组。例如，居民家庭按子女数分组，

企业按工人数、产值和资产数量等标志进行分组。按数量标志分组，不仅可以反映事物数量上的差别，有时通过事物的数量差异也可以区分事物的性质。如学生按考试成绩分组：60分以下，60～70分，70～80分，80～90分，90～100分。企业按计划完成程度分组：100%以下，100%～110%，110%～120%，120%～130%，130%以上。前一种分组可以分析学生的学习成绩是否及格以及成绩水平；后一种分组可用于分析企业是否完成计划以及完成的好坏。

2．频数分布

(1)频数分布的概念

在统计分组的基础之上，将总体中的所有单位按组归类整理，并按一定的顺序排列，形成总体单位在各组间的分布，称为次数分布、频数分布或分布数列。分配在各组的总体单位数叫作次数，又称频数；各组次数占总次数之比称为频率。

根据分组标志的不同，分布数列可分为属性分布数列和变量分布数列两种。

属性分布数列是指按属性标志分组所形成的分布数列。例如，工业企业按行业、所有制形式、属地分组，人口按性别、籍贯、受教育程度等分组。对于属性分布数列来讲，如果分组标志选择得好、分组标准定得恰当，则事物的差异能明确地被表现出来，各组的划分就很容易，并且分组的结果所形成的属性分布数列一般较稳定，总体的分布特征能够准确反映出来。我国大陆2016年年末人口分布数列如表2.4所示。

表2.4　我国大陆2016年年末人口性别分布的属性分布数列

按性别分组	人数(万人)	比率(%)
男	70 815	51.2
女	67 456	48.8
合计	138 271	100.00

变量分布数列是指按数量标志分组形成的分布数列。分组的结果因人而异，按同一数量标志分组有可能出现多种分布数列结果。

变量分布数列按照分组变量的表现形式，可以分为单项式变量数列和组距式变量数列。

① 单项式变量数列。单项式变量数列中每个组的变量都只有一个，即一个变量值代表一组，适合于变异幅度不大的离散型变量分组。大二某班30名学生年龄分布数列如表2.5所示。

表2.5　某班同学年龄分布的单项式变量数列

按年龄分组(岁)	人数(人)	比率(%)
18	3	10.00
19	8	26.67
20	15	50.00
21	3	10.00
22	1	3.33
合计	30	100.00

② 组距式变量数列。组距式变量数列是按一定的数量变化范围或距离分组的结果，又称组距数列。每组中距离的大小称为组距，即：组距=上限-下限。根据每组组距是否相同，组距式数列又有等距数列与不等距(异距)数列之分。组距式数列适合于变量个数较多，数量变化范围大的资料。某班学生统计学期末考试成绩分布等距数列如表2.6所示。

表 2.6　某班统计学期末考试成绩分布的等距数列

按成绩分组	人数(人)	比率(%)
50~60	4	8
60~70	9	18
70~80	19	38
80~90	11	22
90~100	7	14
合计	50	100

注：上表分组中的上、下限重叠时，一般原则是达到上限值的单位划入下一组内，即"上限不在内"，如 70 分计入第 3 组。

2015 年《中国统计年鉴》显示了我国 2014 年的人口年龄构成，如表 2.7 所示的异距数列。

表 2.7　人口按年龄阶段分组的异距数列

年龄(岁)	人数(万人)	百分比(%)
0~14	22 558	16.50
15~64	100 469	73.40
65 以上	13 755	10.10
合计	136 782	100.00

资料来源：中华人民共和国国家统计局

(2) 频数分布表的编制

编制频数分布表的步骤是：

第一，整理原始资料，计算全距。

第二，确定变量数列形式。

第三，组距式变量数列的编制。

编制组距式变量数列主要需解决四个问题：一是组距、组数的确定；二是组距数列的形式；三是组限的确定；四是各组次数的计算。

① 组距、组数的确定。组数=全距÷组距。组距大小要合适，要能正确反映总体的分布特征及其规律。组距过大，组数过少，容易把不同质的单位归在一个组内；组距过小，组数过多，又容易把同质的单位分在不同组内。两者都不符合分组的要求。如果总体呈正态或近似正态分布的情况下，组距可以根据皮尔逊经验公式给出：

$$组距 = 全距/(1+3.322\log_{10}n)，n 为观察值个数$$

② 等距数列、异距数列的选择。至于采用等距还是异距分组，要根据现象的特点、统计研究的目的以及收集到的资料分布的均匀性来确定。许多社会经济现象的数量变化呈现正态或近似正态分布的情况，适于采用等距分组形成等距数列。有时同一现象，如在研究人口年龄构成时，可以根据研究目的的不同，采用等距式或异距式来划分年龄组。通常划分年龄层次的方法有四种：

基本年龄组。又叫一岁年龄等距分组，即以 1 岁为组距，不满周岁为 0 岁组，满 1 周岁不到 2 周岁为 1 岁组，……，依次类推。

常见年龄组。按 5 岁或 10 岁为组距将人口进行等距分组。如按 5 岁分，则可以划分成 0~4 岁组，5~9 岁组，10~14 岁组，……，依次类推。

主要年龄组。采用国际通用的三种主要年龄为界限将人口划分为幼年组(0~14 岁)，成年组(15~64 岁)，老年组(65 岁以上)。

特殊年龄组。从需要出发，根据人口的各种社会经济特征把人口划分为若干年龄层次。如 0 岁为婴儿组；1～6 岁为学龄前儿童组；男 18～60 岁、女 18～55 岁为劳动年龄组；15～49 岁（女性）为有生育能力人口组，等等。

我国人口按年龄阶段的划分，如表 2.7 所示，是根据联合国提出的标准进行的不等距分组；如果观察年龄性别构成或编制生命表，可以用 5～10 岁作组距进行等距分组，如反映人口数量特征和变化趋势的人口年龄金字塔就是一个等距分组数列，如表 2.8 所示为人口年龄变化趋势的等距数列。

表 2.8　人口年龄变化趋势的等距数列

年龄（岁）	人口数（人）		人口数占总人口比重（%）		性 别 比
	男	女	男	女	（女=100）
合计	576 011	548 391	51.23	48.77	105.04
0～4	34 484	29 506	3.07	2.62	116.87
5～9	34 326	28 807	3.05	2.56	119.16
10～14	31 616	26 671	2.81	2.37	118.54
15～19	34 584	30 136	3.08	2.68	114.76
20～24	46 891	43 894	4.17	3.90	106.83
25～29	49 801	49 044	4.43	4.36	101.54
30～34	41 777	40 768	3.72	3.63	102.47
35～39	41 761	40 032	3.71	3.56	104.32
40～44	52 086	49 873	4.63	4.44	104.44
45～49	50 455	48 795	4.49	4.34	103.40
50～54	39 470	38 439	3.51	3.42	102.68
55～59	33 781	32 628	3.00	2.90	103.54
60～64	30 781	30 826	2.74	2.74	99.85
65～69	20 573	21 137	1.83	1.88	97.33
70～74	14 528	14 606	1.29	1.30	99.47
75～79	10 179	11 151	0.91	0.99	91.28
80～84	5987	7302	0.53	0.65	81.99
85～89	2244	3360	0.20	0.30	66.79
90～94	581	1175	0.05	0.10	49.45
95 以上	106	241	0.01	0.02	43.98

表 2.8 依据 2014 年全国人口变动情况抽样调查（抽样比为 0.822‰）数据整理。资料来源于《中国统计年鉴》（2015）。

③ 组限的确定。上限与下限统称为组限。确定组限的基本原则是：按这样的组限分组后，要能使性质相同的单位归入同一组内，性质不同的单位按不同的组别划分。

对于离散型变量，其变量值都是整数，组的上下限可用肯定性的数值表示，相邻组的上下限一般不重叠。

例如，企业按职工人数分组，其组限可表示为：100 人以下，100～299 人，300～499 人，500～699 人，700 人以上。

对于连续型变量，其变量值有小数，组限不能用肯定的数值表示，所以相邻组的组限必须重叠。

例如，企业按单位职工工资分组，组限可以表示为：100 元以下，100～300 元，300～500 元，500～700 元，700 元以上。

上述组限的表达中，上下限齐全的叫闭口组，缺一个组限的叫开口组。

④ 各组次数的计算。下面举例说明各组次数的计算方法。

【例 2.1】　以下是一个班级 50 名学生统计学考试成绩资料，编制组距式变量数列。

30　79　87　88　89　65　62　60　63　78　78　84　67　68　69　67　89　90　79
98　95　76　56　91　90　86　81　78　79　76　67　78　79　70　45　56　78　79
98　97　87　86　84　79　76　75　73　72　86　75

解：首先，将这些资料按一定顺序进行排列并确定全距。通过使用 Excel 排序，计算全距=98-30=68。最低分数与最高分数相差 68 分，有一个极端分数出现，除去 4 个分数小于 60 分以外，其余都分布在 60～100 之间。

其次，确定数列的类型。根据上一步分析，编制组距式数列。

最后，确定组距和组数。组距定为 10 分，组数定为 5 组，各组依次表现为 60 分以下，60～70 分，70～80 分，80～90 分，90～100 分，形成分布数列，如表 2.9 所示。

表 2.9　学生成绩次数及累积累计次数分布表

成绩（分）	人数（人）	频率（%）	向上累计频数（人）	向下累计频数（人）
60 以下	4	8	4	50
60～70	9	18	13	46
70～80	19	38	32	37
80～90	11	22	43	18
90～100	7	14	50	7
合计	50	100	—	—

为了统计分析的需要，有时要观察某一数值变量以上或以下的次数之和，这时要计算累计次数，编制累计次数分布表，如表 2.9 所示。根据累计的方向，有向上累计和向下累计。"向上累计"就是从变量值低的向变量值高的方向把分布的次数依次累计相加，反之，则是"向下累计"。如表中的向上累计结果"43"表示 90 分以下的人数有 43 人，而该组的向下累计结果"18"则表示 80 分以上的人数有 18 人。

(3) 频数分布的类型

频数分布的形式常表现为钟形分布、U 形分布和 J 形分布。

① 钟形分布。钟形分布的特征是"两头小，中间大"，即靠近中间的变量值分布的次数多，靠近两边的变量值分布的次数较少，其曲线图宛如一口钟，如图 2.1(b) 所示。其分布特征是以变量的均值为对称轴，左右两侧对称，两侧变量值分布的次数随着与均值的距离的增大而逐次减少。在统计学中称为正态分布，是对称钟形分布。在自然和社会现象中，大量随机变量都服从或近似服从这种分布，如人类的身高、测量某零件长度的误差、学生成绩，等等。而图 2.1(a)(c) 属于偏态分布，分左偏和右偏，居民收入一般呈现右偏分布，而一个老龄化社会的人口年龄分布则呈现左偏分布。

② U 形分布。U 形分布与钟形分布的图形相反，即"两头大，中间小"，靠近中间的变量值次数较少，而靠近两边的变量值次数较多。人和动物的死亡率分布大多服从或近似服从 U 形分布，如图 2.2 所示。

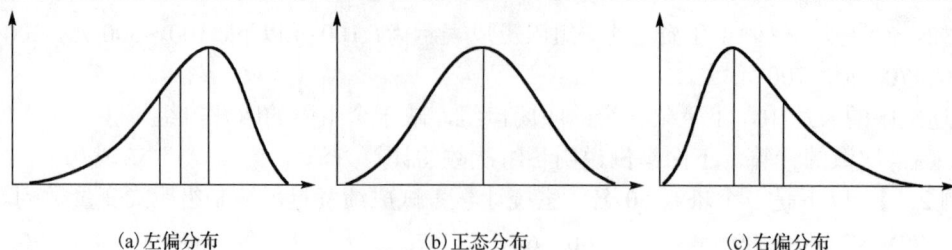

(a)左偏分布　　　　　　　　(b)正态分布　　　　　　　　(c)右偏分布

图 2.1　钟形分布

③ J 形分布。J 形分布包括正 J 形分布和反 J 形分布。正 J 形分布表示次数随着变量值增加而增加的现象，如经济学中的供给曲线；反 J 形分布表示次数随着变量值减少而减少的现象，如经济学中的需求曲线。J 形分布如图 2.3 所示。

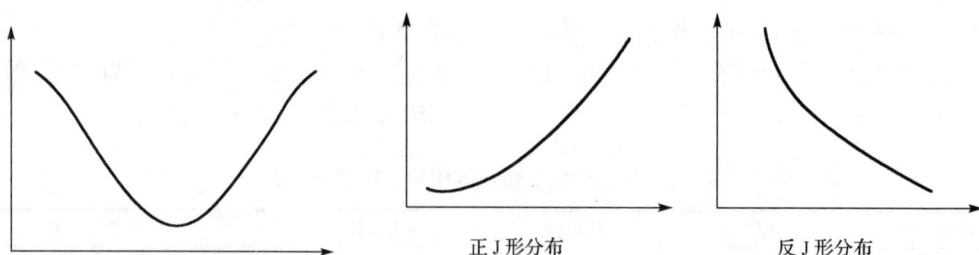

图 2.2　U 形分布

正 J 形分布　　　　　　反 J 形分布

图 2.3　J 形分布

2.3.3　数据的显示

1．统计表

所谓统计表是把统计数据按照一定的结构和顺序用表格显示出来的一种形式。它既是调查整理的工具，又是分析研究的工具。广义的统计表包括统计工作各个阶段中所使用的一切表格，如调查表、整理表和计算分析表等，它们是用来提供统计资料的重要工具。

（1）统计表的构成

从内容结构看，统计表由主词和宾词两个部分组成；从形式结构看，统计表包括总标题、分标题和表中的数字。

从内容上看，统计表由主词和宾词两个部分组成。主词是统计表所要说明的总体及其分组，通常排列在表的左方，列于横栏；宾词是说明总体的统计指标，排列在表的右方，列于纵栏。当然，有时为了更好地编排表的内容，主词和宾词的位置也可以调换。

从构成要素看，统计表包括以下三部分：

① 总标题，统计表的名称，简要说明全表的内容，一般列于表的上端中央。

② 分标题（也称标目），总体名称或分类名称及说明总体的各种项目。横行标题（也称横栏目）写在表的左方，纵栏标题（也称纵栏目）写在表的上方。

③ 纵横栏组成的本身及表中的数字。

另外，还应有必要的附注和注明资料来源。

下面以表 2.10 为例说明统计表的构成。

由表 2.10 可知，总标题是"2014 年全国分行业增加值"；横行标题是对总体进行的分组，即主词；其他各栏是反映总体规模和说明总体数量特征的统计指标，即宾词。

表2.10　2014年全国分行业增加值 ——— 总标题

项　目	增　加　值	
	产值（亿元）	比重（%）
第一产业	58 336.1	9.2
第二产业	271 764.5	42.7
第三产业	306 038.2	48.1
合计	636 138.7	100

（左侧标注）横行标题（横标题）　（右侧标注）纵栏标题（纵标题）　数字资料

资料来源：《中国统计年鉴》（2015）。

（2）统计表的编制原则

编制统计表总的要求包括：简练、明确、实用、美观、便于比较。在设计时应该注意以下几个方面：

① 表的上下两端用粗线，左右两边不封口；纵栏之间用细线分开，横行之间可以不加线。如果横行过多，也可以每五行加一细线。

② 合计栏的设置。统计表格纵列若需合计时，一般应将合计列在最后一行。各横行若需合计时，可将合计列在最前一栏或最后一栏。

③ 统计表的各种标题，特别是总标题的表达，应十分简明扼要、确切，概括地反映出表的基本内容。总标题还应标明资料所属的时间和地点。

④ 如果统计表的栏数较多，通常要予以编号。主词栏采用甲、乙、丙等文字编号，宾词栏常用数字编号。

⑤ 表中的数字应该填写整齐，对准位数。当数字为 0 或因数小可略而不计时，要写上 0；不应填写的数字的空格用"—"表示；未发生的数字空着不填；估算的数字应在表下说明；无法取得的资料用"…"表示；如果某项数字与邻项数字相同，仍应填写数字，不得用"同上"、"同左"等字样代替。

⑥ 统计表中必须注明数字资料的计量单位。当全表只有一种计量单位时，可以把它写在表头的右上方。如果表中需要分别注明不同单位，横行的计量单位可以专设一栏；纵栏的计量单位要与纵栏标目写在一起，用小字标明。

⑦ 统计表的资料来源及其他需要说明的问题，可在表下加以注明。

2. 统计图

前面讲述了用统计表来反映数据资料的频数分布，如果用图形来显示频数分布，结果会更加形象与直观。统计图的类型很多，有平面的，也有立体的，图形均可以由计算机来完成。下面根据数据类型的不同分别介绍各类图形。

定性数据和定量数据采用的统计图通常有所不同。对定性数据常用条形图、饼图、环形图、累计频数分布图等；对定量数据常采用直方图、折线图、曲线图、茎叶图、箱线图、累计频数分布图等。

（1）定性数据的图形显示

① 条形图。条形图是使用宽度相同的条形的高度或长短来表示数据变动的图形。可以横置或纵置，纵置时也称为柱状图。条形图有单式、复式和叠加等形式。

单式条形图。2015 年我国企业营销推广渠道使用情况条形图如图 2.4 所示。

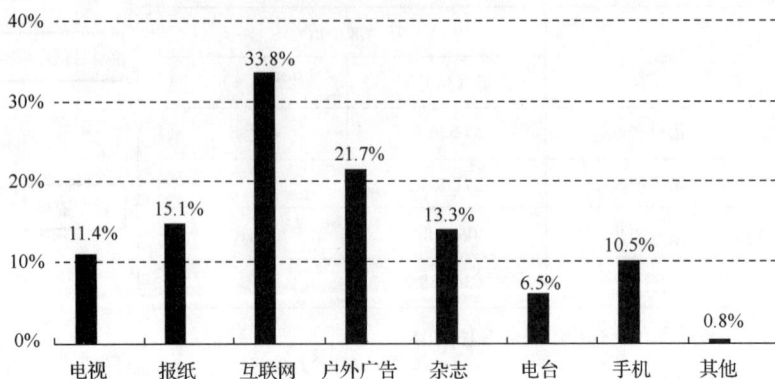

图 2.4　我国企业营销推广渠道

资料来源：http://www.cnnic.net.cn/

2015 年我国企业互联网营销渠道使用比例条形图如图 2.5 所示。

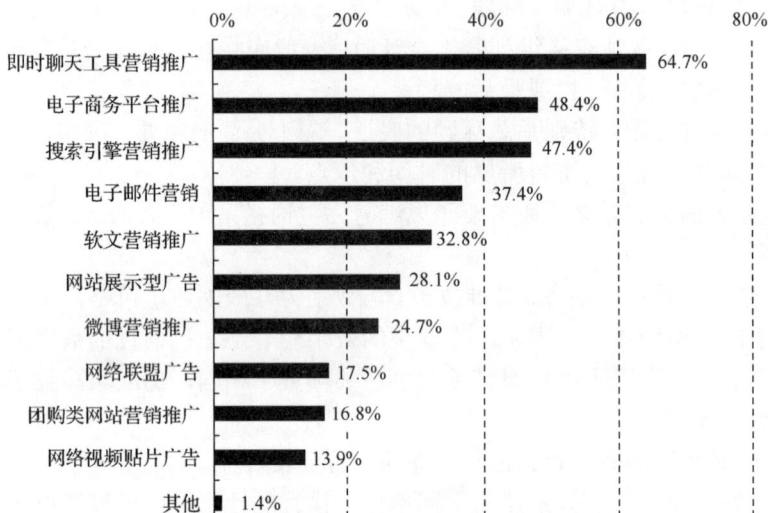

图 2.5　我国企业互联网营销渠道

资料来源：http://www.cnnic.net.cn/

复式条形图，用于多组数据的比较。根据表 2.11 所示资料用 Excel 作复式条形图，如图 2.6 所示。

表 2.11　三大产业就业人员构成

年　份 产　业	1990 年	2000 年	2010 年	2014 年
第一产业	60.10%	50.00%	36.70%	29.50%
第二产业	21.40%	22.50%	28.70%	29.90%
第三产业	18.50%	27.50%	34.60%	40.60%

资料来源：《中国统计年鉴》（2015）。

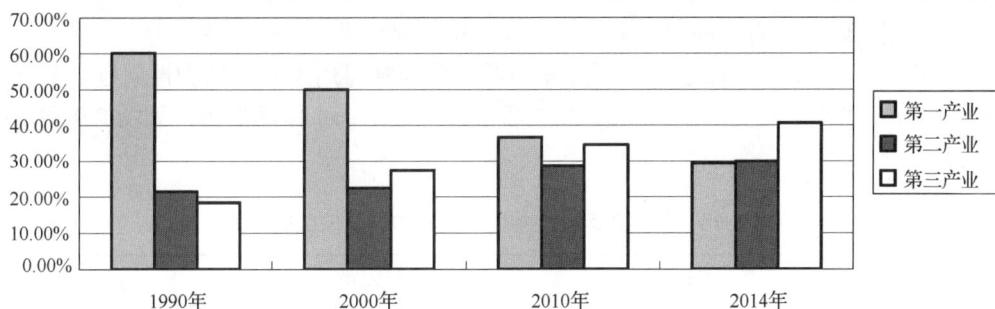

图 2.6　三大产业就业人员构成复式条形图

叠加式条形图，如图 2.7 所示。

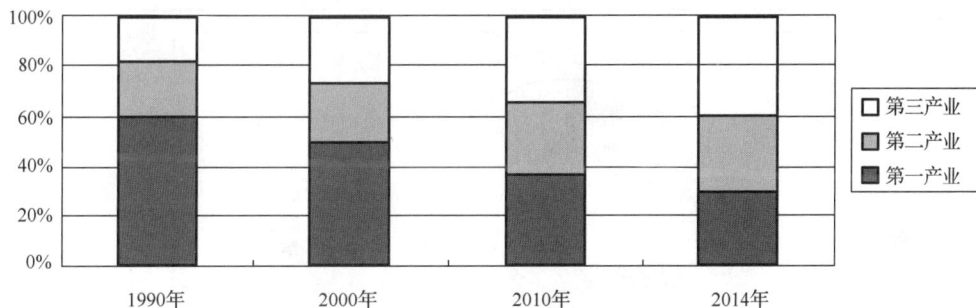

图 2.7　三大产业就业人员构成叠加式条形图

② 饼图。饼图也叫圆形图。作一个圆，把它分成若干个扇形，扇形面积大小与每一组频率相对应，圆形的面积主要用来表示总体中各组成部分所占的比例，对于研究结构性问题十分有用。适用饼图的情况：单组定性数据系列；分组数目一般不超过七个。

例如，表 2.12 体现了我国 2014 年客运量构成情况。

表 2.12　2014 年客运量构成

类　　型	铁　路	公　路	水　运	民　航
数量(万人)	235 704	1 908 198	26 293	39 195
比重(%)	10.67	86.37	1.19	1.77

资料来源：《中国统计年鉴》(2015)。

根据表 2.12 所示资料制作的饼图如图 2.8 所示。

数量

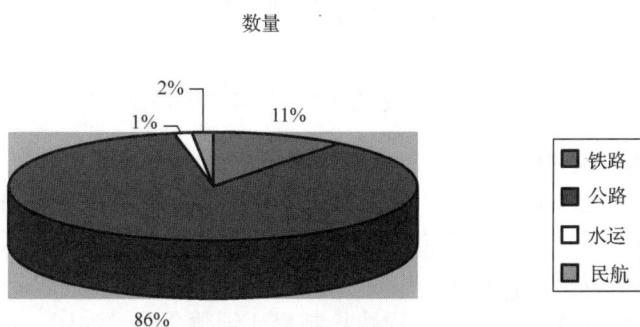

图 2.8　2014 年客运量构成饼图

③ 环形图。环形图由中间为"空洞"的多个同心圆组成，每一个总体占一个环，总体中每一部分的比例用环中的一段表示。环形图与圆形图一样可用于研究结构性问题。某届亚运会上中国、日本和韩国的奖牌数量如表 2.13 所示，通过 Excel 作环形图，如图 2.9 和图 2.10 所示。

表2.13　某届亚运会上中国、日本和韩国的奖牌数量　　　　　单位：枚

奖牌 ＼ 国家	中 国	韩 国	日 本
金牌	147	56	30
银牌	71	47	55
铜牌	72	62	65
合计	290	165	150

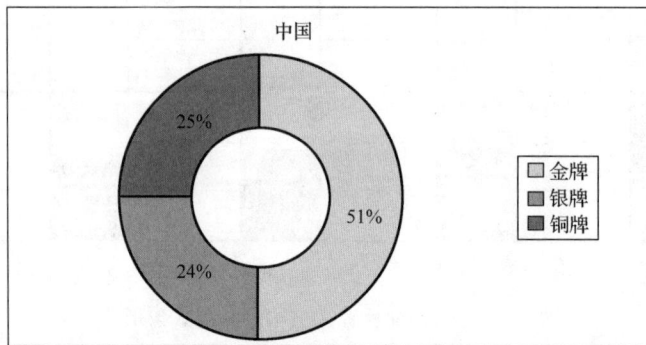

图 2.9　一个国家奖牌得数构成的环形图

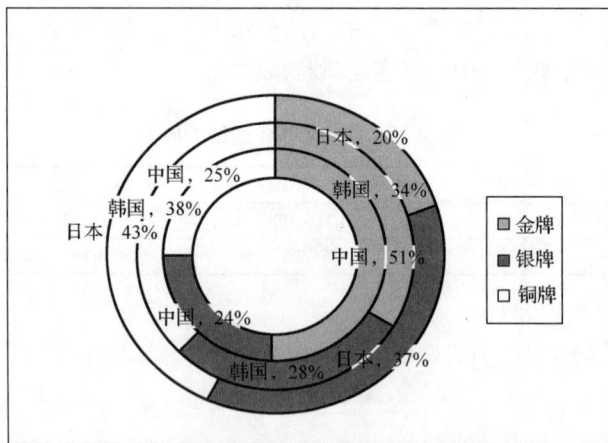

图 2.10　三个国家奖牌得数构成的对比环形图

④ 累计频数分布图。根据累计频数或累计频率，可以绘制累计频数或累计频率分布图。注意，定性数据中只有定序数据分组才能作累计频数或累计频率。"向上累计"就是从变量等级或强度低的向变量等级或强度高的方向把分布的次数依次累计相加，反之，则是"向下累计"。用表 2.9 中的学生成绩资料按优（90 分以上）、良（80～90 分）、中（70～80 分）、及格（60～70 分）、差（60 分以下）等级分类的累计次数绘制累计频数分布，如图 2.11 所示。

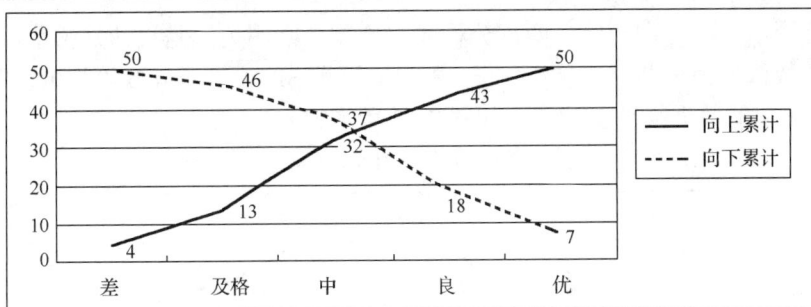

图 2.11　学生成绩累计频数分布图

(2) 定量数据的图形显示

① 直方图。直方图是用矩形的宽度和高度来表示频数分布特征的图形。在平面直角坐标中，横轴表示数据分组，纵轴表示频数或频率，各组与相应的频数就形成了一个矩形，即直方图。以前述例 2.1 中的数据和表 2.9 的整理结果为例绘制直方图，如图 2.12 所示。

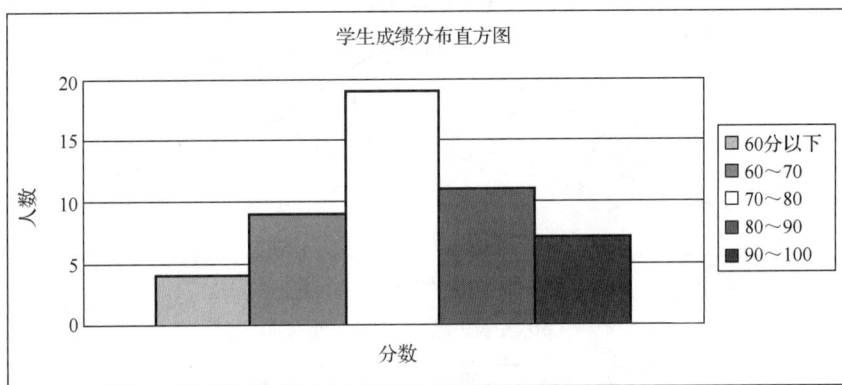

图 2.12　50 名学生统计学成绩分布直方图

对于等距数列，矩形的高度与各组的频数是成比例的，如果取矩形宽度(各组组距)为一个单位，用频率表示高度，则直方图下的总面积等于 1。

对于异距数列，为了更准确地反映总体的分布，纵轴应表示各组的频数密度。

$$频数密度=频数÷组距$$

② 折线图。折线图又称频数多边形图。在直方图的基础上，把各个矩形顶部的中点(组中值)连接起来，把原来的直方图抹掉就是折线图。考虑折线图与横轴所围成的面积要和直方图的面积相等，折线图两边端点要与横轴相交，具体作法：把第一个矩形的顶部中点和其竖边中点相连与横轴相交；把最后一个矩形的顶部中点和其竖边中点相连与横轴相交。根据例 2.1 中的数据和表 2.9 的整理结果为例绘制折线图，如图 2.13 所示。

③ 曲线图。对于折线图来说，组数越多或者组距越小，则折线越光滑，理论上，当组数趋于无限多或组距趋于无限小时，折线就成了曲线。曲线图画法与折线图画法一样，只是在连接各点时不用折线而用平滑的曲线，如图 2.14 所示。

④ 茎叶图。茎叶图可以看成是带数据的直方图。前述的直方图、折线图和曲线图虽能直观形象反映一组数据的频数分布状况，但是经过了分组整理，损失了原始数据信息。茎叶图是将传统的统计分组和绘制直方图工作一次完成，既反映数据分布特征，又保留了每一个原

始数据。茎叶图由"茎"和"叶"两部分构成,绘制茎叶图关键是设计好树茎,通常是以该组数据的高位数值作为树茎,其余部分作为树叶。运用 SPSS、Minitab 等都可以制作茎叶图。

　　根据例 2.1 中的数据绘制茎叶图,如图 2.15 所示。

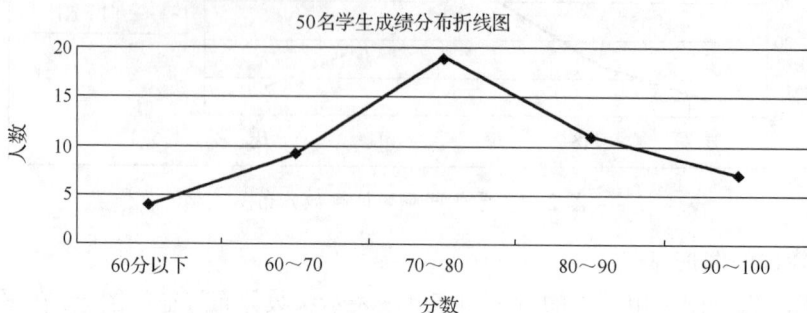

图 2.13　50 名学生统计学成绩分布折线图

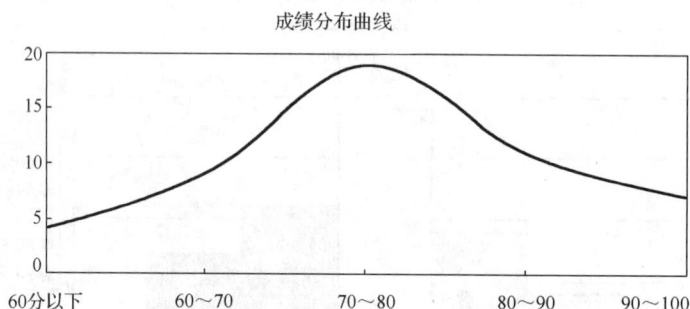

图 2.14　50 名学生统计学成绩分布曲线图

```
成绩 Stem-and-Leaf Plot

Frequency    Stem & Leaf

   1.00          Extremes    (=<30)
    .00          4 .
   1.00          4 . 5
    .00          5 .
   2.00          5 . 66
   3.00          6 . 023
   6.00          6 . 577789
   3.00          7 . 023
  16.00          7 . 5566688888999999
   3.00          8 . 144
   8.00          8 . 66677899
   3.00          9 . 001
   4.00          9 . 5788

Stem width:        10
Each leaf:         1 case(s)
```

图 2.15　50 名学生统计学成绩茎叶图

　　⑤ 箱线图。箱线图又叫盒形图,是由两段线段和两个矩形组成的。绘制箱线图首先要找出一组数据的 5 个特征值,即最大值、最小值、中位数、上四分位数和下四分位数(中位数就是数据排序后处于中间位置的数,四分位数是处于数据 25%位置和 75%位置的数,在第 3 章将详细介绍其计算方法)。它们可以大致概括数据分布的信息,常称为"五数概括"。箱线图

的两个矩形由两个四分位数和中位数连接绘成，两段线段由两个极值点与箱子两端分别连接而成。单组数据箱线图的一般图示如图 2.16 所示。

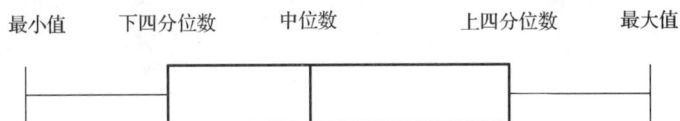

图 2.16 简单箱线图

现以前述例 2.1 中 50 名学生统计学考试成绩为例，最小值 30，下四分位数 68，中位数 78，上四分位数 86，最大值 98，绘制数据的箱线图如图 2.17 所示。

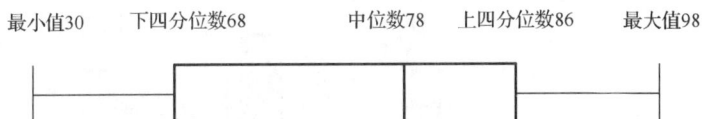

图 2.17 50 名学生统计学考试成绩箱线图

通过箱线图的形状，可以看出数据分布的特征，图 2.18 就是几种不同分布的箱线图。

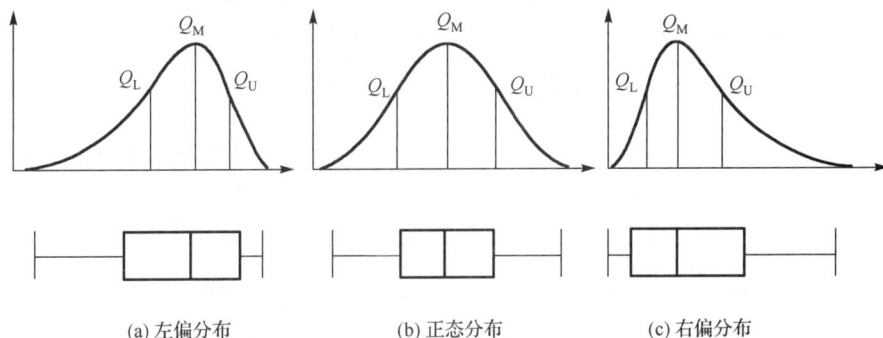

图 2.18 不同分布的箱线图

箱线图不仅可以反映单组数据的分布特征，也可以用于多组数据的分布特征比较。在统计上，一组数据称为一个数据批或单批数据，多组数据称为多批数据。对于多批数据，可以将各批数据的箱线图并列起来，从而进行分布特征的比较。

【例 2.2】 某保险公司人事部经理希望对新进 32 名大学生实行的四种销售培训方案的效果进行评估，假定每个方案随机指派 8 名人员，培训一段时间后进行统一考试，其成绩如表 2.14 所示，绘制并比较四组数据的箱线图。

表 2.14 32 名员工 4 组方案的培训考试成绩

方案 学生	A 组	B 组	C 组	D 组
1	66	72	61	63
2	74	51	60	61
3	82	59	57	76
4	75	62	60	84
5	73	74	81	58
6	97	64	55	65
7	87	78	70	69
8	78	63	71	80

使用 SPSS，可以得到这 4 组数据的箱线图，如图 2.19 所示。

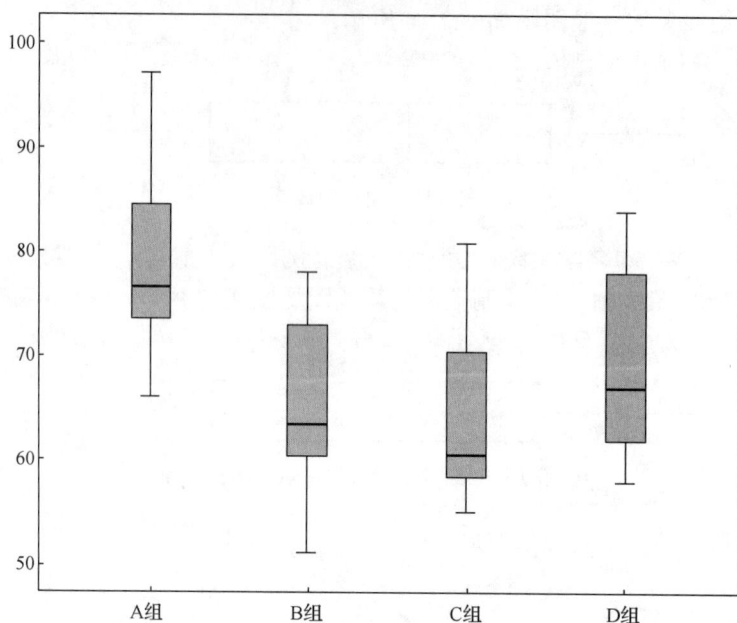

图 2.19　4 组成绩的箱线图

⑥ 累计频数分布图。以例 2.1 中 50 名学生统计学成绩资料为例绘制累计频数分布图，如图 2.20 所示。

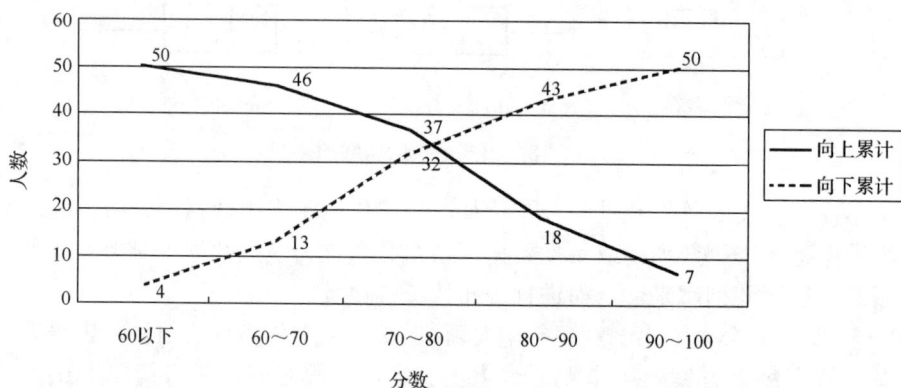

图 2.20　50 名学生统计学考试成绩累计频数分布图

(3)时间序列数据的图形显示

时间序列就是在不同的时间上取得的数据，按时间的先后顺序排列而成。现象随时间的发展而变化的趋势可以用散点图、线图来反映。

① 散点图。散点图的绘制：在直角坐标平面上，以时间为横坐标，以相应时间取得的数据为纵坐标，画出数据在坐标系中的位置点。通过散点的分布可以粗略判断数据与时间的变化的大致关系。根据 2016 年 1 月 CNNIC 的数据统计，中国网民数在近几年呈现大幅上升，如表 2.15 所示。

表 2.15　2005—2015 年中国网民数统计

时　　间	网民数 (万人)	时　　间	网民数 (万人)
2005	11 100	2011	51 310
2006	13 700	2012	56 400
2007	21 000	2013	61 758
2008	29 800	2014	64 875
2009	38 400	2015	68 826
2010	45 730		

使用 Excel 绘制散点图，如图 2.21 所示。

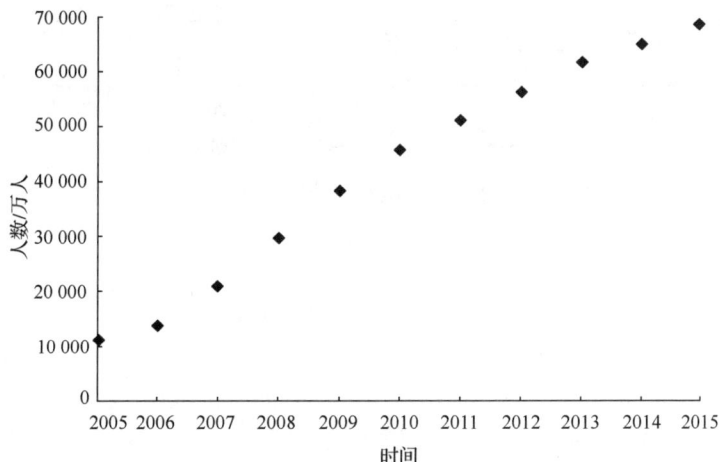

图 2.21　网民数变化散点图

② 线图。线图的绘制：在直角坐标平面上，以时间为横坐标，以相应时间取得的数据为纵坐标，确定数据在坐标系中的位置点，将各个数据点用平滑的曲线连接起来。通过线图可以观察数据随时间变化而发展变化的趋势。如反映中国网民规模持续扩大，互联网普及率平稳上升的时间线图，如图 2.22 所示。

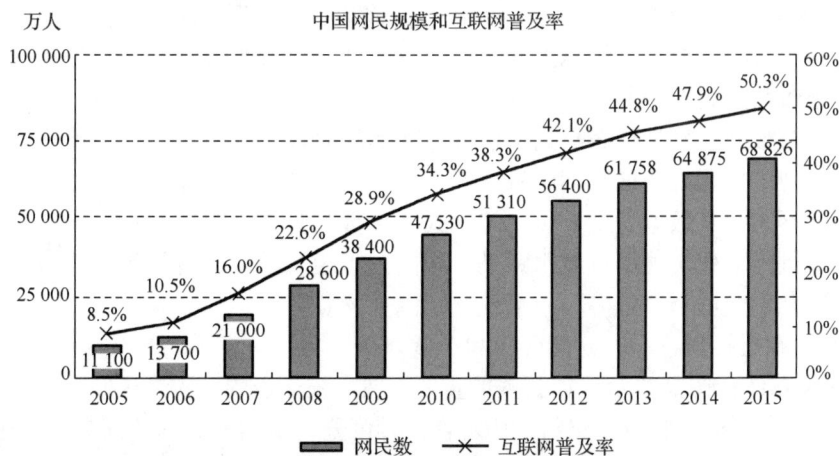

图 2.22　中国网民规模与互联网普及率
数据来源：http://www.cnnic.net.cn/

线图还可以用于对比多组数据随时间的变化而发展变化的趋势，如图 2.23 所示。

2011—2015年企业固定宽带和移动宽带接入比例

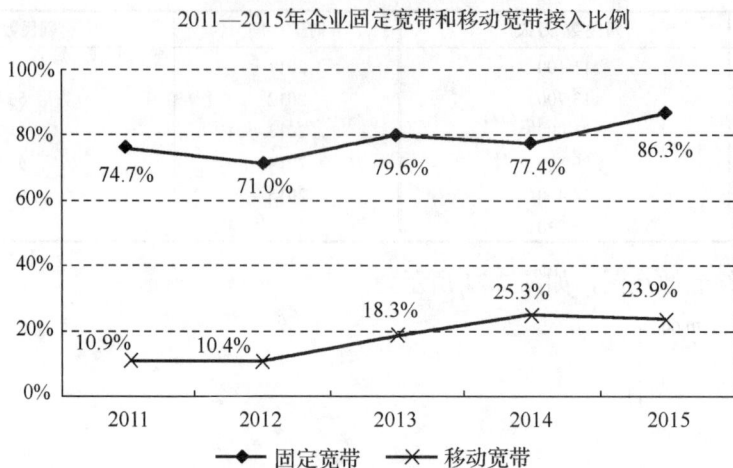

图 2.23　多组数据的线图比较

数据来源：http://www.cnnic.net.cn/

本 章 小 结

　　1．根据计量学的一般分类方法，按照对事物计量的精确程度，将数据的计量尺度由低级到高级、由粗略到精确分为 4 个层次，即定类尺度、定序尺度、定距尺度和定比尺度。根据计量尺度的不同可以得到不同类型的数据：定类数据、定序数据、定距数据与定比数据。不同类型的数据应用不同的统计分析方法进行分析研究。

　　2．从数据的使用者角度出发，介绍了数据的直接获取与间接获取方法。数据的直接获取方法有：统计报表制度、普查、典型调查、重点调查与抽样调查等；数据的间接获取有：公开与非公开出版与报道的数据、互联网数据等。实际应用中应根据需要选择使用各种统计调查的方法。对收集的数据进行审核是数据质量的保证。

　　3．统计整理的中心任务是分组和编制频数分布表。按照不同的分组标志可以对数据进行分组，形成分布数列。根据分组标志的不同，分布数列可分为属性分布数列和变量分布数列两种。属性分布数列是指按属性标志分组所形成的分布数列；变量分布数列是指按数量标志分组形成的分布数列。变量分布数列按照分组变量的表现形式，可以分为单项式变量数列和组距式变量数列。单项式变量数列中每个组的变量都只有一个，即一个变量值代表一组，适合于变异幅度不大的离散型变量分组；组距式变量数列是按一定的数量变化范围或距离分组的结果，又称组距数列，根据每组组距是否相同，组距式数列又有等距数列与不等距（异距）数列之分，适合于变量个数较多、数量变化范围大的资料。

　　4．频数分布有钟形分布、U 形分布和 J 形分布。

　　5．统计表和统计图是显示统计数据的重要工具。统计表的结构，从外表来看可分为总标题、纵栏标题、横行标题和数字资料；从内容上看可分为主词和宾词两部分。"一图抵千字"，统计图主要有条形图、直方图、折线图、圆形图、茎叶图、箱线图等。正确使用直观、简洁、漂亮的统计图表胜过千言万语的文字。

案 例 实 验

大学生网购

网络购物正以其便捷、时尚的特点吸引着越来越多的消费者，已成为众多消费者不可缺少的一种购物方式。大学生是潮流领先者，对新鲜事物比较好奇，为了揭开网购的真实面目，让更多的人了解网购，某高校对在校大学生进行了一次大学生网购的调查。表 2.16 为年平均网购次数的 100 个数据。

表 2.16　100 名大学生年平均网购次数

男生的年平均网购次数					女生的年平均网购次数				
11	8	4	13	9	15	17	18	27	27
23	18	13	12	13	20	30	29	29	14
12	21	0	12	15	31	30	17	15	25
16	23	14	7	8	39	40	43	23	54
14	33	15	13	13	20	18	17	19	10
13	14	43	14	25	24	35	29	37	25
14	14	12	14	33	32	23	19	15	16
20	24	18	16	22	9	8	15	35	22
25	38	40	16	19	19	18	22	55	23
22	36	50	48	36	20	10	8	11	24

一、问题的提出

网络的快速发展，使得网购成为热点，而大学生更是其中的主力军，在校大学生网购的特点有哪些？男女生之间有没有差距？他们更加偏重购买哪种商品？……一系列问题都需要我们去研究。

二、教学的目的

通过此案例，使学生能识别数据类型，并且借助相应统计软件对调查的数据进行录入、分组整理，形成统计表和统计图，揭示现象数量特征及其规律，使调查研究现象的数量特征显示更加形象和直观。具体要求学生在以下几个方面受到训练：

(1)对以上数值型数据进行适当分组，制作年平均网购次数的频数(率)分布及其累计频数(率)，并绘制直方图、曲线图。

(2)绘制男生和女生的年平均网购次数数据茎叶图和箱线图。

(3)根据以上统计图表，简要分析目前大学生网购的现状和特点。

三、主要分析过程(一)

实验所用软件：SPSS。

1. 数据整理。

使用 SPSS，将数据按图 2.24 所示进行整理。性别(gender)一项，1 代表"男"，0 代表"女"。

2. 频率与直方图。

经 "Analyze" → "Descriptive statistics" → "Frequencies" 菜单，进入频率分析对话框。将薪酬(salary)选入 "Variable" 框中，勾选 "Display frequency tables"，进入 Charts，点选直方图(Histograms)即可，如图 2.25 所示。

	gender	times
1	1.00	11.00
2	1.00	23.00
3	1.00	12.00
4	1.00	16.00
5	1.00	14.00
6	1.00	13.00
7	1.00	14.00
8	1.00	20.00
9	1.00	25.00
10	1.00	22.00

图 2.24　SPSS 数据窗口

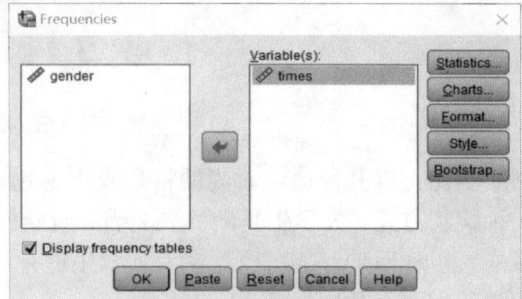

图 2.25　频率分析

SPSS 输出频率和累计频率分布表，如图 2.26 所示，以及直方图，如图 2.27 所示。

times

		Frequency	Percent	Valid Percent	Cumulative Percent
Valid	.00	1	1.0	1.0	1.0
	4.00	1	1.0	1.0	2.0
	7.00	1	1.0	1.0	3.0
	8.00	4	4.0	4.0	7.0
	9.00	2	2.0	2.0	9.0
	10.00	2	2.0	2.0	11.0
	11.00	2	2.0	2.0	13.0
	12.00	4	4.0	4.0	17.0
	13.00	6	6.0	6.0	23.0
	14.00	8	8.0	8.0	31.0
	15.00	6	6.0	6.0	37.0
	16.00	4	4.0	4.0	41.0
	17.00	3	3.0	3.0	44.0
	18.00	5	5.0	5.0	49.0
	19.00	4	4.0	4.0	53.0
	20.00	4	4.0	4.0	57.0
	21.00	1	1.0	1.0	58.0
	22.00	4	4.0	4.0	62.0
	23.00	5	5.0	5.0	67.0
	24.00	3	3.0	3.0	70.0
	25.00	4	4.0	4.0	74.0
	27.00	2	2.0	2.0	76.0
	29.00	3	3.0	3.0	79.0
	30.00	2	2.0	2.0	81.0
	31.00	1	1.0	1.0	82.0
	32.00	1	1.0	1.0	83.0
	33.00	2	2.0	2.0	85.0
	35.00	2	2.0	2.0	87.0
	36.00	2	2.0	2.0	89.0
	37.00	1	1.0	1.0	90.0
	38.00	1	1.0	1.0	91.0
	39.00	1	1.0	1.0	92.0
	40.00	2	2.0	2.0	94.0
	43.00	2	2.0	2.0	96.0
	48.00	1	1.0	1.0	97.0
	50.00	1	1.0	1.0	98.0
	54.00	1	1.0	1.0	99.0
	55.00	1	1.0	1.0	100.0
	Total	100	100.0	100.0	

图 2.26　频率和累计频率分布表

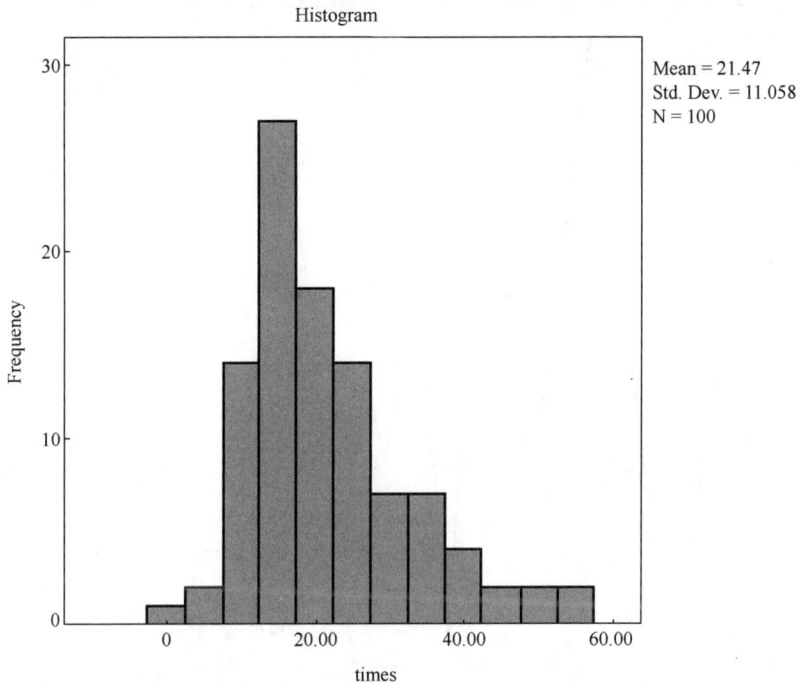

Histogram

Mean = 21.47
Std. Dev. = 11.058
N = 100

图 2.27　直方图

3．曲线图。

经"Graphs"→"Legacy Dialogs"→"Line"菜单，在"Line Charts"对话框中选择"Simple"，单击"Define"按钮，进入简单线图定义对话框，如图 2.28 所示。将"times"选入"Category Axis"，单击"OK"按钮即可。曲线图如图 2.29 所示。

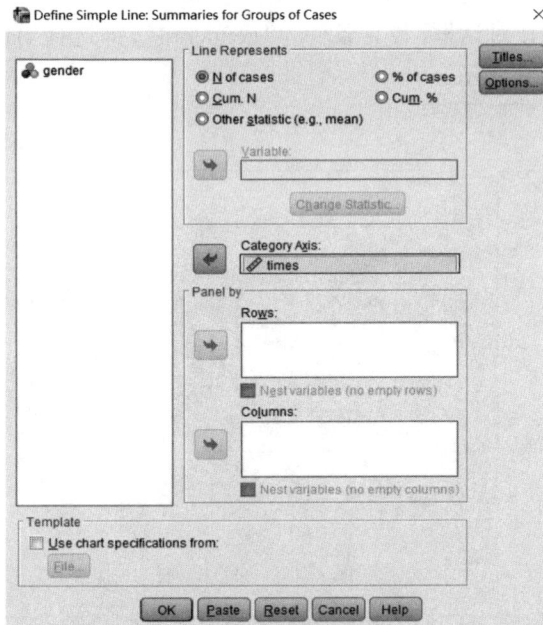

图 2.28　简单线图定义对话框

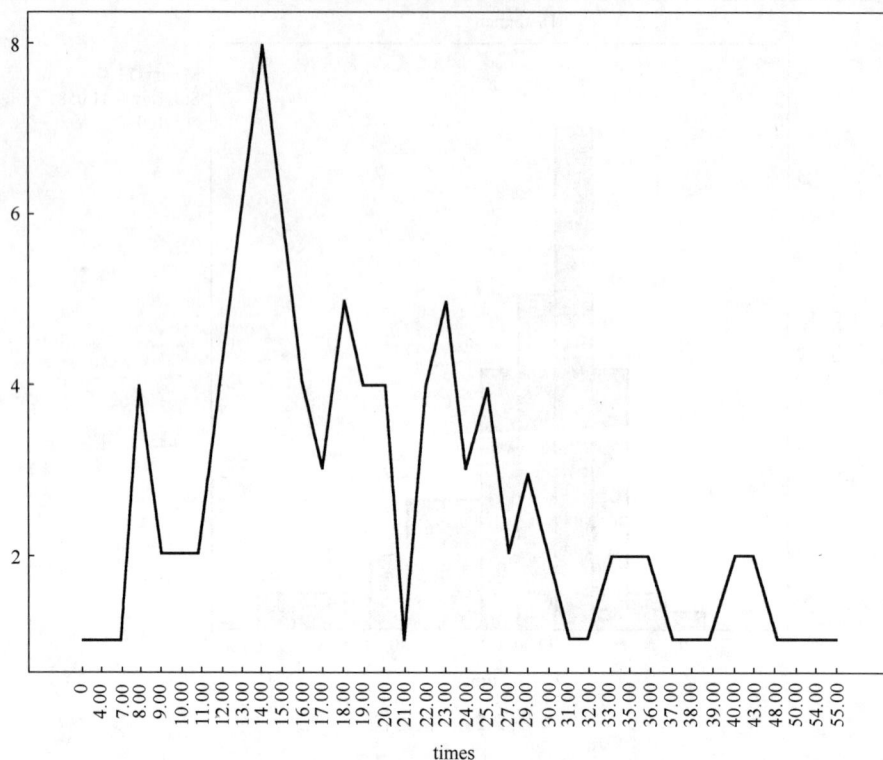

图 2.29　曲线图

4．分性别绘制箱线图和茎叶图。

（1）数据选择。

经"Data"→"Selected Cases"菜单，进入数据选择对话框，点选"If condition is satisfied"，并单击"If…"按钮，进入 If 对话框，设置条件为"gender=1"，即选择男性。依次单击"Continue"和"OK"按钮，如图 2.30 所示。

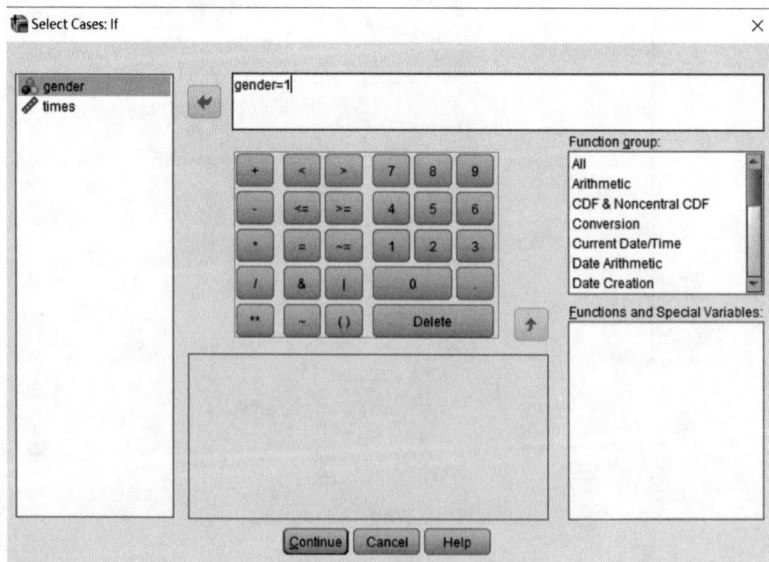

图 2.30　数据选择

（2）箱线图和茎叶图。

经 "Analyze" → "Descriptive statistics" → "Explore" 菜单，进入 "Explore" 对话框。选入 "times"，单击 "Plots" 按钮，再选择箱线图（Boxplots），如图 2.31 所示，选择茎叶图（Stem-and-leaf），如图 2.32 所示，输出结果如图 2.33 和图 2.34 所示。

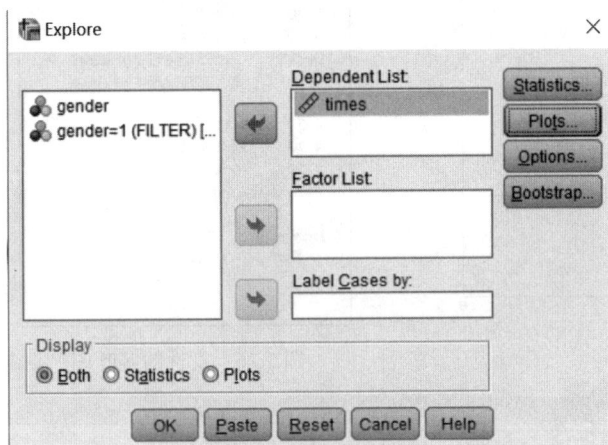

图 2.31　选择箱线图

图 2.32　选择茎叶图

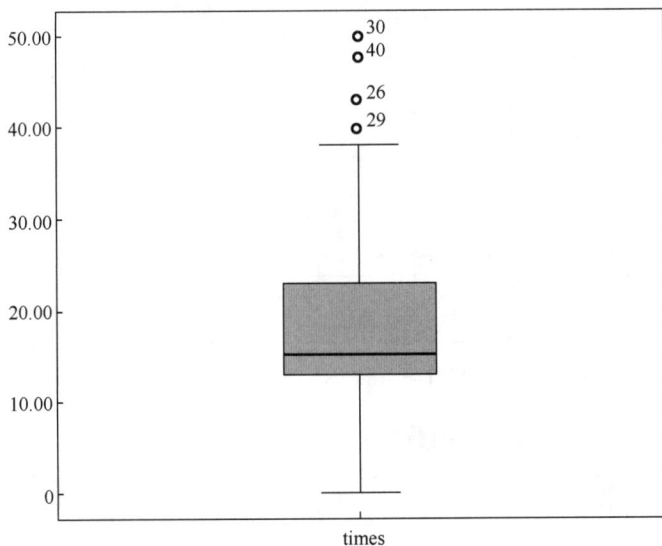

图 2.33　男性的箱线图

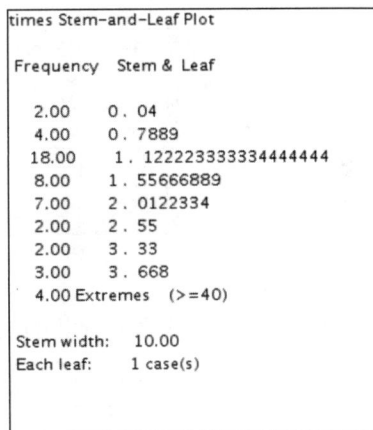

```
times Stem-and-Leaf Plot

Frequency    Stem & Leaf

    2.00      0 . 04
    4.00      0 . 7889
   18.00      1 . 122223333334444444
    8.00      1 . 55666889
    7.00      2 . 0122334
    2.00      2 . 55
    2.00      3 . 33
    3.00      3 . 668
    4.00 Extremes   (>=40)

Stem width:    10.00
Each leaf:      1 case(s)
```

图 2.34　男性的茎叶图

同理可得女性的箱线图和茎叶图，如图 2.35 和图 2.36 所示。

四、主要分析过程（二）

实验所用软件：R。

1．录入数据。

```
shopping <- data.frame(gender=character(0),times=numeric(0))
shopping <- edit(shopping)
```

数据录入窗口如图 2.37 所示。

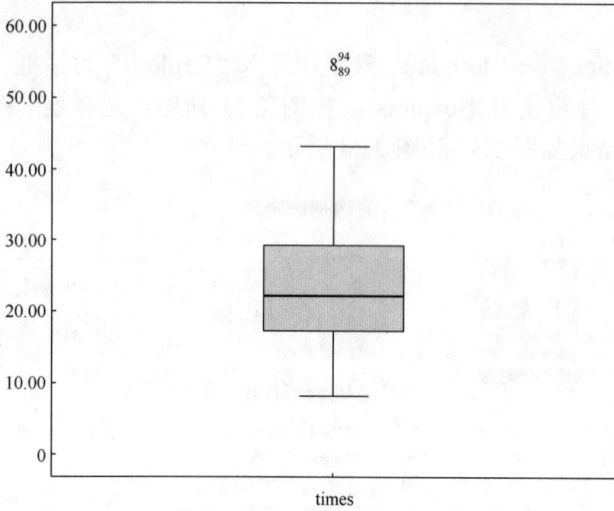

图 2.35　女性的箱线图

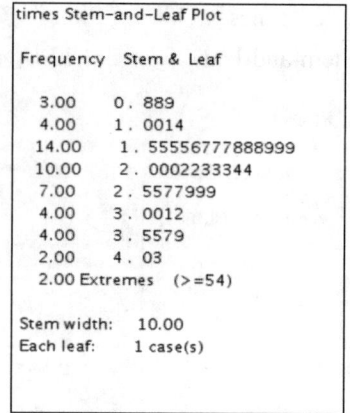

图 2.36　女性的茎叶图

图 2.37　R 数据录入窗口

2．计算年平均网购次数的频数(率)分布及其累计频数(率)。

```
freq<-table(times)    #频数
sumfreq<-cumsum(freq)  #累计频数
```

结果如图 2.38 所示。

图 2.38　频率和累计频率计算结果

3．绘制直方图和曲线图。

```
hist(times)           #直方图
plot(freq,type="l")   #曲线图
```

直方图和曲线图如图 2.39 和图 2.40 所示。

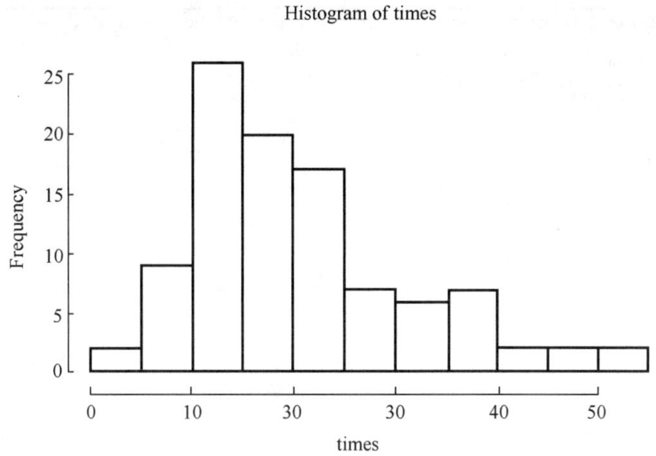

Histogram of times

图 2.39　直方图

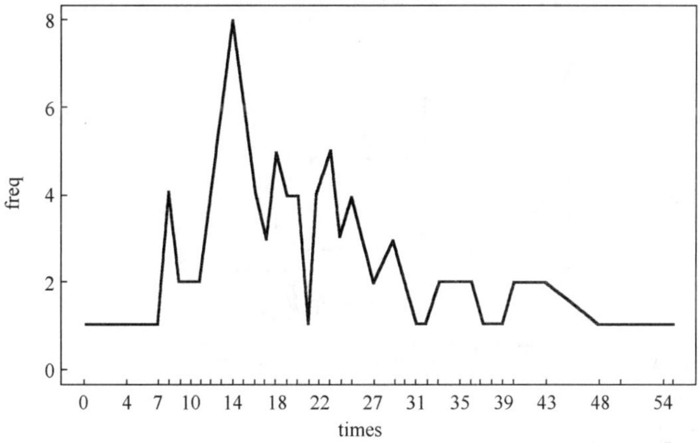

图 2.40　曲线图

4. 绘制箱线图和茎叶图。

```
boxplot( shopping[which(shopping$gender=="1"),2])    #男生箱线图
stem( shopping[which(shopping$gender=="1"),2])       #男生茎叶图
boxplot(shopping[which(shopping$gender=="0"),2])     #女生箱线图
stem(shopping[which(shopping$gender=="0"),2])        #女生茎叶图
```

男性和女性的箱线图和茎叶图分别如图 2.41～图 2.44 所示。

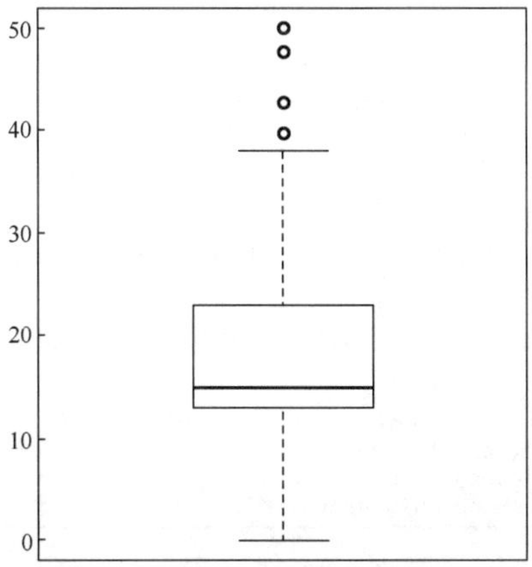

图 2.41　男性的箱线图

```
The decimal point is 1 digit(s) to the right of the |

0 | 047889
1 | 122223333334444444455666889
2 | 012233455
3 | 33668
4 | 038
5 | 0
```

图 2.42　男性的茎叶图

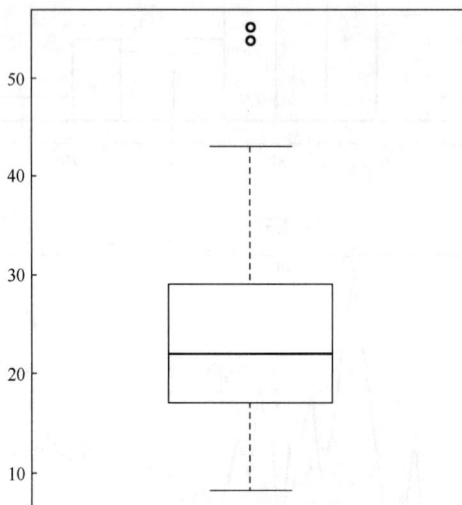

图 2.43　女性的箱线图

```
The decimal point is 1 digit(s) to the right of the |

0 | 889
1 | 0014
1 | 55556777888999
2 | 0002233344
2 | 5577999
3 | 0012
3 | 5579
4 | 03
4 |
5 | 4
5 | 5
```

图 2.44　女性的茎叶图

5. 完整代码，如图 2.45 所示。

```
1   shopping <- data.frame(gender=character(0),times=numeric(0))
2   #创建一个名为shopping的数据框，它含两个变量gender(性别)和times（网购次数）
3   shopping <- edit(shopping) #调用文本编辑器来输入数据
4   shopping #查看shopping数据框中的数据
5   gender <- shopping$gender #将shopping数据框中变量gender的数据赋值给gender
6   times<- shopping$times   #将shopping数据框中变量times的数据赋值给times
7   freq<-table(times)  #统计平均网购次数的频数，并以变量freq命名
8   sumfreq<-cumsum(freq)  #统计平均网购次数的累计频数，并以变量sumfreq命名
9   hist(times)   #绘制直方图
10  plot(freq,type="l")  #绘制曲线图
11  boxplot( shopping[which(shopping$gender=="1"),2])  #绘制男生平均网购次数的箱线图
12  stem( shopping[which(shopping$gender=="1"),2])    #绘制男生平均网购次数的茎叶图
13  boxplot(shopping[which(shopping$gender=="0"),2])  #绘制女生平均网购次数的箱线图
14  stem(shopping[which(shopping$gender=="0"),2])    #绘制女生平均网购次数的茎叶图
```

图 2.45　完整代码

思　考　题

1．数据的计量尺度有哪几种？举例说明各种不同的计量尺度有何特点。

2．区分计量的层次和数据类型有何意义？

3．数据的直接获取有哪些方法？间接获取渠道有哪些？

4．原始资料和二手资料有何区别？了解二者的优缺点。

5．理解因特网在二手资料获取中的作用。

6．何谓统计分组？其作用有哪些？举例说明。

7．简述频数分布表的编制过程。

8．什么是变量数列？它有哪几种？什么情况下编制单项式变量数列？什么情况下编制组距式变量数列？

9．等距分组和不等距分组的频数分布有何特点？

10．何谓统计表？统计表从其内容和构成要素上分由哪些部分组成？

11．何谓统计图？各种统计图形有何作用？

12．描述茎叶图和箱线图的画法，并说明其用途。

13．直方图与条形图有什么区别？

14．茎叶图与直方图有何区别？

15．实际应用中常用哪些图示法描述显示定性、定量数据？

练　习　题

1．为调查甲乙两城市居民对其住房状况的满意程度，在甲乙两地各随机抽取了由 50 个家庭构成的一个样本。其中一个问题是"您对您目前的住房状况是否满意？"回答的类别为：A. 非常不满意；B. 不满意；C. 一般；D. 满意；E. 非常满意。调查结果如表 2.17 所示。

表 2.17　甲乙两城市居民对其住房状况的评价

甲　城　市					乙　城　市				
B	E	C	C	A	D	C	B	A	E
D	A	C	B	C	D	E	C	E	E
A	D	B	C	C	A	E	D	C	B
B	A	C	D	E	A	B	D	D	C
C	B	C	E	D	B	C	C	B	C
D	A	C	B	C	D	E	C	E	B
B	E	C	C	A	D	C	B	A	E
B	A	C	D	E	A	B	D	D	C
A	D	B	C	C	A	E	D	C	B
C	B	C	E	D	B	C	C	B	C

(1)指出上面的数据属于什么类型。

(2)制作一张频数分布表。

(3)绘制累计频数分布图。

(4)绘制条形图，反映评价等级的分布，并对比说明。

2．某班级 50 名新生年龄（岁）如下：

22　17　18　16　17　18　23　17　17　20　17　17　18　17　17　18　19　20　17
17　16　18　16　16　19　21　17　18　18　25　16　17　17　16　17　17　16　21　17
20　16　17　16　17　17　19　24　19　16　18

（1）根据上面的数据进行适当的分组，编制频数分布表。

（2）绘制直方图和累计频数折线图。

3．某灯泡厂为了测定灯泡的使用寿命，从一批灯泡中抽取 100 只进行检查，测得每只灯泡的耐用时间如表 2.18 所示。

表 2.18　100 只灯泡的使用寿命　　　　　　　　　单位：小时

821	800	850	836	848	852	867	856	878	860
821	807	850	837	848	852	867	856	878	860
827	809	850	838	849	853	868	857	881	860
828	810	850	838	849	854	868	857	881	861
828	811	850	838	849	854	869	858	885	861
834	816	850	840	849	854	870	858	886	863
835	816	850	842	849	855	877	858	886	863
835	818	851	846	849	855	878	858	890	864
835	819	851	846	849	855	878	858	900	864
836	821	851	848	850	856	878	859	900	866

（1）利用计算机对表中数据进行排序。

（2）以组距为 10 进行等距分组，制作频数分布表。

（3）根据分组结果绘制直方图、折线图和曲线图，并说明数据分布的特征。

（4）制作茎叶图，并与直方图进行比较。

4．甲乙两班各有 50 名学生，某次统计学考试成绩数据如表 2.19 所示。

表 2.19　甲乙两班学生统计学成绩

甲　班					乙　班				
60	51	56	78	56	55	78	59	86	56
89	79	92	79	67	67	79	50	78	78
90	67	90	76	78	78	76	56	76	98
89	89	94	89	79	89	75	69	72	70
78	97	92	68	90	90	65	87	89	82
98	95	78	80	98	98	68	65	79	61
76	95	84	86	95	91	79	68	56	68
87	90	80	86	91	96	84	69	78	63
68	78	81	84	67	92	56	80	98	87
79	56	75	78	69	67	80	85	67	86

（1）用一根公共茎将两个班的考试成绩绘制成茎叶图。

（2）以优、良、中、及格和不及格对两个班的成绩进行分组，绘制对比条形图和环形图。

（3）比较两个班考试成绩的分布特点。

5．已知 2009—2015 年重庆城乡居民恩格尔系数数据如表 2.20 所示，用 Excel 或 SPSS 绘制对比折线图和复式条形图，并根据图形特征进行分析和比较。

表 2.20　2009—2015 年重庆城乡居民恩格尔系数

恩格尔系数\年份	2009	2010	2011	2012	2013	2014	2015
城市居民	37.7	37.6	39.1	41.5	35.0	34.5	33.6
农村居民	49.1	48.3	46.8	44.2	38.1	40.5	40.0

资料来源：《重庆市统计年鉴》(2010 年)。

6. 已知 2005—2014 年我国的国内生产总值各产业构成如表 2.21 所示(按当年价格计算)。

表 2.21　2005—2014 年我国的国内生产总值构成　　　单位：%

年　份	国内生产总值	第一产业	第二产业	第三产业
2005	100.0	11.7	46.9	41.4
2006	100.0	10.7	47.4	41.9
2007	100.0	10.4	46.7	42.9
2008	100.0	10.3	46.8	42.9
2009	100.0	9.9	45.7	44.4
2010	100.0	9.6	46.2	44.2
2011	100.0	9.5	46.1	44.3
2012	100.0	9.5	45.0	45.5
2013	100.0	9.4	43.7	46.9
2014	100.0	9.2	42.7	48.1

资料来源：《中国统计年鉴》(2015)。

(1)绘制第一、二、三产业的国内生产总值线图。

(2)绘制 2014 年的国内生产总值构成饼图。

(3)绘制 2005 年、2010 年、2014 年的国内生产总值环形图。

7. 2013 年我国几个主要城市各月份的平均日照时间数据如表 2.22 所示，试绘制箱线图，并分析说明各城市平均日照时间的分布特征。

表 2.22　2013 年我国几个主要城市各月份的平均日照时间　　　单位：小时

月份 城市	1 月	2 月	3 月	4 月	5 月	6 月	7 月	8 月	9 月	10 月	11 月	12 月
北京	138.9	159.6	213.1	264.2	244.8	132.4	216.4	223.8	164.8	203.9	201.2	208.0
天津	116.4	145.2	216.2	250.4	239.3	154.9	183.7	206.3	164.9	212.7	183.2	182.0
太原	206.4	159.8	243.8	269.5	251.3	218.6	184.8	260.8	183.1	240.6	204.1	204.3
哈尔滨	94.1	166.5	218.9	202.3	240.7	151.7	195.1	163.7	230.1	158.5	106.2	95.7
上海	112.9	78.0	154.2	207.5	156.4	65.5	254.3	241.5	174.0	138.2	147.2	135.0
杭州	81.4	38.7	130.1	162.6	167.6	79.2	289.7	213.2	127.1	128.4	142.1	105.4
福州	80.9	56.0	137.3	90.8	91.6	137.4	248.9	196.7	141.9	181.6	111.1	104.2
郑州	93.9	82.7	166.6	224.3	178.8	176.3	144.8	251.4	130.2	166.8	172.9	136.9
长沙	89.3	27.4	131.1	113.0	149.5	225.6	377.6	281.9	156.5	182.0	155.9	159.9
广州	121.1	61.7	80.5	40.3	66.0	160.6	165.7	151.7	167.1	222.9	152.0	193.3
海口	47.1	69.3	131.0	112.5	199.5	232.1	215.9	200.9	120.5	173.1	74.3	149.5
重庆	35.0	45.7	102.3	135.6	115.1	186.7	213.2	209.2	80.9	74.7	7.7	7.6
成都	65.3	51.2	148.1	129.1	123.6	108.5	85.4	168.9	38.4	78.2	59.6	72.5
贵阳	39.9	66.1	116.2	85.7	117.5	171.4	160.5	148.5	117.8	105.1	51.5	50.5
昆明	223.8	279.3	281.3	272.4	234.8	212.1	127.1	175.2	155.3	135.6	237.7	177.7
拉萨	268.4	247.7	241.9	228.1	254.6	263.7	224.8	281.3	244.7	251.3	279.4	260.9
西宁	221.7	229.7	289.6	250.1	233.4	235.6	158.3	246.0	188.9	239.7	189.8	177.8

资料来源：《中国统计年鉴》(2014)。

实 训 题

高校笔记本电脑市场—— 一块越来越大的"蛋糕"

如今，高校笔记本电脑市场已经成为令国内外笔记本电脑制造商及销售商为之垂涎、奋力争夺的一块越来越大的"蛋糕"。高校学生群体不但是当前笔记本电脑消费市场中不容忽视的一大群体，也是未来最具潜力的消费人群，大学生作为未来笔记本电脑消费的主流群体，他们的消费习惯、消费心理如何，这无疑是厂家和商家最关注的问题。

通过某大学经济管理学院工商管理系学生进行的大学生笔记本电脑需求情况的调查，发出问卷300份，回收296份，有效问卷280份。获取了相关数据如下：

1．无笔记本电脑的同学为180人，有笔记本电脑的同学为100人。

2．在无笔记本电脑的同学当中，有男生72人不打算购买，28人准备购买；女生35人不打算购买，45人打算购买。

3．在已购买笔记本电脑的学生中，一年级有20人，二年级有21人，三年级有24人，四年级有35人。

4．在准备购买笔记本电脑的73人中，一年级没有同学准备购买，二年级有15人打算购买，三年级有26人打算购买，四年级有32人打算购买。

5．在购买首选因素调查中，有60人首先关注品牌，100人首先关注价格，86人首先关注功能，32人首先关注外形，关注其他方面的有2人。

6．这280名大学生每月生活消费金额的数据如表2.23所示。

表2.23　东西部地区280名大学生每月生活消费金额　　　　单位：元

来自东部沿海地区学生每月生活消费数据													
1080	1200	1200	1260	91300	1300	1300	1180	1290	800	1000	1500	1500	1250
1390	1360	1000	800	900	800	800	1250	800	800	1250	1400	1250	1500
1190	1000	800	1300	800	800	800	1000	1000	800	800	1000	1500	1500
900	1000	800	1000	1000	1000	1190	1390	1000	1300	1500	1500	1250
1390	1650	1400	1200	1500	1200	1700	1300	1400	1400	1100	1400	1600	1700
1300	1290	800	800	1000	800	1000	1000	800	800	800	2000	1500	2500
1280	1250	1380	1250	800	1000	800	1000	1100	800	1000	1800	1500	2250
880	1000	800	800	800	1250	1250	1000	800	800	1000	1500	1600
1090	1180	1000	800	800	1290	800	800	990	1000	700	2000	1500	1250
800	1070	1000	1000	980	1250	800	700	800	1000	800	1100	1500	1250
来自中西部地区学生每月生活消费数据													
800	700	1000	1250	800	1000	1000	1000	800	1250	1250	1500	1600
800	800	800	800	700	1000	800	800	800	1000	1250	1500	1000
800	700	1250	1000	1000	1000	800	800	800	800	800	1600	1000
800	800	1000	800	800	1000	800	800	1000	800	800	1250	1550
800	1000	1000	800	800	800	800	800	1000	800	1000	800	1600	1000
1000	1250	800	1250	800	700	700	800	800	700	1250	1600	2600	800
800	1250	800	800	700	800	800	800	800	1000	1000	1500	800
700	1000	700	800	800	700	800	700	700	800	800	1500	1600	1250
800	800	800	700	700	700	800	800	800	700	1600	1200	1000
1000	1250	800	1250	800	1000	1000	1000	800	800	800	1250	1600	1000

问题设计：

1．以上采用了何种调查方法？其特点是什么？还可以采用哪些调查方法？

2．在以上调查中使用了哪些变量？有何特点？

3．请对上述品质型数据资料作进一步的统计处理，编制频数分布及其累计频数，并绘制频数分布的条形图、圆形图、环形图和累计频数分布图。

4．对上述大学生每月生活消费金额数据进行适当分组，编制频数分布及其累计频数分布表，并绘制直方图、折线图、累计频数分布图和环形图。

5．绘制上述大学生每月生活消费金额数据茎叶图和箱线图。

6．根据以上统计图表的显示，对大学生笔记本电脑市场特点进行简要分析。

运用 SPSS、R 或 Excel 进行统计计算和分析。

第3章 数据描述

案例导入：

你的收入被平均了吗？

"为什么我每个月可支配收入不足 2000 元？而国家公布的全国 2017 年第一季度城镇居民人均可支配收入却高达 9390 元？"为什么多数人感觉自己的收入"被拔高"了？

根据 2017 年第一季度中华人民共和国国家统计局发布的统计数据，大陆 31 个省、自治区、直辖市 2017 年第一季度的人均可支配收入数据如表 3.1 所示。

表 3.1 2017 年第一季度全国部分地区居民人均可支配收入

地　　区	城乡居民人均可支配收入(元)	城镇居民人均可支配收入(元)	农村居民人均可支配收入(元)
北京市	14 558.12	15 739.36	7030.23
天津市	10 421.38	11 307.09	6321.35
河北省	5577.18	7828.59	3531.85
山西省	5115.73	7253.27	2816.75
内蒙古自治区	7091.4	9295.34	3954.26
辽宁省	7545.34	9022.03	4690.28
吉林省	5909.62	7280.93	4263.59
黑龙江省	5826.24	7051.35	4158.43
上海市	15 841.08	16 685.24	8629.57
江苏省	11 337.3	13 459.03	7498.2
浙江省	13 040.06	15 603.47	8389.23
安徽省	6193.39	8688.91	3915.24
福建省	8620.23	11 486.74	4290.55
江西省	5645.54	8133	3307.03
山东省	7512.84	10055	4548.27
河南省	5184.76	7762.38	3198.33
湖北省	6714.14	9107.76	3835.81
湖南省	6318.01	9228.4	3656.6
广东省	9190.51	11 333.53	4595.09
广西壮族自治区	5441.82	8258.15	3192.96
海南省	5975.03	8211.27	3420.57
重庆市	6995.77	9386.12	3649.08
四川省	5637.99	8311.74	3486.26
贵州省	4196.53	7680.52	2056.59
云南省	4699.83	8213.1	2415.17
西藏自治区	2791.75	7311.11	1333.45
陕西省	5471.97	7944.74	2972.73
甘肃省	4221.13	7247.76	2228.08
青海省	4828.71	7365.03	2502.57
宁夏回族自治区	4982.96	7198.02	2575.4
新疆维吾尔自治区	4210.58	7661.31	1400.33

2017 年第一季度全国居民人均可支配收入 7003 元，城镇居民人均可支配收入 9390 元，农村居民人均可支配收入 3995 元。各省市居民人均可支配收入参差不齐，怎样分析我国居民

人均可支配收入数据？可以借助哪些统计量来描述我国居民的人均可支配收入？这些统计量的用途是什么？选择这些统计量的理由是什么？本章将介绍统计数据的描述，即可解决这些问题。

3.1　总量指标与相对指标

3.1.1　总量指标

1．总量指标的概念

总量指标是用绝对数形式表现的反映现象总体在一定时间、地点、条件下的规模或工作总量的统计指标。例如，一个国家或地区某年的人口总数、土地面积、商品零售额、货物运输量，等等。

2．总量指标的种类

(1)按反映总体的内容不同分为总体单位总量和总体标志总量

总体单位总量是指总体单位数之和。例如，企业职工人数总数、学生人数、产品总数等总量指标；总体标志总量指总体各单位某种标志值之和，例如，职工工资总额、产品产值等总量，指标。

(2)按照与时间的关系不同分为时期总量和时点总量

时期总量反映的是事物在一定时期内发展变化的累计结果。例如：工业总产值、新增固定资产、新增职工人数，等等。数量可以累计，总量大小与时间长短有直接关系。时点总量反映的是事物在某一时点上的状况总量。例如：在册职工人数、商品库存额，等等。累计无实际意义，总量指标大小与时间长短无直接关系。

3.1.2　相对指标

1．相对指标的概念

相对指标又称为相对数，是指两个相互联系的统计指标之比。例如，企业产量计划完成相对数、人口性别比例、文盲比率、人均国内生产总值、人口密度、电话普及率，等等。

2．相对指标的表现形式

(1)有名数

凡是由两个性质不同而又有联系的总量指标或平均指标对比计算所得的相对数，一般用有名数，且多用复合计量单位。这类相对指标多属于强度相对指标。例如：人口密度，单位是"人/平方公里"；人均国民收入，单位是"美元/人"；电话普及率，单位是"部/百人"，等等。

(2)无名数

相对指标的无名数表现有倍数、百分数、千分数、百分点等。

倍数是将对比的基数转化为 1，常用于对比相差很大的情况。百分数是将对比的基数转化为 100，是最常用的形式，适用于对比的两个数值比较接近的情况。例如：计划完成百分比、成绩及格率、产品合格率等指标。千分数是将对比的基数转化为1000，适用于对比的两个数值的分子数值比分母数值小得多的情况。例如：人口出生率、人口死亡率、人口自然增长率等。百分点就是百分数中相当于1%的单位，也即，1个百分点相当于1%，它在两个百分数相减的场合使用。例如：我国财政支出增长速度2008年比2007年高了2.5个百分点。

3. 相对指标的种类

（1）计划完成相对数

计划完成相对数又称计划完成百分数，是将实际完成量与计划指标进行对比，其结果一般用百分数表示。

计划完成相对数的计算式为：

$$计划完成相对数 = \frac{报告期实际完成数}{报告期计划数} \times 100\% \qquad (3.1)$$

计划完成相对数在实际中的应用，主要有：

① 检查报告期末计划完成情况。计算式为：

$$计划完成相对数 = \frac{报告期末实际完成数}{报告期末计划数} \times 100\% \qquad (3.2)$$

注意，计划数的表现形式不同，具体计算方法有所变化。

计划数为绝对数时，直接运用计算公式（3.2）计算计划完成百分比。

【例3.1】 某企业产品销售部门计划年底完成销售额5000万元，实际完成销售额5500万元，该部门销售额计划完成情况如何？

解： 该销售部门产品销售的

$$计划完成相对数 = \frac{报告期末实际完成数}{报告期末计划数} \times 100\% = \frac{5500}{5000} = 110\%$$

表示超额完成计划10%。

计划数为相对数时，不能直接运用计算公式（3.2）计算计划完成百分比。

【例3.2】 某企业计划规定今年劳动生产率比上年提高10%，而实际比上年提高15%。试问：今年劳动生产率提高率的计划完成百分比是多少？今年劳动生产率计划完成百分比是多少？

解： 注意两者的含义不一样，计算式也不一样。

$$劳动生产率提高率计划完成相对数 = \frac{报告期实际提高的劳动生产率}{报告期计划提高的劳动生产率} \times 100\%$$

$$= \frac{15\%}{10\%} \times 100\% = 150\%$$

表示劳动生产率实际提高超额完成计划提高50%。

而与之不同的，劳动生产率计划完成百分数的计算为：

$$劳动生产率计划完成相对数 = \frac{报告期实际完成的劳动生产率}{报告期计划的劳动生产率} \times 100\%$$

$$= \frac{1+15\%}{1+10\%} \times 100\% = 104.5\%$$

劳动生产率的计划完成百分比为104.5%，表示今年劳动生产率超额完成计划4.5%。

【例3.3】 某企业计划规定今年某产品单位成本比上年要降低5%，而实际降低6%，那么，单位成本计划完成百分比以及单位成本降低率的计划完成百分比分别为多少？

解：

$$单位成本计划完成相对数 = \frac{报告期实际完成的单位成本}{报告期计划的单位成本} \times 100\%$$

$$= \frac{1-6\%}{1-5\%} \times 100\% = 98.95\%$$

单位成本计划完成百分比为 98.95%，超额完成计划 1.05%。

而单位成本降低率的计划完成百分比为：

$$单位成本降低率计划完成相对数 = \frac{报告期实际降低的单位成本}{报告期计划降低的单位成本} \times 100\%$$

$$= \frac{6\%}{5\%} \times 100\% = 120\%$$

结果表示：单位成本降低率的计划完成百分比为 120%，超额完成计划 20%。

值得注意的是，如果计划任务数是以最低限额规定的，如产值、销售额等，那么，在评价其计划完成程度时，应以大于等于 100% 为完成或超额完成计划；如果计划任务数是以最高限额规定的，如单位成本等，那么，在评价其计划完成程度时，应以小于等于 100% 为完成或超额完成计划；如果计划指标以相对数出现时，要求不同，计算式也不同；有时为方便起见，用两个百分数相减表示超额或未完成计划。

② 累计完成计划百分数，即计划执行进度的检查。计算式为：

$$累计完成计划百分数 = \frac{报告期内从期初至目前的累计完成数}{报告期累计计划数} \times 100\% \qquad (3.3)$$

【例 3.4】 某企业某年计划生产产值达到 400 万元（4 个季度均分），实际完成情况为：第一季度 80 万元，第二季度 100 万元，第三季度 110 万元。求：(1)各季度计划完成程度；(2)累计至第三季度止完成全年计划的进度。

解：

$$第一季度计划完成相对数 = \frac{第一季度的实际完成数}{第一季度的计划数} \times 100\%$$

$$= \frac{80}{100} \times 100\% = 80\%$$

未完成计划 20%。

$$第二季度计划完成相对数 = \frac{第二季度的实际完成数}{第二季度的计划数} \times 100\%$$

$$= \frac{100}{100} \times 100\% = 100\%$$

刚好完成计划。

$$第三季度计划完成相对数 = \frac{第三季度的实际完成数}{第三季度的计划数} \times 100\%$$

$$= \frac{110}{100} \times 100\% = 110\%$$

超额完成计划 10%。

$$累计至第三季度止计划完成进度 = \frac{累计至第三季度止的实际完成数}{全年计划数} \times 100\%$$

$$= \frac{80+100+110}{400} \times 100\% = 72.5\%$$

累计完成全年计划 72.5%，未完成计划进度 2.5%。

（2）结构相对数

结构相对数是总体构成部分数值与总体全部数值对比的结果。结构相对数即通常所说的"比重"，一般用百分数表示，各部分比重的总和应等于 100%。

其计算式为：

$$结构相对数 = \frac{总体构成的部分数值}{总体全部数值} \times 100\% \tag{3.4}$$

例如，根据第 37 次中国互联网络发展状况统计调查显示，截至 2015 年 12 月，我国网民男性占 53.6%，女性占 46.4%。从年龄段分布来看，网民以 10～39 岁群体为主，占整体的 75.1%；其中 20～29 岁年龄段的网民占比最高，达 29.9%，10～19 岁、30～39 岁群体占比分别为 21.4%、23.8%。与 2014 年底相比，10 岁以下低年龄群体和 40 岁以上中高龄群体的占比均有所提升，互联网继续向这两部分人群渗透。

（3）比较相对数

比较相对数是同一时期不同地区、不同单位之间同类指标之比，用以反映事物发展不平衡的相对差异程度。一般用倍数或百分比表示。其计算式为：

$$比较相对数 = \frac{某一现象的数值}{同一时期另一类现象的数值} \tag{3.5}$$

比较相对数主要有两种情形：一是同类现象在不同空间的对比，二是同一总体内的不同部分之比。有时又把这种形式称为比例相对数。例如：我国第三、四、五、六次人口普查的结果，男女性别比例分别为 106.3、106.6、106.74、105.20。

（4）动态相对数

动态相对数是指同一现象不同时期的两个指标之比，又称发展速度。表明某种社会经济现象在不同时期的发展程度。用来作为对比基础的时期称为基期，与基期进行对比的时期叫报告期，对比的结果通常用百分数或倍数表示。其计算式为：

$$动态相对数 = \frac{某一现象报告期数值}{同一现象基期数值} \times 100\% \tag{3.6}$$

例如，我国第六次人口普查全国总人口为 134 091 万人，同第五次人口普查的 126 743 万人相比，十年增加了 7348 万人，增长 5.80%，平均每年增加 734.8 万人，年平均增长率为 0.57%。

（5）强度相对数

强度相对数是两个性质不同但有一定联系的指标相互对比的结果。用以表明现象发展的强度、密度或普遍程度、利用程度。所以它也可称为密度指标或普及程度指标。其计算式为：

$$强度相对指标 = \frac{某一指标}{另一有联系的指标} \tag{3.7}$$

强度相对数常用复合计量单位，例如，人口地域分布的度量指标人口密度用人/平方公里，电话普及率用部/百人，人均国民生产总值用美元/人，人均粮食产量用公斤/人等。有时用百分数或千分数，如人口出生率(‰)，指某一地区一年内的出生人数与同年平均人口数对比的结果；人口死亡率(‰)，指某一地区一年内的死亡人数与同年平均总人口数对比的结果；人口自然增长率(‰)，指某一地区范围内的人口在同时段内，人口出生率和死亡率之差，用以表示人口增长的强度，因对比比较的双方计量单位相同，故采用千分数表示。

强度相对数主要应用在以下几种情形：一是反映国力的强度。例如：用粮食产量、国民生产总值等指标与人口数对比求得人均粮食产量、人均国民生产总值等，可以反映国家的经济实力。二是说明事物发展的密度、普遍程度。例如：人口密度，移动电话普及率、平均每个网点服务人口数等。三是反映企业经济效益的高低。例如：资本金利润率、产值利税率、流动资金周转速度等。

3.2 集中趋势的测度

统计学主要从三个方面描述和测度数据的分布特征：一是数据分布的集中趋势，各数据向其中心值靠拢或聚集的程度；二是数据分布的离散程度，各数据远离中心值的程度；三是分布的形状，数据分布偏斜程度和峰度。这三个方面的内容分别在本节和以后两节中展开讲述。

对分布集中趋势的测度，需要找到测度值来代表中心值，所谓中心值就是一组数据的代表值，它抽象了数据个体之间的差异，是一组数据一般水平的反映。

常用的集中趋势测度值有众数、中位数和均值。不同类型的数据采用不同的测度值，所有低层次数据适用的测度值也都适用于高层次数据，而高层次数据适用的测度值不一定适用于低层次数据。

3.2.1 众数

众是多的意思，在一组数据中出现频次最多的那个变量值，就是众数。由于众数代表了大多数的情况，故可以反映数据分布的集中趋势。

数据分布没有明显的集中趋势或最高峰点，则没有众数存在。

1. 定性数据的众数确定

求众数，首先要对数据进行分组。对于定性数据，从分组结果中很容易得到众数。

【例 3.5】 随机抽样 200 名大学生进行调查，掌握大学生的计算机需求情况，根据调研数据对需求类型进行分组，有关数据如表 3.2 所示。

表 3.2　大学生对计算机的需求类型

大学生对计算机的需求类型	人数(人)	频率(%)
时尚型	112	56.0
实用型	51	25.5
精通计算机型	11	5.5
基本使用型	16	8.0
其他	10	5.0
合计	200	100

解：这里的变量为"需求类型"，是一个定类变量，不同类型的需求就是变量值。在所调查的 200 名大学生中，时尚型需求的人数最多，为 112 人，占总调查人数的 56%，因此众数为"时尚型"这一类别。

2．定量数据的众数确定

(1)单项式数列的众数确定

次数最多的那一组的标志值就是众数。若有多个众数出现，则取其平均数。

(2)组距式数列

先确定众数组，即次数最多的组，然后用插值法计算，有上限公式与下限公式。

下限公式
$$M_o = L + \frac{d_1}{d_1 + d_2} i \tag{3.8}$$

上限公式
$$M_o = U - \frac{d_2}{d_1 + d_2} i \tag{3.9}$$

式中，M_o 为众数；L 为众数所在组的下限；U 为众数所在组的上限；d_1 为众数组次数与上一组次数之差；d_2 为众数组次数与下一组次数之差；i 为众数组的组距。

【例3.6】 某企业生产工人工资水平资料如表3.3所示，求工人月工资水平众数。

表3.3　某企业生产工人工资水平资料

按人均月工资水平分组(元)	工人数(人)
2500 以下	18
2500～3000	26
3000～3500	44
3500～4000	22
4000 以上	10
合计	120

解：首先确定众数组，次数最多的是44，对应的众数组是3000～3500。然后用公式计算众数的近似值。

按下限公式计算

$$M_o = L + \frac{d_1}{d_1 + d_2} i = 3000 + \frac{18}{18 + 22} \times 500 = 3225 \text{（元）}$$

按上限公式计算

$$M_o = U - \frac{d_2}{d_1 + d_2} i = 3500 - \frac{22}{18 + 22} \times 500 = 3225 \text{（元）}$$

计算结果表明工人月平均工资水平众数为3225元。

众数有如下的特点：

① 由于众数是最常出现的数，只与其分布的次数有关，不受其他数据的影响，故难以准确地反映总体的平均水平。

② 是一种位置平均数，不受极端值的影响。

③ 常用于单位数较多，且次数分布存在明显的集中趋势，否则众数不存在。当然也有多众数存在的情况。

④ 当次数分布呈现 U 形或 J 形分布时，众数比其他集中趋势指标更具有代表性。

⑤ 主要用于定性数据集中趋势的测度。

3.2.2 中位数

中位数是将数据排序后处于中点位次的数据。中位数是一种位(次)置平均数。一半数据比中位数大,一半数据比中位数小。中位数可以用来代表总体的集中趋势或一般水平,因为经济现象的变化,大都呈现正态或接近于正态,处于中间位置的标志值往往也就是现象的一般水平值,因而能反映现象的集中趋势。中位数主要用于测定顺序数据的集中趋势测度。

1. 未分组数据的中位数确定

对于未分组资料,先按大小顺序排列,再按下列公式

$$中位数位次 = \frac{n+1}{2} \tag{3.10}$$

确定中位数的位次。当 n 为奇数时,中位数就是中位数位次上的那个数值;当 n 为偶数时,中位数就是中位数位次上两项标志值的算术平均数。

【例 3.7】 随机调查 5 家广告公司的年纯收入,分别为 40 万元、50 万元、40 万元、70 万元、60 万元,要求计算广告收入的中位数。

解:先将这 5 个数据排序,40 ,40 ,50 ,60,70。

$$中位数位次 = \frac{5+1}{2} = 3$$

中位数为数列中的第三项数据值 50 万元。

如果观察的是 6 家广告公司,排序结果为 40 万元、40 万元、50 万元、60 万元、70 万元、100 万元。

$$中位数位次 = \frac{6+1}{2} = 3.5$$

中位数是第三、第四两项数据的算术平均值。

即

$$\frac{50+60}{2} = 55$$

2. 分组数据的中位数确定

分组资料计算中位数,首先要计算累计频数或累计频率。

(1)顺序数据中位数的确定

【例 3.8】 在市场研究中,经常需要对公司服务的顾客满意度进行研究,如随机对 100 名电信消费者消费的某项新推出的业务进行调查,数据如表 3.4 所示。要求:计算样本消费者对电信新业务满意度的中位数。

表 3.4 100 名电信消费者对某项新业务的满意程度分布

按满意程度分组	人数(人)	频率(%)	向上累计次数	向下累计次数	向上累计频率(%)	向下累计频率(%)
很不满意	4	4	4	100	4	100
不太满意	8	8	12	96	12	96
基本满意	60	60	72	88	72	88
满意	15	15	87	28	87	28
很满意	13	13	100	13	100	13
合计	100	100	—	—	—	—

解： 这是一个顺序数据，变量为消费者对电信新业务的满意度状况的回答类别，其中的五个选项即为变量值。由于变量值本身就是排序的，则

$$中位数位次 = \frac{100+1}{2} = 50.5$$

从表 3.4 中的累计次数可以看出，中位数在"基本满意"这一组中，因此中位数是"基本满意"这一类别。

（2）定量数据中位数的确定

① 单项式数列确定中位数：

计算中位数位次 $= \dfrac{\sum f}{2}$，累计频数达到 $\dfrac{\sum f}{2}$ 的那个组的标志值即为中位数。

② 组距式数列确定中位数：

先通过 $\dfrac{\sum f}{2}$ 确定中位数位次，确定中位数组，然后用插值法计算。

下限公式
$$M_e = L + \frac{\dfrac{\sum f}{2} - S_{m-1}}{f_m} i \qquad (3.11)$$

上限公式
$$M_e = U - \frac{\dfrac{\sum f}{2} - S_{m+1}}{f_m} i \qquad (3.12)$$

式中，M_e 为中位数；L 为中位数所在组的下限；U 为中位数所在组的上限；f_m 为中位数所在组的次数；$\sum f$ 为总次数；S_{m-1} 为中位数组前各组的次数之和；S_{m+1} 为中位数组后各组的次数之和；i 为中位数所在组的组距。

【例 3.9】 某高校 200 名新生的身高资料如表 3.5 所示。要求：计算新生身高中位数。

表 3.5　高校 200 名新生身高分布表

按身高分组（cm）	人数（人）	频率（%）	向上累计		向下累计	
			累计次数（人）	累计频率（%）	累计次数（人）	累计频率（%）
160 以下	5	2.5	5	2.5	200	100
160~164	15	7.5	20	10	195	97.5
164~168	35	17.5	55	27.5	180	90
168~172	80	40	135	67.5	145	72.5
172~176	35	17.5	170	85	65	32.5
176~180	20	10	190	95	30	15
180 以上	10	5	200	100	10	5
合计	200	100	—	—	—	—

解： 先计算中位数位次 $= \dfrac{\sum f}{2} = 100$，中位数位次在第四组 168~172cm 之间，然后用插值法计算中位数。

按下限公式计算

$$M_e = L + \frac{\dfrac{\sum f}{2} - S_{m-1}}{f_m} i = 168 + \frac{100-55}{80} \times 4 = 170.25 \text{ cm}$$

按上限公式计算

$$M_e = U - \frac{\frac{\sum f}{2} - S_{m+1}}{f_m} i = 172 - \frac{100 - 65}{80} \times 4 = 170.25 \, \text{cm}$$

中位数有如下的特点：

第一，是一种位置平均数，其计算不受数列中各单位标志值的影响，故难以准确地反映数列标志值的平均水平。

第二，不易受极端值的影响。中位数只与其所处的位置有关，而与数据组中的数据值大小无关。

第三，各数据值与中位数之差的绝对值之和最小，即 $\sum_{i=1}^{n} |x_i - M_e| = \min$（最小）。这个性质表明中位数与数据值的距离最短。可以把这一性质应用在工程设计中，如物流配送中的仓库选址。

中位数常运用于总体标志值差异较大或频数分布有偏态的情形。当按属性定位的事物求其代表水平时可用中位数，如颜色中位数。

3.2.3 分位数

中位数是将数据分布一分为二，与中位数性质相似的还有四分位数、十分位数和百分位数等。它们分别是用 1 个点、3 个点、9 个点和 99 个点将数据平分、4 等分、10 等分和 100 等分，显然四分位数、十分位数和百分位数分别是将数据分布 4 等分、10 等分和 100 等分的数值。这里以四分位数的计算为例。

四分位数也称四分位点，它是一组数据排序后处于 25% 和 75% 位置上的数据。四分位数是将数据分布 4 等分的三个数值。中间的四分位数就是中位数；处在 25% 位置上的数值称为下四分位数 Q_L；处在 75% 位置上的数值称为上四分位数 Q_U。其计算公式与中位数近似公式相似。

$$Q_L \text{位次} = \frac{n}{4} \tag{3.13}$$

$$Q_U \text{位次} = \frac{3n}{4} \tag{3.14}$$

【例 3.10】 用例 3.9 的资料计算 200 名新生的身高的上四分位数和下四分位数。

解：下四分位数 Q_L 位次 $= \frac{n}{4} = \frac{200}{4} = 50$，则下四分位数在第三组 164～168 之间。使用下限公式计算

$$Q_L = 164 + \frac{50 - 20}{35} \times 4 = 167.43 \, \text{cm}$$

同理，上四分位数 Q_U 位次 $= \frac{3n}{4} = \frac{3 \times 200}{4} = 150$，则上四分位数在第五组即 172～176 之间。使用下限公式计算

$$Q_U = 172 + \frac{150-135}{35} \times 4 = 173.71 \text{cm}$$

表明有 25%的新生身高在 167.43cm 以下，有 25%的新生身高在 173.71cm 以上。

3.2.4 均值

均值就是算术平均数或平均数，反映分布数列中各数据值的一般水平、典型水平或集中趋势。平均数在统计学中具有十分重要的地位，是数据分布集中趋势最主要的测度值。

均值适用于数值型数据分布集中趋势的测度，不适用于分类数据与顺序数据。

均值的基本计算公式如下：

$$均值 = \frac{总体的标志总量}{同一总体单位总数} \tag{3.15}$$

计算均值时，往往由于未掌握标志总量或总体单位数的限制而不能直接运用上述公式，这就要根据所掌握的资料不同，分别采用简单平均法和加权平均法。

1．简单均值

简单均值适用于未分组数据计算均值。其计算公式为：

$$\bar{x} = \frac{x_1 + x_2 + \cdots + x_n}{n} = \frac{\sum\limits_{i=1}^{n} x_i}{n} \tag{3.16}$$

式中，$\bar{x}$ 为样本均值；x_i 为第 i 个样本数据值，$i=1,2,3,\cdots,n$；n 为样本单位数或样本容量。

【例 3.11】 以例 3.7 中 5 家广告公司纯收入数据 40、40、50、60、70（单位：万元）为例，要求：计算平均收入。

解：5 家广告公司平均收入

$$\bar{x} = \frac{x_1 + x_2 + \cdots + x_n}{n} = \frac{\sum\limits_{i=1}^{n} x_i}{n} = \frac{40+40+50+60+70}{5} = 52 \text{（万元）}$$

2．加权均值

加权均值适用于分组数据计算均值。其计算式为：

$$\bar{x} = \frac{\sum\limits_{i=1}^{n} x_i f_i}{\sum\limits_{i=1}^{n} f_i} = \frac{\sum xf}{\sum f} \tag{3.17}$$

式中，$\bar{x}$ 为样本均值；x_i（或 x）为第 i 个数据值（或组中值），$i=1,2,3,\cdots,n$；f_i（或 f）为数据值 x 出现的次数，即权数；$\sum\limits_{i=1}^{n} f_i$（或 $\sum f$）为总频数（或总权数），$\dfrac{f_i}{\sum\limits_{i=1}^{n} f_i}$（或 $\dfrac{f}{\sum f}$）为各组的频率（或权数系数），n 为组数。

【例 3.12】 大二某班 32 名学生年龄分布的单项式变量数列如表 3.6 所示。要求：计算该班同学的平均年龄。

表 3.6　某班同学年龄分布的单项式变量数列

按年龄分组（岁）	人数（人）	比率（%）
18	3	10.00
19	8	26.67
20	15	50.00
21	3	10.00
22	1	3.33
合计	30	100.00

解：

$$\bar{x} = \frac{\sum xf}{\sum f} = \frac{18 \times 3 + 19 \times 8 + 20 \times 15 + 21 \times 3 + 22 \times 1}{30} = 19.7 \approx 20 \text{（岁）}$$

也可以使用频率计算如下：

$$\bar{x} = \frac{\sum xf}{\sum f} = \sum x \frac{f}{\sum f} = 18 \times 10\% + 19 \times 26.67\% + \ldots + 22 \times 3.33\% = 19.7 \approx 20 \text{（岁）}$$

【例 3.13】 以例 3.9 某高校 200 名新生的身高分布组距式变量数列资料为例，计算 200 名新生的平均身高。

解： 首先求出各组身高的组中值，计算如表 3.7 所示。

表 3.7　新生平均身高计算表

按身高分组（cm）	身高组中值（cm）	人数（人）
160 以下	158	5
160～164	162	15
164～168	166	35
168～172	170	80
172～176	174	35
176～180	178	20
180 以上	182	10
合计	—	200

则身高平均值

$$\bar{x} = \frac{\sum xf}{\sum f} = \frac{158 \times 5 + 162 \times 15 + 166 \times 35 + 170 \times 80 + 174 \times 35 + 178 \times 20 + 182 \times 10}{200}$$

$$= \frac{34100}{200} = 170.5 \text{cm}$$

在计算均值时，由于所有数据值都参与了计算，因此，均值能准确反映所有数据的一般水平或集中趋势。但其大小也很容易受到极端值的影响，当一组数据有极端值出现时，均值就会向某一方倾斜，从而使均值对数据组的代表性减弱，作为集中趋势测度的有效性减弱。

3．均值的数学性质

均值具有两个重要的数学性质。

(1)各变量值与均值离差和为零。用数学表示为：

$$\sum(x-\bar{x})=0 \tag{3.18}$$

对于加权均值：

$$\sum(x-\bar{x})f=0 \tag{3.19}$$

(2)各变量值与均值离差平方和为最小值。用数学表示为：

$$\sum(x-\bar{x})^2=最小值 \tag{3.20}$$

对于加权均值：

$$\sum(x-\bar{x})^2f=最小值 \tag{3.21}$$

3.2.5　几何均值

几何均值在计算社会经济现象的平均发展速度、平均比率等方面有很重要的作用。当现象总量表现为各个变量值的连乘积时，即各个变量值的连乘积等于一个总的比率或总速度，则计算平均比率和平均速度用几何均值。

1．简单几何均值

简单几何均值是 n 个变量值连乘积的 n 次方根。简单几何平均数适用于未分组数列。其计算式为：

$$\bar{x}_G=\sqrt[n]{x_1\cdot x_2\cdots x_n}=\sqrt[n]{\prod_{i=1}^{n}x_i} \tag{3.22}$$

式中：x_i 为各个变量值；n 为变量值的个数；$\prod$ 为连乘积符号。

【例3.14】　某工厂生产羊毛衫的产量及其逐年发展速度资料如表3.8所示，要求：计算年平均发展速度。

表3.8　某厂羊毛衫产量的年平均发展速度计算表

年　份	产量(万件)	各年产量为上年的%(逐年发展速度) x
1	381	—
2	410	1.076
3	449	1.095
4	505	1.124
5	538	1.065
6	585	1.087
合计	—	—

解：羊毛衫年平均发展速度为几何平均数：

$$\bar{x}_G=\sqrt[n]{x_1\cdot x_2\cdots x_n}=\sqrt[5]{1.076\times1.095\times\cdots\times1.087}\approx1.089=108.9\%$$

结果表明该厂在这 5 年间，产品产量年平均发展速度为 108.9%，每年平均递增 8.9%。

2．加权几何平均数

加权几何平均数适用于分组数列。当各个变量值的次数（权数）不相同时，采用加权几何平均数。其计算式为：

$$\bar{x}_G = \sqrt[\sum_{i=1}^{n} f_i]{x_1^{f_1} \cdot x_2^{f_2} \cdots x_n^{f_n}} = \sqrt[\sum_{i=1}^{n} f_i]{\prod_{i=1}^{n} x_i^{f_i}} \tag{3.23}$$

式中，x_i 为各组的标志值；f_i 为各组的权数；n 为组数。

【例 3.15】 将一笔款存入银行，存期 10 年，以复利计息。10 年的利率如表 3.9 所示。要求：计算平均年利率。

表 3.9 一笔存款在不同时间的利率

时 间	第 1～2 年	第 3～5 年	第 6～8 年	第 9～10 年
年利率(%)	2	3	5	6

解： 由于是以复利计息，各年的利息是在前一年的累计存款额（本金+利息）的基础上计息，因此应先将各年利率换算成各年的本利率。这样各年的本利率（1+年利率）的连乘积等于总的本利率（设为 $\bar{x}_G$）。于是可以用加权几何均值计算平均年本利率。

$$\bar{x}_G = \sqrt[10]{1.02^2 \times 1.03^3 \times 1.05^3 \times 1.06^2} \approx 1.0399$$

所以，平均年利率为 3.99%。

3.2.6 众数、中位数和均值的比较

以上介绍了众数、中位数、分位数、均值和几何平均数，其中分位数与中位数性质类似，几何平均数是均值的变形使用，平均的不是实际数据，而是一些比率值，因而，数据分布集中趋势的测度主要是众数、中位数和均值。

1．众数、中位数和均值的关系

根据众数、中位数和均值之间的关系来研究数据分布的状况，最常见的一种是钟形分布，分为对称的钟形分布（正态分布）和非对称的钟形分布（偏态分布）。

在对称的统计分布中，众数、中位数和均值三者相等，如图 3.1(b)所示。而在偏态分布中，众数、中位数和均值三者不相等，但是具有相对固定的关系。当变量值集中于较小的一侧时，数据存在极大值，称为右偏分布，众数、中位数和均值三者之间的关系为：众数<中位数<均值，如图 3.1(c)所示。当变量值集中于较大的一侧时，数据存在极小值，称为左偏分布，众数、中位数和均值三者之间的关系为：众数>中位数>均值，如图 3.1(a)所示。

2．众数、中位数和均值的应用

众数和中位数是从数据分布形状及位次角度来考虑的集中趋势代表值，而均值是通过对所有数据计算后得到的集中趋势值。因此，在实际应用中要根据不同的研究目的和不同的数据分布特征来选择合适的测度值。

众数主要作为分类数据的集中趋势测度值。中位数主要作为顺序数据的集中趋势测度值。均值是针对数值型数据计算的，利用了所有数据信息，是应用最为广泛的集中趋势测度值。

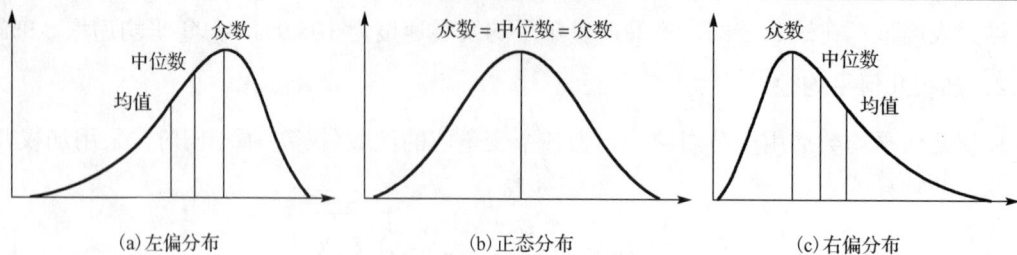

图 3.1　众数、中位数和均值的关系

(a)左偏分布　　　　　　(b)正态分布　　　　　　(c)右偏分布

当数据分布呈现对称或接近对称时，三个代表值相等或接近相等，此时应选择均值作为集中趋势的代表值。由于均值易受极端值的影响，当数据分布出现偏态时，均值的代表性较差，特别是当数据分布的偏斜程度较大时，应选择众数和中位数，它们的代表性好于均值的代表性。

3.3　离散程度的测度

数据分布的另一个重要特征是数据的离散程度，所谓数据的离散程度，是指各数据远离中心值的程度。

一组数据的离散程度越大，集中趋势测度值对该组数据的代表性越差；反之，离散程度越小，集中趋势测度值的代表性越好。

常用的离散程度的测度值有：异众比率、极差、四分位差、方差、标准差和离散系数。

3.3.1　异众比率

异众比率又称离异比率，是指非众数组的频数占总频数的比例。计算公式为：

$$V_r = \frac{\sum f_i - f_m}{\sum f_i} = 1 - \frac{f_m}{\sum f_i} \tag{3.24}$$

式中，V_r 为异众比率；$\sum f_i$ 为变量值的总频数；f_m 为众数组的频数。

异众比率的作用是衡量众数对一组数据的代表性。异众比率越大，说明非众数组的频数占总频数的比重越大，众数的代表性就越差；反之，异众比率越小，众数的代表性就越好。

异众比率主要用于测度分类数据的离散程度，当然顺序数据和定量数据也可以计算异众比率。

【例 3.16】　以例 3.5 为例，随机抽样 200 名大学生进行调查，掌握大学生的计算机需求情况，根据调研数据对需求类型进行分组，结果如表 3.10 所示，计算异众比率。

表 3.10　大学生对计算机的需求类型分组表

大学生对计算机的需求类型	人数(人)	频率(%)
时尚型	112	56.0
实用型	51	25.5
精通计算机型	11	5.5
基本使用型	16	8.0
其他	10	5.0
合计	200	100

解: 在所调查的 200 名学生中，时尚型需求的人数最多，为 112 人，占总调查人数的 56%，因此众数为"时尚型"这一类别。

$$异众比率 V_r = \frac{\sum f_i - f_m}{\sum f_i} = 1 - \frac{f_m}{\sum f_i} = 1 - \frac{112}{200} = 44\%$$

说明在所调查的 200 个需求类型中，不属于时尚型的有 44%，异众比率较小，因此用"时尚型"需求来反映当前大学生的计算机需求情况，代表性比较好。

3.3.2 极差

极差也称为全距，是数据的最大值与最小值之差。极差是数据离散程度最简单的测度值，用 R 表示极差。

1. 未分组资料或单项式数列

未分组资料或单项式数列的极差计算式为：

$$R = \max(x_i) - \min(x_i) \tag{3.25}$$

式中的 $\max(x_i)$ 和 $\min(x_i)$ 分别表示数据的最大值和最小值。

2. 组距数列

组距数列的极差计算式为：

$$R = \text{最高组的上限} - \text{最低组的下限}$$

极差的计算简单，可粗略地说明总体标志值变动度的大小。极差常用于检查产品质量的稳定性和进行质量控制。但易受极端值影响，精确度差。若为开口数列，则无法计算极差。

3.3.3 四分位差

四分位差也称内距或四分间距，是上四分位数与下四分位数之差，用 Q_D 表示，其计算式为：

$$Q_D = Q_U - Q_L \tag{3.26}$$

四分位差不受极端值的影响。四分位差反映了中间 50% 数据的离散程度，其数值越小说明中间的数据越集中，数值越大说明中间的数据越分散。另外，由于中位数处于数据的中间位置，因此四分位差的大小在一定程度上说明了中位数对一组数据的代表程度。

四分位差主要用于测定顺序数据的离散程度，也可以用于定量数据离散程度的测定，但不适合于分类数据。

【例 3.17】 以例 3.10 中计算的 200 名新生身高的下四分位数与上四分位数为据，计算四分位差。

解：由例 3.10 可知 200 名新生身高的下四分位数 $Q_L = 167.43\text{cm}$，上四分位数 $Q_U = 173.71\text{cm}$，则四分位差为：

$$Q_D = Q_U - Q_L = 173.71 - 167.43 = 6.28\text{cm}$$

表明身高居中的 50% 的新生当中，身高最高与最低相差 6.28cm。

3.3.4　方差和标准差

方差是各数据值与其均值离差平方的平均数。方差的平方根称为标准差。方差和标准差能较好地反映定量数据的离散程度，是实际中应用最广的离散程度测度值。

设样本方差为 s^2，对于未分组资料，其计算式为：

$$s^2 = \frac{\sum(x-\bar{x})^2}{n-1} \tag{3.27}$$

对于分组资料，其计算式为：

$$s^2 = \frac{\sum(x-\bar{x})^2 f}{\sum f - 1} \tag{3.28}$$

方差开方即得标准差。与方差不同的是，标准差是有量纲的，它与变量值的计量单位相同，其实际意义比方差更清楚，因此，在实际分析时更多地使用标准差。设 s 表示样本标准差，其计算公式分别为：

$$未分组资料 \quad s = \sqrt{\frac{\sum(x-\bar{x})^2}{n-1}} \tag{3.29}$$

$$分组资料 \quad s = \sqrt{\frac{\sum(x-\bar{x})^2 f}{\sum f - 1}} \tag{3.30}$$

【例 3.18】　50 名学生统计学考试成绩频数分布如表 3.11 所示，计算学生考试成绩的标准差。

解：根据表 3.11 的资料，50 名学生平均成绩为：

$$\bar{x} = \frac{\sum xf}{\sum f} = \frac{55\times4 + 65\times9 + 75\times19 + 85\times11 + 95\times7}{50} = 76.6（分）$$

计算 50 名学生考试成绩的标准差过程如表 3.11 所示。

表 3.11　50 名学生统计学考试成绩频数分布及成绩标准差计算表

成绩（分）	组中值（分）	频数（人）	$(x-\bar{x})^2$	$(x-\bar{x})^2 f$
60 分以下	55	4	466.56	1866.24
60～70	65	9	134.56	1211.04
70～80	75	19	2.56	48.64
80～90	85	11	70.56	776.16
90～100	95	7	338.56	2369.92
合计	—	50	—	6272

$$s = \sqrt{\frac{\sum(x-\bar{x})^2 f}{\sum f - 1}} = \sqrt{\frac{6272}{50-1}} = 11.3（分）$$

3.3.5 离散系数

极差、四分位差、方差和标准差都是以绝对数形式反映数据离散程度大小的，而离散程度的大小不仅取决于数据值本身大小(变量值越大，离散程度测度值自然也就越大，反之亦越小)，而且受计量单位的影响(计量单位不同的数据组，不能比较)。

为消除数据值水平高低和计量单位不同对离散程度值的影响，需要计算离散系数。离散系数大，表明数据的离散程度也大；离散系数小，表明数据的离散程度也小。

离散系数是指各离散程度绝对数与其相应的平均数之比，用于不同总体离散程度的对比分析。通常是就标准差来计算的，因此也称为标准差系数。其计算公式为：

$$v_s = \frac{s}{\overline{x}} \tag{3.31}$$

【例 3.19】 8 名学生分别用 A、B 方案培训后的考试成绩如表 3.12 所示，比较 A、B 两种方案的培训成绩的差异程度。

表 3.12　使用 A、B 方案培训员工的考试成绩

方案 学生	A	B
1	66	72
2	74	51
3	82	59
4	75	62
5	73	74
6	97	64
7	87	78
8	78	63

解：A 培训方案的考试成绩的平均数为：$\overline{x}_A = \dfrac{\sum x}{n} = 79$（分）

A 培训方案的考试成绩的标准差为：$s_A = \sqrt{\dfrac{\sum (x_i - \overline{x})^2}{n-1}} = 8.97$（分）

B 培训方案的考试成绩的平均数为：$\overline{x}_B = \dfrac{\sum x}{n} = 65$（分）

B 培训方案的考试成绩的标准差为：$s_B = \sqrt{\dfrac{\sum (x_i - \overline{x})^2}{n-1}} = 8.25$（分）

标准差系数为：

$$v_A = \frac{s}{\overline{x}} = \frac{8.97}{79} = 0.1135 \; ; \qquad v_B = \frac{s}{\overline{x}} = \frac{8.25}{65} = 0.1269$$

从计算结果来看，$v_A < v_B$，说明 A 培训方案的考核成绩的离散程度低于 B 培训方案的考核成绩的离散程度，也说明 A 培训方案的平均成绩具有较好的代表性。

3.4　偏态与峰度的测度

集中趋势和离散趋势是数据分布的两个重要特征，但要全面了解数据分布的特点，还需要了解数据分布的形状是否对称、偏斜的程度（如果存在偏斜分布）以及分布的扁平程度等。偏态和峰度是这些分布特征的进一步描述。

3.4.1　偏态

偏态（skewness）一词是由统计学家皮尔逊（K. Pearson）于 1895 年首次提出的，它是对数据分布对称性的测度。判断数据偏斜的方向可以利用众数、中位数和均值三者之间的关系来判断对称、左偏还是右偏，但是要测定偏斜的程度，则需要计算偏态系数（coefficient of skewness），记为 SK。

根据未分组资料，偏态系数计算式为：

$$SK = \frac{n \sum (x_i - \overline{x})^3}{(n-1)(n-2)s^3} \tag{3.32}$$

式中，s^3 是样本标准差的三次方。

根据分组资料，偏态系数计算式为：

$$SK = \frac{\sum\limits_{i=1}^{k} (x_i - \overline{x})^3 f_i}{s^3 \sum\limits_{i=1}^{k} f_i} \tag{3.33}$$

偏态系数为 0，表示其数据分布形态与正态分布相同，左右对称；偏态系数大于 0，表示其数据分布形态有一条长尾拖在右边，称为右偏或正偏；偏态系数小于 0，表示其数据分布形态有一条长尾拖在左边，称为左偏或负偏，偏态系数绝对值越大，与正态分布相比越偏斜。

【例 3.20】 从某地区抽取 120 家企业并按利润进行分组，如表 3.13 所示，试计算偏态系数，分析其偏斜的方向及程度。

表 3.13　120 家企业利润分布的偏斜程度计算表

按利润分组（万元）	组 中 值	企 业 数	$(x-\overline{x})^2 f$	$(x-\overline{x})^3 f$	$(x-\overline{x})^4 f$
200～300	250	19	547 019	−105 359 427	18 648 618 580
300～400	350	30	272 322	−13 695 990	1 054 591 230
400～500	450	42	22 218	511 014	11 753 322
500～600	550	18	177 870	33 495 606	4 119 959 538
600 以上	650	11	595 251	121 985 237	27 202 707 850
合计	—	120	1 614 680	36 936 440	51 037 630 520

解：120 家企业的平均利润 $\overline{x} = \dfrac{\sum xf}{\sum f} = \dfrac{51\,200}{120} \approx 427$（万元）

标准差 $s = \sqrt{\dfrac{\sum (x-\overline{x})^2 f}{\sum f - 1}} = \sqrt{\dfrac{1\,614\,680}{120-1}} \approx 116$（万元）

$$\text{偏态系数 SK} = \frac{\displaystyle\sum_{i=1}^{K}(x_i - \overline{x})^3 f_i}{s^3 \displaystyle\sum_{i=1}^{k} f_i} = \frac{36\ 936\ 440}{116^3 \times 120} \approx 0.20$$

计算出的偏态系数为正值，数值不大，说明这 120 家企业的利润数据的分布为右偏分布或称正偏分布，有一条长尾拖在右边，利润高的企业数较少，利润低的企业数较多，但这种偏斜的程度不是很大。

3.4.2 峰度

峰度(kurtosis)一词是由统计学家皮尔逊于 1905 年首次提出的，它是对数据分布陡峭程度的测度。测度峰度的统计量是峰度系数(coefficient of kurtosis)，记为 K。

根据未分组资料，峰度系数计算式为：

$$K = \frac{n(n+1)\sum(x_i - \overline{x})^4 - 3(n-1)\left[\sum(x_i - \overline{x})^2\right]^2}{(n-1)(n-2)(n-3)s^4} \tag{3.34}$$

式中，s^4 是样本标准差的四次方。

根据分组资料，峰度系数计算式为：

$$K = \frac{\displaystyle\sum_{i=1}^{k}(x_i - \overline{x})^4 f_i}{s^4 \displaystyle\sum_{i=1}^{k} f_i} - 3 \tag{3.35}$$

当峰度系数等于 0 时，表明数据分布的陡峭程度与正态分布相同；当峰度系数大于 0 时为尖峰分布，表明数据分布的陡峭程度比正态分布大；当峰度系数小于 0 时为平峰分布，表明数据分布的陡峭程度比正态分布小。

正态分布、尖峰分布、平峰分布示意图如图 3.2 所示。

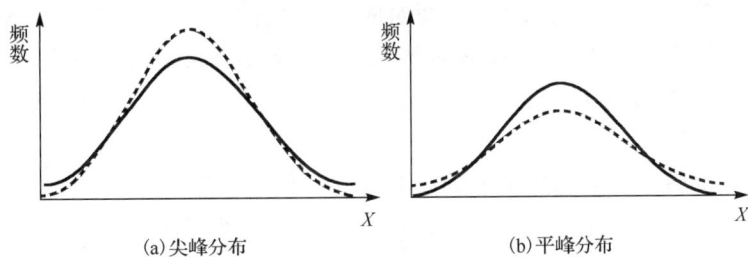

(a) 尖峰分布   (b) 平峰分布

图 3.2　尖峰分布与平峰分布示意图

【例 3.21】　根据峰度系数公式计算例 3.20 中 120 家企业利润指标的峰度系数。

解：把例 3.20 的标准差数据及表 3.13 的计算数据，代入峰度系数公式：

$$K = \frac{\displaystyle\sum_{i=1}^{k}(x_i - \overline{x})^4 f_i}{s^4 \displaystyle\sum_{i=1}^{k} f_i} - 3 = \frac{51\ 037\ 630\ 520}{116^4 \times 120} - 3 = -0.65$$

峰度系数小于 0，表明 120 家企业的利润数据分布为平峰分布，与正态分布相比较较为平坦，或说明这 120 家企业的利润分布不是很集中。

3.5　数据的标准化

前面学习了一组数据的集中趋势和离散趋势的几个测度值，同时了解了数据分布的形状是否对称、偏斜的程度（如果存在偏斜分布）以及分布的扁平程度及其测度方法。这一节将介绍一个非常有用的测度值——标准化值。

3.5.1　标准化值的计算

标准化值也称 z 分数，其计算公式为：

$$z_i = \frac{x_i - \bar{x}}{s} \tag{3.36}$$

这个公式也就是我们常用的数据标准化公式。

3.5.2　标准化值的作用

1．数据相对位置的度量

从标准化值的计算公式可以看出，标准化值是数据与其均值之差再除以其标准差，它表明数据在数据组中的相对位置。比如，某学生分数的标准分数为 2，则表明该学生成绩高于平均数的 2 倍的标准差。

2．使不同量纲、不同数量级别或不同总体的数据具有可加性与可比性

标准化值没有量纲，且消除了数据值大小的影响，因此在一些情况下，为了使不同量纲、不同数量级别的数据具有可加性和可比性，常常使用这种方法将这些数据转化成标准化值，以实现数据的可加与可比。

【例 3.22】　一家公司在招聘员工时，要对应聘者进行两项能力测试。在 A 项测试中，平均分数为 100 分，标准差为 15 分；在 B 项测试中，平均分为 400 分，标准差为 50 分。有位应聘者在 A 项测试中得分为 115 分，在 B 项测试中得分为 425 分，与平均分相比，这位应聘者的哪项测试水平更好？

解：应计算该应聘者在两项测试中的标准分数。根据公式（3.36），有

$$A 项测试中的标准分 z_A = \frac{x_i - \bar{x}}{s} = \frac{115 - 100}{15} = 1$$

$$B 项测试中的标准分 z_B = \frac{x_i - \bar{x}}{s} = \frac{425 - 400}{50} = 0.5$$

计算结果表明，该应聘者在 A 项能力测试中，成绩高于平均数的 1 倍标准差，而在 B 项能力测试中的成绩高于平均成绩的 0.5 倍标准差，所以，该应聘者在 A 项能力测试方面的相对水平高于 B 项能力测试的相对水平。

3．异常值的检测

根据经验法则，对于正态分布，几乎所有数据的标准化值都在区间（−3，+3）内，则标准

化值在此区间外的数据都可以看作是异常值。

所谓异常值是指在一组数据中存在的同其他大多数数据相比异常大或异常小的数据值。出现异常值的原因有很多，可能是在记录原始数据时被错误登记，一般在数据整理的审核和筛选阶段就可以被检测出来并得以纠正；也可能是一个被错误地包含在数据组中的数据，可以在审核和筛选阶段被检测出来并删除。

对于在审核和筛选阶段无法检测出来，那就是一个异常值被正确地记录并且确实属于这个数据组，对于这种情况可以通过计算所有数据的标准化值来检测。被检测出来的值需要进一步分析造成异常的原因是什么。例如，通常行业投资收益率指标服从正态分布，某集团企业的 10 个分公司的投资收益率如表 3.14 所示，通过计算标准化数值，发现第一家公司的投资收益率异常的高，经过研究人员分析发现，第一家公司所处的投资环境相对于其他几家公司而言异常的好，因此投资收益率异常的高。

表 3.14   某集团企业下属分公司投资收益率数据分析

公 司	投资收益率	标 准 化 值
1	0.8500	3.00
2	0.0270	−0.29
3	0.0260	−0.29
4	−0.0100	−0.44
5	−0.0050	−0.42
6	0.0232	−0.30
7	0.0061	−0.37
8	0.0287	−0.28
9	0.0233	−0.30
10	0.0260	−0.29

3.5.3 契比雪夫定理

契比雪夫定理的内容：在任意一个数据集中，至少有 $1-\dfrac{1}{z^2}$ 的数据与平均数的距离在 z 个标准差之内，其中 z 是大于 1 的任意值。即根据定理：

(1) 当 $z=2$ 时，则至少有 75%的数据与平均数的距离在 2 个标准差之内；

(2) 当 $z=3$ 时，则至少有 89%的数据与平均数的距离在 3 个标准差之内；

(3) 当 $z=4$ 时，则至少有 94%的数据与平均数的距离在 4 个标准差之内。

运用契比雪夫定理可以估计在均值的特定范围之内数据的个数。

【例 3.23】 已知 50 名移动大客户移动话费的均值是 546.98 元，标准差为 117.37 元，那么大概有多少个移动大客户移动话费在 347～747 元之间？

解：50 名移动大客户移动话费的具体数据未知，但是已知其均值与标准差数据，计算：

$$z=\frac{x_i-\bar{x}}{s}=\frac{747-546.98}{117.37}\approx 1.7$$

则

$$1-\frac{1}{z^2}\approx 0.654$$

根据契比雪夫定理，即有 $50 \times 0.654 \approx 33$ 名移动大客户的话费数据在 347～747 元之间。

契比雪夫定理有一个非常大的优点，就是它可以运用于任何分布的数据集。在实际应用中，数据的分布往往是多种多样的，而契比雪夫定理对于任意分布的适用性大大扩展了其应用范围。

本 章 小 结

1．总量指标是用绝对数形式表现的反映现象总体在一定时间、地点、条件下的规模或工作总量的统计指标。有总体单位总量和总体标志总量；时期总量和时点总量之分。

2．相对指标是一个抽象的数字，是把对比的基数抽象化后，用一个无名数或有名数来表示两个对比指标的数量关系。分为计划完成相对数、结构相对数、比较相对数、强度相对数和动态相对数。计算和运用相对指标要注意对比指标数值间的可比性、定性分析与定量分析相结合，根据需要将各种相对指标结合运用。

3．对分布集中趋势的测度，需要找到测度值来代表中心值，常用的测度值有众数、中位数和均值。众数和中位数主要适用于定性类数据，均值适用于数值型数据，不适用于定性类数据。

4．数据分布的另一个重要特征是数据的离散程度，是指各数据远离中心值的程度。常用的离散程度的测度值有：异众比率、极差、四分位差、标准差和离散系数。

5．偏态是对分布偏斜方向和程度的测度，峰度是指一组数据的分布与正态分布相比的陡峭程度。

6．数据标准化的作用：数据相对位置的度量；使不同量纲与不同数量级别的数据具有可加性与可比性；异常值的检测。

案 例 实 验

有多少人的工资被增加了？

平均数是最基本的统计指标，最能反映总体的一般情况和变化趋势。有关部门制定政策也多需要用平均指标作参考，以下是某企业 1000 名职工的工资数据，按工资额分组的分布数列如表 3.15 所示。

表 3.15　某企业 1000 名职工工资分组数据

职工按工资额分组（元）	工人数（人）
1000～1400	20
1400～1800	30
1800～2200	20
2200～2600	50
2600～3000	100
3000～3400	120
3400～3800	150
3800～4200	180
4200～4600	200
4600～5000	80
>5000	50
合计	1000

一、问题的提出

国家统计局在发表年度和季度工资统计数据时首先公布职工平均工资,现实中为何许多城镇居民总感觉自己达不到平均工资,经常有"被增长"的感觉?原因是工资统计中存在的最主要的问题是统计范围还不够全。那么能否用其他的平均数来表示居民的平均工资呢?就一个具体的企业单位来讲,应该如何分析其工资水平?

二、教学的目的

我们知道工资统计的算法就是用工资总额和职工人数进行比较,也就是用"工资总额"除以"职工人数"得到"平均工资"。通过此案例,使学生能借助相应统计软件对调查的某个企业的工资数据计算各种集中趋势测度值,并根据它们的关系,正确选用平均数来反映工人的工资水平。具体要求学生在以下几个方面受到训练:

(1)计算 1000 名工人工资的均值、众数、中位数;

(2)比较均值、众数和中位数的大小,并说明其分布的形状如何;

(3)计算 1000 名工人工资数据的方差和标准差;

(4)计算工资数据分布的偏态系数和峰度系数;

(5)根据以上计算结果,你认为应该用哪一个集中趋势测度值才能更真实代表每个职工的工资水平?

三、主要分析过程(一)

实验所用软件:SPSS。

1. 数据录入。

将各组组中值和频数录入 SPSS,如图 3.3 所示。

经"Data"→"Weight Cases"菜单进入权重对话框,点选"Weight cases by",将频数(freq)选为"Frequency Variable",单点"OK"按钮,如图 3.4 所示。

	groupmid	freg
1	1200.00	20.00
2	1600.00	30.00
3	2000.00	20.00
4	2400.00	50.00
5	2800.00	100.00
6	3200.00	120.00
7	3600.00	150.00
8	4000.00	180.00
9	4400.00	200.00
10	4800.00	80.00
11	5200.00	50.00

图 3.3 SPSS 的数据窗口

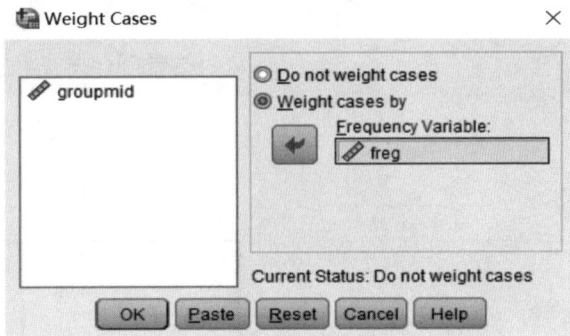

图 3.4 权数选择

2. 描述性统计。

经"Analyze"→"Descriptive statistics"→"Frequencies"菜单,进入频率分析对话框。将组中值(groupmid)选入"Variable"框中,单击"Statistics"按钮,进入统计对话框,如图 3.5 和图 3.6 所示。

勾选需要的统计量,并勾选"Values are group midpoints",告知软件录入的是组中值。依次单击"Continue"、"OK"按钮得到结果,如图 3.7 所示。

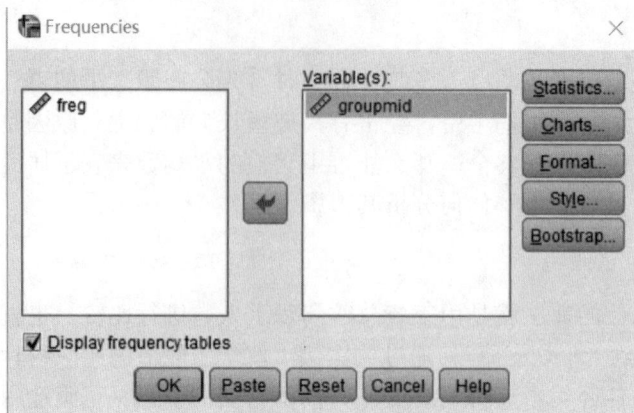

图 3.5　频率选择

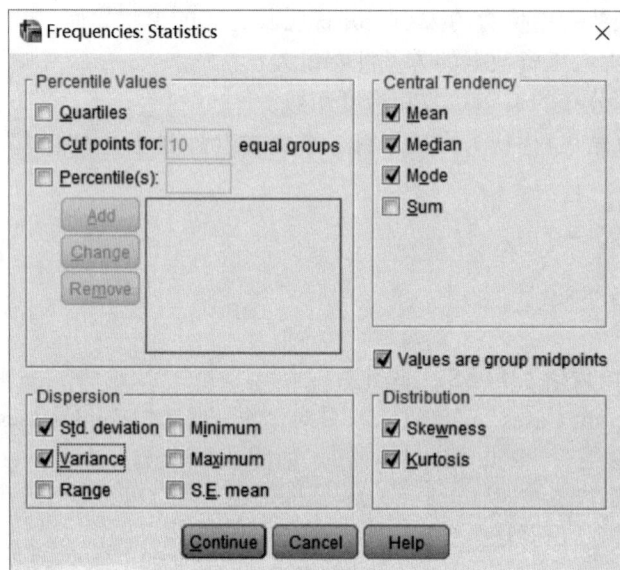

图 3.6　频率分析

Statistics

groupmid

N	Valid	1000
	Missing	0
Mean		3680.0000
Median		3806.0606[a]
Mode		4400.00
Std. Deviation		914.35006
Variance		836036.036
Skewness		-.640
Std. Error of Skewness		.077
Kurtosis		.055
Std. Error of Kurtosis		.155

a. Calculated from grouped data.

图 3.7　计算结果

3．分析。

众数>中位数>均值。左偏分布，众数的代表性较好。

四、主要分析过程（二）

实验所用软件：R。

1．从 Excel 中读取数据。

```
library(readxl) #加载包readxl
salary <- read_excel("I:\\statics\\3.xlsx") #读取 Excel 中的数据
```

2．计算描述性统计量。

```
library(psych) #加载包psych
describe(salary) #对工资做描述性统计
```

	vars	n	mean	sd	median	trimmed	mad	min	max	range	skew	kurtosis	se
x1	1	1000	3680	914.35	4000	3745	593.04	1200	5200	4000	-0.64	0.04	28.91

图 3.8　职工工资的描述性统计

图 3.8 职工工资描述性统计结果显示，均值 mean=3680，中位数 median=4000，众数 mode=4400，标准差 sd=914.35，偏态系数 skew=−0.64，峰度系数 Kurtosis=0.04。由于众数>中位数>均值，故为左偏分布，众数的代表性较好。

3．完整代码，如图 3.9 所示。

```
1  library(readxl) #加载包readxl
2  salary <- read_excel("I:\\statics\\3.xlsx") #读取excel中的数据
3  salary <- c(salary[,1]) #将工资数据赋值给变量salary
4  library(psych) #加载包psych
5  describe(salary) #对工资做描述性统计
6
```

图 3.9　完整代码

思 考 题

1．什么是总量指标？有何作用？

2．什么是相对指标？有哪几种表现形式？

3．强度相对指标与平均指标有何区别？

4．计算和应用相对指标为何必须遵循可比性原则？可比性原则主要体现在哪些方面？

5．举例说明：在对社会经济现象进行分析时为何强调相对指标与总量指标结合运用、各种相对指标要结合运用？

6．统计学主要从哪几个方面描述和测度数据分布的特征？

7．怎样理解均值与方差（标准差）在统计学中的地位？

8．对于比率数据的集中趋势测度，应采用何种平均方法？

9．简述众数、中位数和均值的特点及应用场合。

10．标准差和标准差系数有何区别？为何计算标准差系数？

11．何谓数据的偏态和峰度？

12．何谓标准化值？有何特性？数据标准化有何重要作用？

练 习 题

1. 某公司下属生产同一产品的企业，按工人劳动生产率高低分组如表 3.16 所示，要求：计算工人平均劳动生产率。

表 3.16 按劳动生产率分组的企业分布及其产量

按人均劳动生产率分组(件/人)	各组产量(件)
30~40	73 500
40~50	81 000
50~60	82 500
60~70	65 000
70~80	52 500
80 以上	25 500

2. 某企业生产某产品，1~3 月的产量和单位成本如表 3.17 所示。要求：计算一季度产品的平均成本。

表 3.17 某企业某产品产量与单位成本数据

月 份	产品产量(件)	单位成本(元/件)
1	1000	51
2	1200	48
3	1500	45
合计	3700	—

3. 某饮料厂商 2008 年计划比上年增产 10%，由于经济危机饮料消费疲软，导致实际执行结果为完成计划的 90%，问该厂商本年实际产量比上年是增加还是减少了？增加或减少多少？若已知该厂商上年饮料产量为 10 亿升，则 2008 年实际产量是多少？

4. 某企业生产三批产品，第一批产品的废品率为 1.8%，第二批为 1.5%，第三批为 1.2%。第一批产品数量占总体的 35%，第二批占 40%，则产品的平均废品率为多少？

5. A、B 两个企业生产三种产品的单位成本和总成本的资料如表 3.18 所示。要求：比较两个企业的总平均成本高低并分析其原因。

表 3.18 两个企业三种产品的单位成本和总成本数据

产品名称	单位成本(元/件)	总成本(元)	
		A 企 业	B 企 业
甲	25	3500	5425
乙	30	4500	2250
丙	45	2250	2250

6. 某产品生产需要经过六道工序，每道工序的产品合格率分别为 98%、91%、93%、98%、98%、91%，计算这六道工序的平均合格率。

7. 某市从 2000 年以后的 15 年，各年的工业增加值的增长率资料如表 3.19 所示，计算这 15 年的平均增长率。

表 3.19　某市各年的工业增加值的增长率

年　　份	年数(年)	工业增加值(%)
2000—2002	3	8.4
2003—2007	5	11.3
2008—2010	3	9.6
2011—2014	4	7.8
合　计	15	—

8．某企业有 1000 名员工，某年底按工资额分组的分布数列如表 3.20 所示。

表 3.20　企业 1000 名职工按工资额分组的分布数列

工人按工资额分组(元)	组中值(元)	工人数(人)	累计工人数(人)
1600~2000	1800	20	20
2000~2400	2200	50	70
2400~2800	2600	180	250
2800~3200	3000	250	500
3200~3600	3400	200	700
3600~4000	3800	150	850
4000~4400	4200	100	950
4400~4800	4600	30	980
4800~5200	5000	20	1000
合　计	—	1000	—

(1)计算 1000 名工人工资的众数、中位数、四分位数、均值。

(2)比较众数、中位数和均值的大小，并说明其分布的形状如何。

(3)计算 1000 名工人工资的极差、四分位差和标准差。

(4)计算工人工资分布的偏态系数和峰度系数。

9．在一次网络用户调查中得到用户每月的上网费用数据，经过处理如表 3.21 所示。

表 3.21　按每月上网费用分组的户数分布

100 元以下	100~200 元	200~300 元	300~400 元	400~500 元	500 元以上
65%	20%	6%	4%	3%	2%

(1)计算网络用户每月上网费用的均值、众数、中位数和四分位数。

(2)你认为要分析用户每月上网费用的集中趋势，用均值、众数、中位数哪一个更好？为什么？

10．甲乙两班同时进行市场调研结果考核，有关成绩分布如表 3.22 所示。

表 3.22　甲乙两班成绩分布表

甲　班		乙　班	
成绩(分)	学生人数(人)	成绩(分)	学生人数(%)
60 分以下	2	1	0
60~70	12	2	10
70~80	17	3	40
80~90	15	4	35
90~100	4	5	15
合　计	50	—	100

(1)哪个班级考核成绩好些?

(2)哪个班级成绩较为稳定?

11. 某公司有甲乙两个企业,其中甲企业的职工平均工资为 3600 元,工资标准差为 720 元。而乙企业的工资分布资料如表 3.23 所示。

表 3.23　乙企业工资水平分组

工资水平(元)	职工比重(%)
2800 以下	6
2800～3200	15
3200～3600	40
3600～4000	25
4000 以上	14
合计	100

(1)计算乙企业的职工平均工资。

(2)计算相关的指标并比较两个企业平均工资的代表性高低。

12. 一条产成品生产线平均每天的产量为 3700 件,标准差为 50 件。如果某一天的产量低于或高于平均产量,并落入 3 个标准差的范围之外,就认为该生产线"失去控制"。表 3.24 中是一周各天的产量,该生产线哪几天失去了控制?

表 3.24　生产线一周各天的产量

时间	周一	周二	周三	周四	周五	周六	周日
产量(件)	3860	3670	3690	3720	3610	3590	3650

实　训　题

有多少超重的宝贝孩子

我们生活在一个物质丰富的社会,快餐、酒宴、零食应有尽有,现代方便快捷的交通和通信方式大大减少了孩子锻炼的机会,还有基因遗传等多方面的原因,"小胖墩"的数量与日俱增,已成为当今医学保健领域十分关注的问题。当孩子的体重比按身高计算出的标准体重超出 20%时,被视为超重,超出 40%被认为严重超重。超重可能导致肥胖,儿童肥胖症已日益成为影响人类健康的一种全球性流行病。从表面上看,肥胖者虽然不至于很快死亡,但其潜在危害性及并发症所带来的后果非常严重。

按照体重推算公式:儿童(2～14岁)体重(kg)=(年龄×2)+8,10 岁的男童体重标准在 26～38kg 之间。在一次健康普查当中,对一所小学四年级的 100 个小学生进行体重调查,获得了 100 个体重数据,如表 3.25 所示。

表 3.25　100 个小学生的体重　　　　　　　　　单位: kg

27	28	45	43	33	39	25	38	36	20
45	23	46	45	31	27	34	37	35	30
26	25	39	38	41	37	23	39	34	31

27	37	36	39	30	45	25	40	33	32
37	39	32	35	29	24	26	42	32	34
36	45	31	32	28	56	36	40	31	36
28	29	30	32	31	33	35	36	37	38
37	39	32	35	29	24	26	42	32	34
36	45	31	32	28	56	36	40	31	36
28	29	30	32	31	33	35	36	37	38

问题设计：

1．对以上数据进行分组整理，计算 100 名儿童体重的均值、方差、标准差。

2．计算 100 名儿童体重的众数和中位数。

3．计算 100 名儿童体重的偏态系数和峰度系数。

4．计算 100 名儿童体重的标准化值。

5．根据以上计算结果，说明该儿童样本的体重分布特征。

运用 SPSS、R 或 Excel 进行统计计算和分析。

第4章 抽样分布

开篇案例:

您吃的水果安全吗？

这几年层出不穷的食品安全问题暴露出来，使消费者越来越关注食品质量。水果与我们的生活息息相关，是每个人都会食用的。为了让水果的产量高和卖相好，大多数的果农都会对水果喷洒各种各样的农药，当然国家有明确的水果农药残留标准，例如，草甘膦不能超过 0.1mg/kg，辛硫磷不能超过 0.05mg/kg 等。但我们每天吃的水果里的农药残留真的达标了吗？很多消费者对此表示担忧。如何对水果的质量进行监测？其实，我们可以通过抽样调查来检测水果的农药残留量是否超标。例如，我们可以随机挑选几家超市水果，对其农药残留量进行检验。假设随机抽取 20 斤不同的水果，检验农药残留量，看其是否达标。当检验人员在检验过程中抽取的水果数量不同时，对结果的判断是否有影响？如果检验出来的农药残留量比国家规定值高，例如，某一天检验出草甘膦高于 0.1mg/kg，我们能否认为当天这类水果的质量出了问题？为什么？

这些问题我们都可以通过抽样与抽样分布相关内容的学习来解决。

4.1 抽 样 方 法

4.1.1 简单随机抽样

简单随机抽样又称为纯随机抽样。它是完全遵循随机原则(样本同分布、抽样相互独立)，直接从总体各个个体中抽取样本个体，并保证每个个体都有同等概率被抽中的抽样组织方式。

简单随机抽样是其他抽样方法的基础，因为它在理论上最容易处理，而且若 N 不太大，实施起来并不困难。但在实际问题中，若 N 相当大，简单随机抽样就不是很容易。首先它要求有一个包含全部 N 个单位的抽样框，其次用这种抽样得到的样本单位较为分散，调查不容易实施。因此在实际中直接采用简单随机抽样的并不多。

4.1.2 分层抽样

分层抽样又称为分类抽样或类型抽样，它将总体按一定的标志分成若干组，每个组就是一个子总体，在每个组内进行抽样，不同组的抽样相互独立。

分层抽样实际上是分组法和抽样原理的结合。通过分组，把性质比较接近的各个单位归入同一组内，使各组内调查变量的标志值差异缩小，从而减小抽样误差，提高抽样结果的代表性。另外，在各组内，都有一定的单位被选入样本，这样可以取得较好的抽样效果，能用较少的抽样单位获得较精确的推断结果。

4.1.3 机械抽样

机械抽样又称为系统随机抽样或等距抽样，它是将总体各单位按某一标志顺序排列，然后按照一定的间隔抽取样本单位的一种抽样方法。

假设对于一个容量为 N 的总体，现在需要抽取容量为 n 的样本。机械抽样即是：将总体 N 个单位除以样本单位数 n，求得 $K = \left[\dfrac{N}{n} \right]$，作为等距抽样的间隔距离，然后用简单随机抽样或其他方法先在总体中随机地抽取一个单位(这个单位叫系统抽样的随机起点)，再按某一方向每隔 K 个单位抽一个，直到抽满 n 个单位作为样本为止。这种相邻样本单位的间隔距离相等的抽样方法称为等距抽样。

机械抽样的优点：抽样方式简单，容易实施。在实际中，这种方式常被采用。由于等距抽样能使抽出的样本较均匀地分布在总体中，因此，调查的精度高于简单随机抽样。但是，应当注意，机械抽样的随机起点一旦确定，整个样本也就决定了。即只需抽取一个随机数(即机械抽样的随机起点)，就可以得到本次机械抽样的样本。因此，要避免由抽样间隔和现象本身的周期性节奏重合而引起的系统性影响。例如，产品销售量的调查，销售量的抽样间隔不能和销售量变化的周期相一致，以防发生系统性的偏差。

4.1.4 整群抽样

整群抽样是将总体各单位按一定的标志或要求分成若干群，然后以群为单位，随机抽取几个群，对被抽中的群进行全部调查的一种非全面调查方式。

整群调查的优点是抽选的单位比较集中，调查较为方便，可以节省人力、物力和财力，尤其是当总体中包括的单位数很多且缺乏可靠的登记资料时，直接对这些单位进行抽样调查将有很大的困难。例如，对人口普查资料的复查，直接对每一个调查单位进行调查，不能满足调查的需要，这时可以用整群抽样，调查某一乡或村、某一街道或居民组，根据调查结果对普查资料进行复核和提供修正系数，用来修正由普查获得的有关资料。

由于整群调查所抽取的单位比较集中，影响了抽样单位在总体中的均匀分布，与其他抽样方法比较，抽样误差较大，代表性较差。所以在实际中采用整群抽样时，一般都要比其他抽样方式抽取更多的单位，以便减小抽样误差，提高抽样结果的精确程度。

4.2 抽 样 分 布

前面介绍了统计量的定义，统计量实际上就是样本的函数，是一个随机变量，统计量的分布称为抽样分布。下面介绍几种常用统计量的分布。

4.2.1 χ^2 分布

χ^2（卡方）分布最早由阿贝(Abbe)于 1863 年提出，后由海尔墨特(Hermert)和卡·皮尔逊(K·Pearson)分别于 1875 年和 1900 年推导出来，通常用于总体方差和非参数检验。

χ^2 分布是用希腊字母 χ 来命名的，常用于拟合优度检验中。几个独立的正态分布随机变量的平方和，经一定转换便能得到卡方分布，卡方变量总是非负的。

设 $x_1, x_2, \cdots, x_n$ 是来自总体 $N(0,1)$ 的样本,则称随机变量 $\chi^2 = x_1^2 + x_2^2 + \cdots + x_n^2$ 服从自由度为 n 的 χ^2 分布,记为 $\chi^2 \sim \chi^2(n)$。其中,自由度 n 是指式中右端所包含的独立随机变量的个数。

χ^2 分布的性质如下。

性质 1:　χ^2 分布的变量值总是大于 0。

性质 2:　χ^2 分布是一族分布,其形状取决于自由度(见图 4.1)。

性质 3:　χ^2 分布具有可加性。设 $\chi_1^2 \sim \chi^2(n_1)$,$\chi_2^2 \sim \chi^2(n_2)$,并且 χ_1^2,χ_2^2 相互独立,则有:$\chi_1^2 + \chi_2^2 \sim \chi^2(n_1 + n_2)$。

性质 4:　χ^2 分布的数学期望为 $E(\chi^2) = n$,方差为 $D(\chi^2) = 2n$。

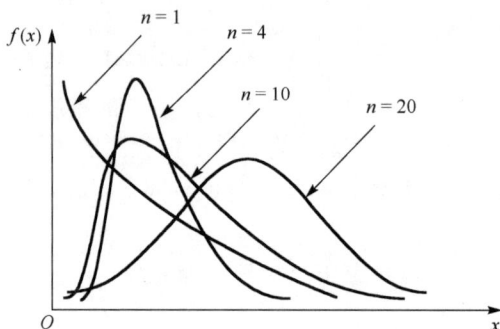

图 4.1　不同自由度 χ^2 分布示意图

特别地,当 n 充分大时,近似地有:

$$\chi_\alpha^2(n) \approx \frac{1}{2}(z_\alpha + \sqrt{2n-1})^2 \tag{4.1}$$

其中 z_α 是标准正态分布的上 α 分位点的近似值。利用式 (4.1) 可以求得当 n 较大时 $\chi^2(n)$ 分布的上 α 分位点的近似值。例如,由式 (4.1) 可得:

$$\chi_{0.01}^2(100) \approx \frac{1}{2}(2.33 + \sqrt{199})^2 \approx 135.083$$

4.2.2　t 分布

t 分布也称为学生分布,是戈塞特(Willianm Gosset)于 1908 年在一篇以"Student"(学生)为笔名发表的论文中首次提出的,它与正态分布相似,但适用于小样本。

设 $X \sim N(0,1)$,$Y \sim \chi^2(n)$,并且 X,Y 相互独立,则称随机变量 $t = \dfrac{X}{\sqrt{Y/n}}$ 服从自由度为 n 的 t 分布,记为 $t \sim t(n)$。

t 分布与 χ^2 分布一样有自由度,在这里,t 分布的自由度就是分母中服从 χ^2 分布随机变量的自由度。在不同的自由度下 t 分布也是不同的,自由度的确定与样本量及未知参数等因素有关,有时并不容易得到。t 分布的自由度越大,则该 t 分布的曲线就越接近标准正态分布。当自由度大于 30 时,就很难看出 t 分布与标准正态分布的差别;当自由度大于 50 时,两者几乎完全相同,如图 4.2 所示。

t 分布广泛应用于正态总体方差未知且为小样本时的均值估计和检验。

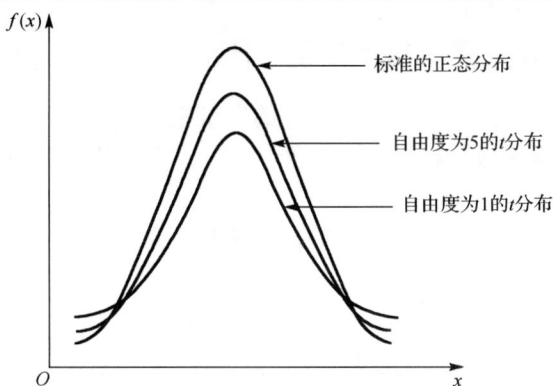

图 4.2　t 分布与标准正态分布比较示意图

4.2.3　F 分布

F 分布是用统计学家费雪（R. A. Fisher）名字的首个字母来命名的，它是由两个独立 χ^2 统计量构成的，常应用于方差分析中。

设 $U \sim \chi^2(n_1)$，$V \sim \chi^2(n_2)$，且 U，V 相互独立，则称随机变量 $F = \dfrac{U / n_1}{V / n_2}$ 服从自由度为 (n_1, n_2) 的 F 分布，记为 $F \sim F(n_1, n_2)$。

由定义可知，若 $F \sim F(n_1, n_2)$，则

$$\frac{1}{F} \sim F(n_2, n_1) \tag{4.2}$$

F 分布广泛应用于各种统计推断，如方差分析和回归分析。其分布图是右偏的，形状取决于自由度，如图 4.3 所示。

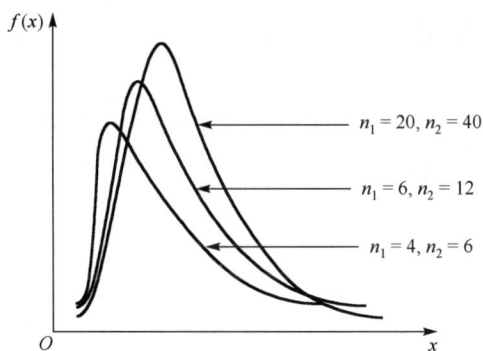

图 4.3　不同自由度的 F 分布示意图

F 分布的上 α 分位点有如下重要性质：

$$F_{1-\alpha}(n_1, n_2) = \frac{1}{F_\alpha(n_2, n_1)} \tag{4.3}$$

它常用来求 F 分布表中未列出的上 α 分位点。例如：

$$F_{0.9}(10, 20) = \frac{1}{F_{0.1}(20, 10)} = \frac{1}{2.20} = 0.4545$$

4.2.4 正态总体的样本均值和样本方差的分布

总体均值是描述总体数据集中趋势的重要的度量指标。要想知道总体的均值，最常用的方法是从总体中抽取样本并根据样本均值来推断总体均值，因而了解样本均值的抽样分布是非常重要的。

【例 4.1】设一个总体只有 4 个个体，即总体单位个数 $N=4$，取值分别为：$x_1=1$，$x_2=2$，$x_3=3$，$x_4=4$。可直观地将其设为 4 个不同颜色的乒乓球，分别标明 1、2、3、4 号，现随机从中有放回地抽取两个球，观察其值，并说明其分布情况。

解：为了说明样本均值的分布与总体的关系，首先看总体数据的分布情况，如图 4.4 所示。

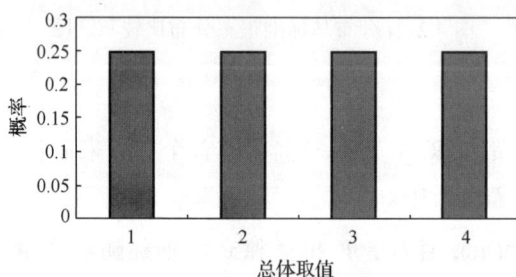

图 4.4 总体的分布

可以看出，总体的分布为均匀分布，即 x_i 取每一个值的概率都相等，$P(x)=0.25$。总体均值、方差分别为：

$$\mu=\frac{\sum_{i=1}^{4}x_i}{N}=\frac{10}{4}=2.5 \qquad \sigma^2=\frac{\sum_{i=1}^{4}(x_i-\mu)^2}{4}=1.25$$

从总体中按简单随机重复抽样方式抽取两个，即 $n=2$，共有 16 个不同样本，如表 4.1 所示。

表 4.1 可能抽取的 16 个样本及其均值和方差

样 本 编 号	样本中的单位	样本均值 $\bar{x}$	样本方差 s^2
1	(1,1)	1.0	0.0
2	(1,2)	1.5	0.5
3	(1,3)	2.0	2.0
4	(1,4)	2.5	4.5
5	(2,1)	1.5	0.5
6	(2,2)	2.0	0.0
7	(2,3)	2.5	0.5
8	(2,4)	3.0	2.0
9	(3,1)	2.0	2.0
10	(3,2)	2.5	0.5
11	(3,3)	3.0	0.0
12	(3,4)	3.5	0.5
13	(4,1)	2.5	4.5
14	(4,2)	3.0	2.0
15	(4,3)	3.5	0.5
16	(4,4)	4.0	0.0

由表 4.1 可知，每个样本被抽中的概率相等，均为 1/16。样本均值 $\bar{x}$ 共有 7 个不同的取值，将其整理后如表 4.2 所示。

表 4.2 $\bar{x}$ 分布

$\bar{x}$ 的 取 值	次 数	概率 $P(\bar{x})$
1.0	1	1/16
1.5	2	2/16
2.0	3	3/16
2.5	4	4/16
3.0	3	3/16
3.5	2	2/16
4.0	1	1/16

由样本均值分布绘制成图，如图 4.5 所示。

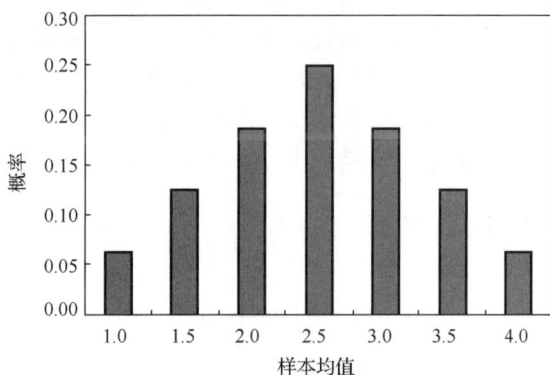

图 4.5 样本均值的抽样分布

通过比较总体分布和样本均值的抽样分布，可以看出，尽管总体为均匀分布，但样本均值的抽样分布在形状上却是对称的，集中趋势非常明显。我们还可以进一步计算 $\bar{x}$ 的均值和方差。

$$E(\bar{x}) = \frac{\sum_{i=1}^{16} \bar{x}_i}{16} = \frac{40}{16} = 2.5 = \mu$$

$$D(\bar{x}) = \sigma_{\bar{x}}^2 = \frac{\sum_{i=1}^{16} (\bar{x}_i - \mu)^2}{16} = \frac{10}{16} = 0.625 = \frac{1.25}{2} = \frac{\sigma^2}{n}$$

计算结果表明，样本均值的均值等于总体的均值，样本均值的方差是总体方差的 $\frac{1}{n}$。上述结果不是偶然的，我们根据下面的定义可以得出样本均值和样本方差的分布规律。

定义：设总体 X 的均值为 μ，方差为 σ^2，$x_1, x_2, \cdots, x_n$ 是来自总体 X 的一个样本，则有：

$$E(\bar{X}) = \mu \tag{4.4}$$

$$D(\bar{X}) = \sigma^2 / n \tag{4.5}$$

可见：样本均值的期望为总体均值 μ，样本均值的方差为总体方差 σ^2 的 $\frac{1}{n}$。

设 $x_1, x_2, \cdots, x_n$ 为来自总体 $X \sim N(\mu, \sigma^2)$ 的一个样本，$\bar{x}$ 和 s^2 分别是样本均值和样本方差，则有：

$$\bar{X} \sim N(\mu, \sigma^2/n) \quad 且 \quad \frac{\bar{X} - \mu}{\sigma/\sqrt{n}} \sim N(0,1)$$

$$\frac{(n-1)S^2}{\sigma^2} \sim \chi^2(n-1)$$

当 $n < 30$，总体方差 σ^2 未知时，则有：

$$\frac{\bar{X} - \mu}{S/\sqrt{n}} \sim t(n-1)$$

在实际应用中，总体的分布并不一定是正态分布或近似正态分布，此时样本均值的抽样分布就不是那么确定，将取决于总体分布的情况。当样本量比较大时，统计学家经过严谨的数学推断，证明了一条非常重要并且性质优良的定理——中心极限定理。该定理告诉我们，不管总体服从什么分布，只要样本量足够大，样本均值都近似服从正态分布。

设总体分布未知，但已知其均值为 μ，方差为 σ^2，从这个总体中随机相互独立地抽取容量为 n 的样本 x_i，则样本均值 $\bar{x}$ 是一个随机变量，当 n 足够大时，样本均值 $\bar{x}$ 近似服从数学期望为 μ、方差为 $\dfrac{\sigma^2}{n}$ 的正态分布 $N(\mu, \dfrac{\sigma^2}{n})$。即

$$\bar{x} \sim N\left(\mu, \frac{\sigma^2}{n}\right) \tag{4.6}$$

且有：

$$\frac{\bar{x} - \mu}{\sigma/\sqrt{n}} \sim N(0,1) \tag{4.7}$$

【例 4.2】 某高校某次英语四级考试中，通过考试的学生平均成绩为 460 分，标准差为 80 分。随机抽取其中的 100 名学生，计算这 100 名学生平均成绩在 440～480 分之间的概率。

解： 由题意，$\mu = 460$，$\sigma = 80$，$n = 100$。根据中心极限定理，样本均值会近似服从正态分布，即 $\bar{x} \sim N(460, 64)$。则

$$P(440 < \bar{x} < 480) = P\left(\frac{440 - 460}{80/\sqrt{100}} < \frac{\bar{x} - 460}{80/\sqrt{100}} < \frac{480 - 460}{80/\sqrt{100}}\right)$$

$$= P(-2.5 < z < 2.5) = 0.987\,58$$

由计算结果知，平均成绩在 440～480 分之间的概率为 0.987 58。

关于样本均值的方差，上面我们只讨论了简单随机重复抽样的情形，当采用不重复抽样时，样本均值的方差需要用修正系数 $\left(\dfrac{N-n}{N-1}\right)$ 去修正重复抽样时样本均值的方差，即

$$D(\bar{x}) = \sigma_{\bar{x}}^2 = \frac{\sigma^2}{n}\left(\frac{N-n}{N-1}\right) \tag{4.8}$$

当 N 很大、n 较小时，修正系数近似为 1，即不重复抽样可视为重复抽样。

4.2.5 样本比率的分布

在管理实践中,我们经常会关心总体中的比率问题,需要对总体比率估计,这需要通过抽样,用样本比率去推断总体的比率。所谓比率是指总体(或样本)中具有某种属性的单位与全部单位总数之比。通常用 π 和 p 分别表示总体比率和样本比率。例如,一个企业的职工按性别分为男、女两类,男职工人数与全部人数之比就是比率,女职工人数与全部职工人数之比也是一个比率。又如,产品可分为合格品与不合格品,合格品(或不合格品)与全部产品总数之比就是比率。

样本比率同样本均值一样,随样本不同而变化,是一个随机变量。样本比率的抽样分布是指所有可能样本的比率的概率分布。当样本量很大时,样本比率 p 的抽样分布可用正态分布近似。对于一个具体的样本比率 p,若 $np \geqslant 5$ 和 $n(1-p) \geqslant 5$,就可以认为样本量足够大。

同样,对于 p 的分布,也需要知道 p 的数学期望(p 的所有可能值的均值)和方差。可以证明,在重复抽样下, p 的数学期望和方差为: $E(p) = \pi$, $D(p) = \dfrac{\pi(1-\pi)}{n}$ 。

即 p 的抽样分布为:

$$p \sim N(\pi, \frac{\pi(1-\pi)}{n}) \tag{4.9}$$

【例 4.3】 某市公务员招录考试中,录取比率为 8%,现随机抽查了 400 名考生,要求:计算这 400 名考生中录取比率低于 5%的概率。

解: 依题意,总体比率 $\pi = 8\%$, $n = 400$ 。则有:

$$p \sim N\left(0.08, \frac{0.08(1-0.08)}{400}\right)$$

标准化后得:

$$\frac{p - 0.08}{\sqrt{(0.08 \times 0.92)/400}} \sim N(0,1)$$

$$P(p < 0.05) = P(z < \frac{0.05 - 0.08}{\sqrt{(0.08 \times 0.92)/400}}) = P(z < -2.21) = 0.013\,553$$

4.2.6 两个样本统计量的分布

在研究实际问题中,还经常用到来自两个总体的两个样本统计量的抽样分布。我们要研究的是两个总体,所关心的总体参数主要是两个总体均值之差 $(\mu_1 - \mu_2)$,两个总体的方差之比 $\dfrac{\sigma_1^2}{\sigma_2^2}$,两个总体比率之差 $(\pi_1 - \pi_2)$。相应地,用于推断这些参数的统计量分别是两个样本均值之差 $(\bar{x}_1 - \bar{x}_2)$,两个样本的方差之比 $\dfrac{s_1^2}{s_2^2}$,两个样本比率之差 $(p_1 - p_2)$ 等。需要研究两个总体参数推断时样本统计量的抽样分布。下面做简要介绍。

从两个总体中独立地抽取容量为 n_1, n_2 的样本,当两个总体均为正态分布或均为大样本时,两个样本均值之差的抽样分布也为正态分布。即有:

$$(\bar{x}_1 - \bar{x}_2) \sim N\left(\mu_1 - \mu_2, \frac{\sigma_1^2}{n_1} + \frac{\sigma_2^2}{n_2}\right) \qquad (4.10)$$

此时，两个样本方差比的抽样分布服从 F 分布。即有：

$$\frac{S_1^2/S_2^2}{\sigma_1^2/\sigma_2^2} \sim F(n_1 - 1, n_2 - 1) \qquad (4.11)$$

从两个服从二项分布的总体中独立地抽取容量为 n_1, n_2 的两个样本，当两个样本均为大样本时，两个样本比率之差近似服从正态分布。即有：

$$(p_1 - p_2) \sim N\left(\pi_1 - \pi_2, \frac{\pi_1(1-\pi_1)}{n_1} + \frac{\pi_2(1-\pi_2)}{n_2}\right) \qquad (4.12)$$

抽样分布揭示了样本统计量与总体参数之间的关系，为统计推断奠定了坚实的理论基础。

本 章 小 结

1．抽样调查是取得数据的重要方式，只有抽样调查的数据才能用于抽样推断。根据在抽样过程中随机性的体现不同，抽样方式有简单随机抽样、分层抽样、机械抽样和整群抽样等。

2．简单随机抽样是最基本的抽样方式。它很好地体现了抽样的随机性原则，分层抽样、机械抽样和整群抽样等是在简单随机抽样的基础上，根据所研究问题及其数据的要求和特点设计的特殊抽样方法。如果所处理的问题及其数据符合特殊抽样方法的要求，同时又能保证随机的原则，通常情况下特殊抽样方法会更简便易行，且样本有较好的代表性。

3．抽样分布是参数估计和假设检验的重要基础。本章主要介绍了 χ^2 分布、t 分布、F 分布、样本均值的抽样分布、样本方差的抽样分布、样本比率的抽样分布等，特别提出中心极限定理的应用，不管总体服从什么分布，随着随机样本量 n 的增加，样本均值形成的分布越来越趋向于正态分布，并且样本均值的均值等于总体均值，样本均值的方差等于总体方差的 $\frac{1}{n}$ 倍。中心极限定理为统计推断建立了理论基础。

案 例 实 验

种子公司玉米新品种推广性分析

某种子公司声称该公司研究出一种玉米新品种，每根玉米的重量服从均值为 350 克、方差为 250 的正态分布，现从其试种的玉米中随机抽取容量为 10 的 10 个样本，测得各玉米重量，如表 4.3 所示。

一、问题提出

某种子公司研究了一种玉米新品种，为了在农业生产中大量推出该新品种，需要通过对试种结果的检验来证明其品种的优良性和稳定性。从抽查的 10 个样本数据看，每个样本的平均产量和方差都存在一定的差异，我们可以通过计算样本均值的均值和样本均值的方差，分析样本均值与总体均值和总体方差的关系，进而确定该新品种的推广性。

表 4.3 样本数据分布

样本 1	样本 2	样本 3	样本 4	样本 5	样本 6	样本 7	样本 8	样本 9	样本 10
364	391	382	382	391	364	310	355	355	337
382	391	337	364	382	355	364	337	382	328
373	337	364	382	355	355	337	373	328	319
337	391	337	373	364	382	373	382	337	328
382	364	346	382	346	328	364	310	319	373
364	346	346	319	391	391	382	319	337	364
382	337	382	355	346	346	355	364	346	382
328	382	373	319	391	364	355	391	382	328
364	373	310	382	337	373	328	355	382	364
355	391	370	319	382	364	346	337	346	337

二、教学目的

通过此案例，促使学生借助相应统计软件作为计算分析工具，比较全面地运用抽样与抽样分布的基本理论和方法研究实际问题，使学生在以下几个方面受到训练：

(1) 利用抽样分布的定理，计算样本的均值和方差(提示：计算 10 个样本的均值和方差)。

(2) 观察样本均值的分布，根据中心极限定理，分析其与总体均值的关系。

(3) 计算这 10 个样本均值的均值和方差，并分析其与总体均值、总体方差的关系；根据中心极限定理，帮该公司推算其新品种的优良性和稳定性，进而确定该新品种的推广性。

(4) 若抽取 10 个容量为 100 的样本，你觉得这 10 个样本与上述抽取的容量为 10 的 10 个样本会有何不同？哪 10 个样本均值的均值更接近总体均值？哪 10 个样本均值的方差会更小？

三、主要分析过程

实验所用软件：SPSS。

将 10 个样本作为 10 个变量，将数据录入 SPSS，如图 4.6 所示。

samp1	samp2	samp3	samp4	samp5	samp6	samp7	samp8	samp9	samp10
364.00	391.00	382.00	382.00	391.00	364.00	310.00	355.00	355.00	337.00
382.00	391.00	337.00	364.00	382.00	355.00	364.00	337.00	382.00	328.00
373.00	337.00	364.00	382.00	355.00	355.00	337.00	373.00	328.00	319.00
337.00	391.00	337.00	373.00	364.00	382.00	373.00	382.00	337.00	328.00
382.00	364.00	346.00	382.00	346.00	328.00	364.00	310.00	319.00	373.00
364.00	346.00	346.00	319.00	391.00	391.00	382.00	319.00	337.00	364.00
382.00	337.00	382.00	355.00	346.00	346.00	355.00	364.00	346.00	382.00
328.00	382.00	373.00	319.00	391.00	364.00	355.00	391.00	382.00	328.00
364.00	373.00	310.00	382.00	337.00	373.00	328.00	355.00	382.00	364.00
355.00	391.00	370.00	319.00	382.00	364.00	346.00	337.00	346.00	337.00

图 4.6 SPSS 的数据窗口

经"Analyze"→"Descriptive statistics"→"Descriptives"菜单，进入描述统计对话框，将所有 10 个变量选入，如图 4.7 所示。

进入"Options"对话框，选择需要的统计指标，如图 4.8 所示。

依次单击"Continue"、"OK"按钮得到结果，如图 4.9 所示。

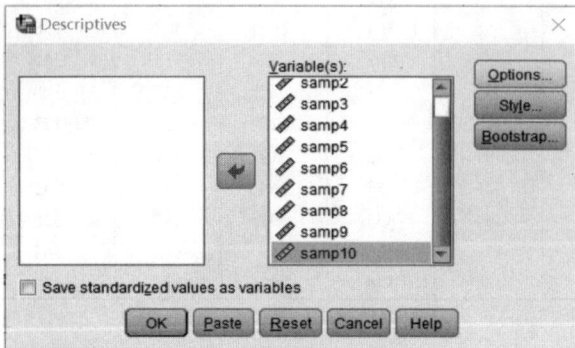

图 4.7　描述统计对话框

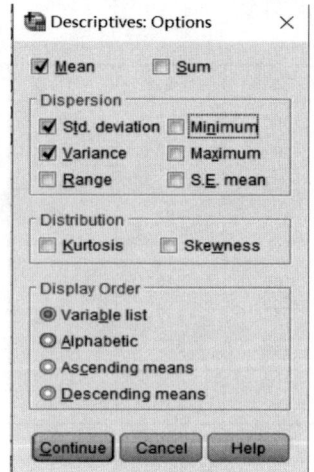

图 4.8　描述统计指标选择

将样本均值作为一个变量输入 SPSS，如图 4.10 所示。

Descriptive Statistics

	N	Mean	Std. Deviation	Variance
samp1	10	363.1000	18.71096	350.100
samp2	10	370.3000	22.86701	522.900
samp3	10	354.7000	23.38589	546.900
samp4	10	357.7000	28.15848	792.900
samp5	10	368.5000	21.31901	454.500
samp6	10	362.2000	17.89972	320.400
samp7	10	351.4000	21.71635	471.600
samp8	10	352.3000	26.51226	702.900
samp9	10	351.4000	23.31523	543.600
samp10	10	346.0000	22.44994	504.000
Valid N (listwise)	10			

图 4.9　计算结果

sampmean
363.10
370.30
354.70
357.70
368.50
362.20
351.40
352.30
351.40
346.00

图 4.10　样本均值录入

对样本均值运行描述性统计，得到计算结果，如图 4.11 所示。

Descriptive Statistics

	N	Mean	Std. Deviation	Variance
SAMPMEAN	10	357.7600	8.02222	64.356
Valid N (listwise)	10			

图 4.11　样本均值描述统计计算结果

若将样本容量扩大到 100，样本均值与总体均值的接近程度类似，但样本均值的方差变小。

思　考　题

1．什么叫总体与样本？
2．抽样调查的含义是什么？常用的抽样调查组织方式有哪些？
3．什么叫统计量？什么叫抽样分布？

4．什么是 χ^2 分布、t 分布、F 分布？它们与正态分布或标准正态分布有何关系？

5．样本均值分布与样本量大小之间有何联系？

练 习 题

1．已知一总体均值等于 10、方差等于 81，现从该总体中采用简单随机重复抽样方式抽取 $n=81$ 的样本。

(1)计算 $\bar{x}$ 的均值和标准差。

(2)描述 $\bar{x}$ 的抽样分布。你的回答依赖于样本量大小吗？

(3)计算标准正态分布 z 统计量对应于 $\bar{x}=12$ 的值。

(4)计算 $P(\bar{x}<8)$；$P(\bar{x}>12)$；$P(8<\bar{x}<12)$。

2．根据调查研究知道，高中学生女生体重服从正态分布，且均值为 50kg，标准差为 2kg。要求：

(1)随机抽取一位女学生，求其体重在 48～52kg 之间的概率；

(2)随机抽取 25 位学生，求其平均体重在 48～52kg 之间的概率。

3．技术人员对袋装土豆片的装袋过程进行了质量检验。每袋的平均重量标准为 $\mu=102g$，标准差为 $\sigma=5g$。监控这一过程的技术人员每天随机抽取 36 袋，并对每袋重量进行测量。现考虑这 36 袋土豆片所组成样本的平均重量 $\bar{x}$。

(1)描述 $\bar{x}$ 的抽样分布，并给出 $\bar{x}$ 的均值和标准差，以及概率分布的形状。

(2)求 $P(\bar{x}\le100)$。

(3)假设某一天技术人员观察到 $\bar{x}=100$，这是否意味着装袋过程出现问题了？为什么？

实 训 题

重庆 7～8 月份气温的抽样分布

重庆 7～8 月份的气温分布通常为：19，20，21，22，23，24，25，26，27，28，29，30，31，32，33，34，35，36，37，38。我们可以借助计算机对重庆市 7～8 月份气温进行抽样调查，并计算其平均温度。在抽样过程中，由于抽取的样本量不同，所得到的样本平均温度也不同，随着抽取样本量的增加，样本平均温度将与总体平均温度不断接近。

问题设计

1．设定这里的温度为 x，假设 x 的取值的可能性是相同的，则运用计算机对下面的每一个 n 值产生 50 个随机样本，并对每一个样本计算 $\bar{x}$。这里，$n=2, n=5, n=10$。

2．对于每一个样本量，构造 $\bar{x}$ 的 50 个值的相对频率直方图。当 n 值增加时，在直方图上会发生什么变化？存在什么相似性？

运用 SPSS、R 或 Excel 进行统计计算和分析。

第5章　参　数　估　计

案例导入：

有多少本科毕业生有考研的意愿？

　　一项关于某地区大学本科毕业生考研意愿的研究，研究人员想知道在当今就业和学历要求越来越高的情况下，有多少应届毕业生有考研的意愿。由于不大可能询问所有大约20万的大学毕业生，研究人员只好进行抽样调查以得到样本，并用样本的本科毕业生中有考研意愿的人数和比重去估计这个地区本科毕业生有考研意愿的人数和比重。这样做会存在如下问题：①从不同的样本得到的结论也不会完全一样；②真实的有考研意愿的学生人数和比重在这种抽样的过程中永远不知道。但是可以通过参数估计的方法得到这个考研意愿人数和比重的范围，并给出该范围真值的概率，这样可以知道估计出来的考研意愿人数和比重与真实值大概差多少。

　　这就是我们将要介绍的估计问题。

　　第4章介绍了抽样分布问题。而我们进行样本分析的主要目的是通过样本提供的信息去推断总体，即对总体的分布以及分布的数字特征做出统计推断。统计推断的基本问题包括两个方面：参数估计和假设检验。本章讨论总体参数的估计问题。

5.1　参数估计的基本原理

5.1.1　估计量与估计值

　　参数估计，就是用样本统计量去估计总体的参数。比如，利用样本均值 $\bar{x}$ 估计总体均值 μ，用样本方差 s^2 估计总体方差 σ^2，用样本比率 p 估计总体比率 π，等等。通常用 θ 表示总体参数，用来估计总体参数的统计量称为估计量，用 $\hat{\theta}$ 表示，参数估计也就是如何用样本统计量 $\hat{\theta}$ 去估计总体参数 θ。如样本均值 $\bar{x}$、样本方差 s^2、样本比率 p 等都是估计量。当已经调查得到一个样本，并根据样本计算出了估计量的具体取值，这个样本是所有可能样本中的一个，是随机得到的，是估计量的一次实现，此值称为估计值。例如，要估计高校英语四级考试的平均成绩，总体的平均成绩是不知道的，称为总体参数，用 θ 表示，从中随机抽取一个样本，根据样本计算的平均成绩 $\bar{x}$ 就是一个估计量，用 $\hat{\theta}$ 表示，假定计算出来的平均成绩为435分，这个435分就是估计量的具体数值，称为估计值。

5.1.2　参数估计的基本方法

　　对总体参数(如总体均值、方差等)进行估计，是借助于样本统计量来进行的。有两种不同的估计方法，即点估计和区间估计。

1. 点估计

点估计是用样本统计量 $\hat{\theta}$ 直接估计总体参数 θ，以之代表总体参数。比如，用样本均值 $\bar{x}$ 直接作为总体均值 μ 的点估计，用样本比率 p 直接作为总体比率 π 的点估计，用样本方差 s^2 直接作为总体方差 σ^2 的点估计，等等。假定要估计高校英语四级考试的平均成绩，根据一个抽出的随机样本计算的平均成绩是 435 分，就用 435 分作为高校英语四级考试的平均成绩的一个估计值。又如，要估计某校学生某门课程逃课率的高低，根据抽样结果逃课率为 8%，将 8%直接作为该门课程逃课率的估计值，这就是点估计。

点估计有矩估计法、极大似然估计法、顺序估计法、最下二乘法等，在此不做详细介绍，读者可以参考概率论有关书籍了解相关内容。

点估计比较直观，易于理解，但是估计结果只给出一个点值，其可靠性难以得到保证。因为估计值来自一个随机的样本，不同的样本很可能得到不同的估计值，而且一般情况下不等于待估计的总体参数的真值。二者之间是存在差距的，点估计没有给出它们之间差异的大小，也就不知道估计的可靠性到底如何。所以，我们希望估计出一个真实参数所在的范围，并希望知道这个范围以多大的概率包含参数真值，这就是参数的区间估计问题。

2. 区间估计

区间估计是用一个区间及其出现的概率来估计总体参数。

设 θ 为总体的一个未知参数，$x_1,x_2,\cdots,x_n$ 是来自总体 X 的一个样本，对于给定的 $\alpha(0<\alpha<1)$，确定两个统计量 $\underline{\theta}$ 和 $\bar{\theta}$，若有 $P\{\underline{\theta}<\theta<\bar{\theta}\}=1-\alpha$，则称随机区间 $(\underline{\theta},\bar{\theta})$ 是 θ 的置信度为 $1-\alpha$ 的置信区间。$\underline{\theta}$ 和 $\bar{\theta}$ 分别称为置信下限和置信上限，$1-\alpha$ 称为区间的置信度或置信水平，α 称为显著性水平。

置信度 $1-\alpha$ 表示了区间估计的可靠性，$1-\alpha$ 越大，可靠性越高。而置信区间的长度的平均值 $E(\bar{\theta}-\underline{\theta})$ 表达了区间估计的精确性。$E(\bar{\theta}-\underline{\theta})$ 越小，精确度越高。我们当然希望可靠性尽可能大，精确度尽可能高，但是当样本容量 n 一定时，要使二者同时提高是矛盾的。实际中的处理办法是先确定置信度 $1-\alpha$，然后通过增加样本容量 n 来提高精确度。

5.1.3 点估计评价标准

对于总体的未知参数可用不同的估计方法求出其点估计量，对于同一参数的不同估计量，哪一个更好呢？这就涉及用什么样的标准来评价估计量。下面介绍几个常用的评价参数点估计优良性的标准。

1. 无偏性

设 $\hat{\theta}$ 是总体参数 θ 的点估计量，由于 $\hat{\theta}$ 是随机变量，对于不同的样本值，它有不同的估计值，这些估计值对于 θ 来说一般都有偏差。我们希望在大量重复使用估计量 $\hat{\theta}$ 时，所得到的这些估计值的平均值能等于参数 θ 的真值。

设 θ 是总体 X 的未知参数，$\hat{\theta}$ 是该参数的一个点估计量，如果满足 $E(\hat{\theta})=\theta$，则称 $\hat{\theta}$ 是总体参数 θ 的一个无偏估计量。

可以证明，样本均值 $\bar{x}$、样本方差 s^2、样本比率 p 分别是总体均值 μ、总体方差 σ^2、总体比率 π 的无偏估计量。

2．有效性

一个未知参数可以有不同的无偏估计量。如何比较这些不同的无偏估计量，即哪一个更理想呢？如果在样本容量 n 相同的情况下，参数 θ 的两个无偏估计量 $\hat{\theta}_1$ 和 $\hat{\theta}_2$，若 $\hat{\theta}_1$ 的观测值较 $\hat{\theta}_2$ 更密集在真值 θ 的附近，就认为 $\hat{\theta}_1$ 比 $\hat{\theta}_2$ 更理想，也就是 $\hat{\theta}_1$ 比 $\hat{\theta}_2$ 更有效。

设 $\hat{\theta}_1$ 与 $\hat{\theta}_2$ 都是 θ 的无偏估计量，若有 $D(\hat{\theta}_1) < D(\hat{\theta}_2)$，则称 $\hat{\theta}_1$ 比 $\hat{\theta}_2$ 有效。

3．一致性

无偏性与有效性都是在样本容量 n 固定的前提下。当样本容量 n 趋于无穷时，我们仍希望一个估计量的值稳定于待估参数的真值。于是，又提出一致性的要求。

设 $\hat{\theta}$ 是参数 θ 的点估计量，当 $n \to \infty$ 时，$\hat{\theta}$ 依概率收敛于 θ，即对于任意 $\varepsilon > 0$，有 $\lim\limits_{x \to \infty} P\{|\hat{\theta} - \theta| < \varepsilon\} = 1$ 或 $\lim\limits_{x \to \infty} P\{|\hat{\theta} - \theta| \geqslant \varepsilon\} = 0$。

我们希望一个估计量具有一致性，不过估计量的一致性只有当样本容量 n 充分大时才能得以实现，但这在实际中往往难以做到。因此，在实际中常使用无偏性和有效性这两个评价指标。

5.2　一个总体参数的区间估计

我们在研究一个总体时，所关心的参数主要有总体均值 μ、总体比率 π 和总体方差 σ^2。本节介绍如何用样本统计量来构造一个总体参数的置信区间。

5.2.1　总体均值的区间估计

在对总体均值进行估计时，需要区分用于构造估计量的样本是大样本（一般认为 $n \geqslant 30$ 为大样本）还是小样本。

1．大样本情形

当用于构造估计量的样本为大样本时，无论总体是否服从正态分布，样本均值 $\bar{x}$ 的抽样分布均为正态分布，其数学期望为总体均值 μ，方差为总体方差 σ^2 的 $\dfrac{1}{n}$，即 $\dfrac{\sigma^2}{n}$。将 $\bar{x}$ 进行标准化以后的随机变量将服从标准正态分布，即有：

$$\frac{\bar{x} - \mu}{\sigma / \sqrt{n}} \sim N(0,1) \tag{5.1}$$

于是可以得到总体均值 μ 在 $1 - \alpha$ 置信度下的置信区间为：

$$\bar{x} \pm z_{\frac{\alpha}{2}} \frac{\sigma}{\sqrt{n}} \tag{5.2}$$

式中，$\bar{x} - z_{\frac{\alpha}{2}} \dfrac{\sigma}{\sqrt{n}}$ 称为置信下限，$\bar{x} + z_{\frac{\alpha}{2}} \dfrac{\sigma}{\sqrt{n}}$ 称为置信上限；α 是事先所确定的一个概率值，它是置信区间不包括总体均值的概率；$1 - \alpha$ 是显著性水平；$z_{\frac{\alpha}{2}}$ 是标准正态分布上侧面积为 $\dfrac{\alpha}{2}$

时的 z 值，即 $P(z > z_{\frac{\alpha}{2}}) = \frac{\alpha}{2}$，如图 5.1 所示；$z_{\frac{\alpha}{2}} \dfrac{\sigma}{\sqrt{n}}$ 是估计总体均值时允许产生的最大误差，

称为允许误差，它决定置信区间的宽度；$\dfrac{\sigma}{\sqrt{n}}$ 称为抽样标准误差。

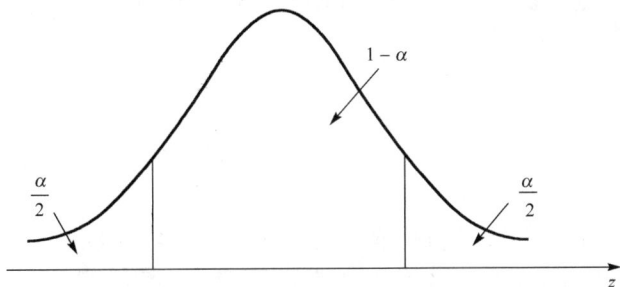

图 5.1 $\dfrac{\alpha}{2}$ 对应的标准正态分布分位点值

【例 5.1】 根据经验，某高校教师的年龄服从正态分布，方差为 25，现随机抽取 36 名教师，登记其年龄，测得其平均年龄为 38 岁，试估计该高校教师平均年龄的 95% 的置信区间。

解：由资料知，总体即教师年龄服从正态分布，且方差 $\sigma^2 = 25$，样本容量 $n = 36$，样本均值 $\overline{x} = 38$ 岁，置信水平 $1 - \alpha = 95\%$，查标准正态分布表可得 $z_{\frac{\alpha}{2}} = z_{0.025} = 1.96$。

由式（5.2）得：

$$\overline{x} \pm z_{\frac{\alpha}{2}} \frac{\sigma}{\sqrt{n}} = 38 \pm 1.96 \times \frac{5}{\sqrt{36}} = 38 \pm 1.63$$

即（36.37, 39.63），该校教师平均年龄的 95% 的置信区间为 36.37～39.63。

在实践中，总体方差 σ^2 通常是未知的，在大样本条件下，公式（5.2）中的总体方差 σ^2 可以用样本方差 s^2 代替，这时总体均值 μ 在 $1 - \alpha$ 置信水平下的置信区间为：

$$\overline{x} \pm z_{\frac{\alpha}{2}} \frac{s}{\sqrt{n}} \tag{5.3}$$

【例 5.2】 某中学为了解学生每天上网的时间，在全校学生中采取重复抽样方法随机抽取 36 人，调查他们每天上网的时间，得到如下数据（单位：小时）：

3.0	3.1	6.3	5.8	2.5	4.2	5.5	4.6	3.3
4.5	2.0	5.3	2.7	6.3	2.0	3.6	5.6	2.4
2.2	1.9	1.2	5.1	4.3	4.4	3.5	0.9	1.6
4.8	1.5	1.2	2.8	3.5	2.5	0.6	3.5	2.6

求该校学生平均每天上网时间的置信区间，置信水平为 90%。

解：已知 $n = 36$，$1 - \alpha = 90\%$，查表得 $z_{\frac{\alpha}{2}} = 1.645$。由于总体方差未知，但为大样本，可用样本方差来代替总体方差。

根据样本数据计算的样本均值和样本标准差如下：

$$\overline{x} = \frac{\sum\limits_{i=1}^{n} x_i}{n} = 3.36 \qquad s = \sqrt{\frac{\sum\limits_{i=1}^{n} (x_i - \overline{x})^2}{n-1}} = 1.67$$

根据式(5.3)得:

$$\overline{x} \pm z_{\frac{\alpha}{2}} \frac{s}{\sqrt{n}} = 3.36 \pm 1.645 \times \frac{1.67}{\sqrt{36}} = 3.36 \pm 0.46$$

即$(2.9, 3.82)$，该校学生平均每天上网时间90%的置信区间为2.9～3.82。

2. 小样本情形

(1)正态总体，σ^2 已知

当总体服从正态分布且σ^2已知时，总体均值μ在$1-\alpha$置信水平下的置信区间同样可以采用式(5.2)。

【例5.3】从某超市的货架上随机抽取9包0.5kg的食盐，实测其重量(kg)分别为：0.497，0.506，0.518，0.524，0.488，0.510，0.510，0.515，0.512。从长期的经验中知道，该品牌的食盐重量服从正态分布$N(\mu, \sigma^2)$，已知$\sigma^2 = 0.01^2$，求食盐平均重量μ的95%置信区间。

解：根据抽样结果计算得：

$$\overline{x} = \frac{\sum_{i=1}^{n} x_i}{n} = 0.5089$$

对于显著性水平$\alpha = 0.05$，查标准正态分布表得$z_{\frac{\alpha}{2}} = z_{0.025} = 1.96$，由式(5.2)得食盐平均重量的置信区间为：

$$\overline{x} \pm z_{\frac{\alpha}{2}} \frac{\sigma}{\sqrt{n}} = 0.5089 \pm 1.96 \times \frac{0.01}{\sqrt{9}} = 0.5089 \pm 0.0065$$

即$(0.5024, 0.5154)$，该食盐平均重量95%的置信区间为0.5024～0.5154。

(2)正态总体，σ^2 未知

如果总体服从正态分布，总体方差σ^2未知且为小样本，则需要用样本方差s^2代替σ^2，这时样本均值经过标准化以后的随机变量服从自由度为$(n-1)$的t分布，即

$$t = \frac{\overline{x} - \mu}{s/\sqrt{n}} \sim t(n-1) \tag{5.4}$$

根据t分布建立的总体均值μ在$1-\alpha$置信水平下的置信区间为：

$$\overline{x} \pm t_{\frac{\alpha}{2}}(n-1) \frac{s}{\sqrt{n}} \tag{5.5}$$

式中，$(n-1)$为自由度；$t_{\frac{\alpha}{2}}(n-1)$是自由度为$(n-1)$时$t$分布中上侧面积为$\frac{\alpha}{2}$时的$t$值，该值可以通过$t$分布表查得。

【例5.4】在例5.3中，若σ^2未知，求食盐平均重量μ的95%置信区间。

解：根据抽样数据计算得：

$$\overline{x} = \frac{\sum_{i=1}^{n} x_i}{n} = 0.5089 \quad s = \sqrt{\frac{\sum_{i=1}^{n} (x_i - \overline{x})^2}{n-1}} = 0.0109$$

对于显著性水平 $\alpha = 0.05$，查 t 分布表得 $t_{\frac{\alpha}{2}}(n-1) = t_{0.025}(9-1) = 2.306$，由式(5.5)得食盐平均重量的置信区间为：

$$\bar{x} \pm t_{\frac{\alpha}{2}}(n-1)\frac{s}{\sqrt{n}} = 0.5089 \pm 2.306 \times \frac{0.0109}{\sqrt{9}} = 0.5089 \pm 0.0084$$

即(0.5005，0.5173)，该食盐平均重量 95%的置信区间为 0.5005～0.5173。

5.2.2 总体比率的区间估计

这里只讨论大样本情形下 $(np \geqslant 5, n(1-p) \geqslant 5)$ 总体比率的估计问题。当样本量足够大时，根据中心极限定理，抽样比率 p 的抽样分布近似表现为正态分布，且有 p 的数学期望为总体的比率 π，即 $E(p) = \pi$，p 的方差为总体方差的 $\frac{1}{n}$，即 $\sigma_p^2 = \frac{\pi(1-\pi)}{n}$。抽样比率 p 的分布具体表示为：

$$p \sim N(\pi, \frac{\pi(1-\pi)}{n}) \tag{5.6}$$

将样本比率标准化后的随机变量则服从标准正态分布，即

$$z = \frac{p - \pi}{\sqrt{\pi(1-\pi)/n}} \sim N(0,1) \tag{5.7}$$

从而总体比率 π 在 $1-\alpha$ 置信水平下的置信区间为：

$$p \pm z_{\frac{\alpha}{2}}\sqrt{\pi(1-\pi)/n} \tag{5.8}$$

在式(5.8)中计算总体比率 π 的置信区间时，π 值应该是知道的。但实际情况下，π 值恰好是要估计的。解决的方法有两种：一种是用样本比率 p 来代替 π，因为 p 一般是 π 非常好的估计量。于是，总体比率的置信区间可以表示为：

$$p \pm z_{\frac{\alpha}{2}}\sqrt{p(1-p)/n} \tag{5.9}$$

另一种是较为保守的方法，当 $\pi = 1 - \pi = 0.5$ 时，$\pi(1-\pi)$ 达到最大值。所以，用 0.5 作为 π 的估计值求出的将是最宽的置信区间：

$$p \pm z_{\frac{\alpha}{2}}\sqrt{0.25/n} \tag{5.10}$$

【例 5.5】 在某中学随机调查 200 名学生，发现其中有 160 名学生视力近视。在 99%的置信度下，估计该校学生近视率的置信区间。

解：已知 $n = 200$，$z_{\frac{\alpha}{2}} = 2.58$。根据抽样结果计算的样本比率为 $p = \frac{160}{200} = 80\%$。

根据式(5.9)得：

$$p \pm z_{\frac{\alpha}{2}}\sqrt{p(1-p)/n} = 80\% \pm 2.58\sqrt{80\%(1-80\%)/200} = 80\% \pm 7.30\%$$

即(72.7%，87.3%)，该校学生近视率 99%的置信区间为 72.7%～87.3%。

5.2.3　总体方差的区间估计

根据实际情况，我们只讨论 μ 未知时正态总体方差的区间估计问题。根据抽样分布知识可知，由于样本方差 s^2 是总体方差 σ^2 的无偏估计，且 $\dfrac{(n-1)s^2}{\sigma^2} \sim \chi^2(n-1)$。因此，可以用 χ^2 分布构造总体方差的置信区间，如图 5.2 所示。

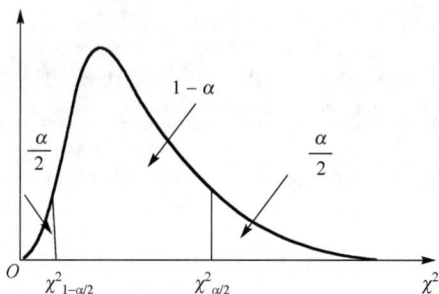

图 5.2　自由度为 $(n-1)$ 的 χ^2 分布

由图 5.2，根据 χ^2 分布的定义，可有：

$$P\left\{\chi^2_{1-\frac{\alpha}{2}}(n-1) < \frac{(n-1)s^2}{\sigma^2} < \chi^2_{\frac{\alpha}{2}}\right\} = 1-\alpha \tag{5.11}$$

即

$$P\left\{\frac{(n-1)s^2}{\chi^2_{\frac{\alpha}{2}}(n-1)} < \sigma^2 < \frac{(n-1)s^2}{\chi^2_{1-\frac{\alpha}{2}}(n-1)}\right\} = 1-\alpha \tag{5.12}$$

于是得到总体方差 σ^2 在 $1-\alpha$ 置信水平下的置信区间为：

$$\left(\frac{(n-1)s^2}{\chi^2_{\frac{\alpha}{2}}(n-1)}, \frac{(n-1)s^2}{\chi^2_{1-\frac{\alpha}{2}}(n-1)}\right) \tag{5.13}$$

总体标准差 σ 在 $1-\alpha$ 置信水平下的置信区间为：

$$\left(\sqrt{\frac{(n-1)s^2}{\chi^2_{\frac{\alpha}{2}}(n-1)}}, \sqrt{\frac{(n-1)s^2}{\chi^2_{1-\frac{\alpha}{2}}(n-1)}}\right) \tag{5.14}$$

【例 5.6】　在例 5.1 中，假定总体方差未知，若已知样本标准差 $s=4.8$，以 95% 的置信水平建立该校教师年龄方差的置信区间。

解： 已知 $n=36$，$\bar{x}=38$，$s=4.8$，$\alpha=0.05$，查 χ^2 分布表得：

$$\chi^2_{\frac{\alpha}{2}}(n-1) = \chi^2_{0.025}(36-1) = 53.203 \qquad \chi^2_{1-\frac{\alpha}{2}}(n-1) = \chi^2_{0.975}(36-1) = 20.569$$

总体方差 σ^2 的置信区间为：

$$\left(\frac{(n-1)s^2}{\chi_{\frac{\alpha}{2}}^2(n-1)}, \frac{(n-1)s^2}{\chi_{1-\frac{\alpha}{2}}^2(n-1)} \right) = \left(\frac{(36-1) \times 4.8^2}{53.203}, \frac{(36-1) \times 4.8^2}{20.569} \right) = (15.16, 39.20)$$

即 $(15.16, 39.20)$，该校教师年龄方差 95% 的置信区间为 $15.16 \sim 39.20$，则标准差的置信区间为 $(3.89, 6.26)$。

5.3　两个总体参数的区间估计

两个总体参数的区间估计通常用于对两个总体的比较，比如，两个城市居民收入水平高低比较，两所高校参加英语四级考试通过率比较，东西部地区居民年收入差异程度高低比较，这些都是关于两个总体参数之间的关系的估计。对于两个总体，我们通常关心的有两个总体均值差 $(\mu_1 - \mu_2)$、两个总体比率差 $(\pi_1 - \pi_2)$ 和两个总体方差比 $\frac{\sigma_1^2}{\sigma_2^2}$ 的区间估计。

5.3.1　两个总体均值差的区间估计

假设有两个总体，它们的均值分别为 μ_1 和 μ_2，方差分别为 σ_1^2 和 σ_2^2，分别从两个总体中抽取容量为 n_1 和 n_2 的两个随机样本，样本均值分别为 $\bar{x}_1$ 和 $\bar{x}_2$。估计两个总体均值差 $(\mu_1 - \mu_2)$ 的估计量显然用两个样本的均值差 $(\bar{x}_1 - \bar{x}_2)$。对于两个总体均值差的区间估计，应区分独立样本和匹配样本两种情形。

1. 独立样本

独立样本是指从两个总体中独立抽取两个样本，一个样本中的元素与另一个样本中的元素相互独立。

（1）大样本情形

在大样本情形下，无论两个总体是否服从正态分布，两个样本均值差 $\bar{x}_1 - \bar{x}_2$ 的抽样分布均服从期望值为 $(\mu_1 - \mu_2)$、方差为 $\frac{\sigma_1^2}{n_1} + \frac{\sigma_2^2}{n_2}$ 的正态分布，即有：

$$\bar{x}_1 - \bar{x}_2 \sim N\left(\mu_1 - \mu_2, \frac{\sigma_1^2}{n_1} + \frac{\sigma_2^2}{n_2} \right) \tag{5.15}$$

对 $\bar{x}_1 - \bar{x}_2$ 进行标准化，则有：

$$z = \frac{(\bar{x}_1 - \bar{x}_2) - (\mu_1 - \mu_2)}{\sqrt{\dfrac{\sigma_1^2}{n_1} + \dfrac{\sigma_2^2}{n_2}}} \sim N(0,1) \tag{5.16}$$

因此，当两个总体的方差 σ_1^2 和 σ_2^2 都已知时，两个总体均值差 $(\mu_1 - \mu_2)$ 在 $1 - \alpha$ 置信水平下的置信区间为：

$$(\bar{x}_1 - \bar{x}_2) \pm z_{\frac{\alpha}{2}} \sqrt{\frac{\sigma_1^2}{n_1} + \frac{\sigma_2^2}{n_2}} \tag{5.17}$$

当两个总体的方差 σ_1^2 和 σ_2^2 未知时，可用 s_1^2 和 s_2^2 来代替。这时的置信区间为：

$$(\overline{x}_1 - \overline{x}_2) \pm z_{\frac{\alpha}{2}}\sqrt{\frac{s_1^2}{n_1} + \frac{s_2^2}{n_2}} \tag{5.18}$$

【例 5.7】　某综合性大学为了更好地设计英语课程的教学方案，需要了解文科生与理科生在英语课程上的差异，从文科生源和理科生源中分别独立地随机抽取 36 名和 49 名学生进行测试，测试结果如表 5.1 所示。要求：根据测试结果估计文科生与理科生英语能力差异 95% 的置信区间。

表 5.1　学生英语能力测试数据

文科生	$n_1 = 36$	$\overline{x}_1 = 85$	$s_1 = 6$
理科生	$n_2 = 49$	$\overline{x}_2 = 75$	$s_2 = 7$

解： 根据资料，两个样本均为大样本，总体方差未知，显著性水平 $\alpha = 0.05$，查标准正态分布表得 $z_{\alpha/2} = z_{0.025} = 1.96$，由式（5.18）得：

$$(\overline{x}_1 - \overline{x}_2) \pm z_{\frac{\alpha}{2}}\sqrt{\frac{s_1^2}{n_1} + \frac{s_2^2}{n_2}} = (85 - 75) \pm 1.96 \times \sqrt{\frac{6^2}{36} + \frac{7^2}{49}} = 10 \pm 2.77$$

即（7.23，12.77），在 95% 的置信水平下，文科生源的学生与理科生源的学生英语能力测试差异的置信区间为 7.23～12.77。

（2）小样本情形

在小样本情形下，需假定两个总体都服从正态分布，视两个总体的方差是否已知等情况考虑。

①　σ_1^2 和 σ_2^2 已知。在上述假定下，无论样本量的大小，两个样本均值差都服从正态分布。当两个总体方差 σ_1^2 和 σ_2^2 已知时，可用式（5.17）建立两个总体均值差的置信区间。

②　σ_1^2 和 σ_2^2 未知，但 $\sigma_1^2 = \sigma_2^2$。在此种情况下，由于两个总体的方差相等，因而可将两个样本的数据组合在一起，同时计算合并后的样本方差，以给出总体方差的合并估计量，记为 s_p^2，计算公式为：

$$s_p^2 = \frac{(n_1 - 1)s_1^2 + (n_2 - 1)s_2^2}{n_1 + n_2 - 2} \tag{5.19}$$

将两个样本均值差标准化，得

$$t = \frac{(\overline{x}_1 - \overline{x}_2) - (\mu_1 - \mu_2)}{s_p\sqrt{\frac{1}{n_1} + \frac{1}{n_2}}} \sim t(n_1 + n_2 - 2) \tag{5.20}$$

从而，两个总体均值差 $(\mu_1 - \mu_2)$ 在 $1 - \alpha$ 置信水平下的置信区间为：

$$(\overline{x}_1 - \overline{x}_2) \pm t_{\frac{\alpha}{2}}(n_1 + n_2 - 2)s_p\sqrt{\frac{1}{n_1} + \frac{1}{n_2}} \tag{5.21}$$

【例 5.8】　为估计两种生产工艺生产某电子元件所需时间的差异，分别对两种不同的工艺方法各随机安排 15 个工人，每个工人生产一件元件所需的时间如表 5.2 所示。假定两种工艺方法生产元件的时间服从正态分布，且方差相等。试以95%的置信水平估计两种工艺生产元件所需平均时间差异的置信区间。

表 5.2　两种工艺生产元件所需的时间　　　　　　　　　　　　　　单位：分钟

方法 1 用时	36	37	38	34	28	31	29	30	30	28	30	29	37	32	28
方法 2 用时	30	29	28	26	33	31	32	26	32	30	21	33	31	23	28

解：根据样本资料计算得：

$$\overline{x}_1 = 31.8 ，\ s_1^2 = 13.1714 ，\ \overline{x}_2 = 28.9 ，\ s_2^2 = 12.8381$$

总体方差的合并估计值：

$$s_p^2 = \frac{(n_1-1)s_1^2 + (n_2-1)s_2^2}{n_1+n_2-2} = \frac{(15-1)\times 13.1714 + (15-1)\times 12.8381}{15+15-2} = 13.0048$$

对于显著性水平 $\alpha = 0.05$，查 t 分布表得 $t_{\frac{\alpha}{2}}(n_1+n_2-2) = t_{0.025}(28) = 2.0484$，由式（5.21）得两种工艺生产元件所需平均时间差异的置信区间为：

$$
\begin{aligned}
&(\overline{x}_1 - \overline{x}_2) \pm t_{\frac{\alpha}{2}}(n_1+n_2-2)s_p\sqrt{\frac{1}{n_1}+\frac{1}{n_2}} \\
&= (31.8-28.9) \pm 2.0484 \times \sqrt{13.0048\left(\frac{1}{15}+\frac{1}{15}\right)} \\
&= 2.9 \pm 2.7
\end{aligned}
$$

即 $(0.2, 5.6)$，两种工艺生产元件所需平均时间差异的置信区间为 0.2～5.6。

2．匹配样本

独立样本进行试验时，有可能因为样本太悬殊而导致实验结果差异很大。而匹配样本则是一个样本分别进行不同试验，一个样本中的数据与另一个样本中的数据相对应。匹配样本可以消除由于样本指定的不公平造成的两种试验结果的差异。

在例 5.8 中，使用的是两个独立样本，但是它存在一个弊端：在对每种方法随机指派 15 个工人时，偶尔可能会使技术比较好的 15 个工人指定给方法 1，而技术比较差的 15 个工人指定给方法 2。这种不公平的指派，可能会掩盖两种工艺方法生产元件所需时间的真正差异。

解决这一问题，可以使用匹配样本进行试验，与独立样本不同，匹配样本是指一个样本中的数据与另一个样本中的数据相对应。例如，现指定 15 个工人用第一种工艺生产元件，然后再让这 15 个工人用第二种工艺生产元件，这样得到的两组数据就是匹配样本数据。匹配样本可以消除由于样本指定的不公平造成的两种工艺方法生产时间上的差异。

在大样本条件下，使用匹配样本进行估计时，与单个总体均值的区间估计类似，两个总体均值差 $\mu_d = \mu_1 - \mu_2$ 在 $1-\alpha$ 置信水平下的置信区间为：

$$\overline{d} \pm z_{\frac{\alpha}{2}}\frac{\sigma_d}{\sqrt{n}} \tag{5.22}$$

式中，d 为两个匹配样本对应数据的差值；$\overline{d}$ 为各差值的均值；σ_d 为各差值的标准差。如果 σ_d 未知，可用样本数据 s_d 来代替。s_d 的计算式为：

$$s_d = \sqrt{\frac{\sum(d_i - \bar{d})^2}{n-1}} \qquad (5.23)$$

在小样本条件下，假定两个总体各观测值的配对差服从正态分布。则两个总体均值差 $\mu_d = \mu_1 - \mu_2$ 在 $1-\alpha$ 置信水平下的置信区间为：

$$\bar{d} \pm t_{\frac{\alpha}{2}}(n-1)\frac{s_d}{\sqrt{n}} \qquad (5.24)$$

【例 5.9】 某考试中心随机抽取 15 名学生采用 A、B 两套试卷进行测试，结果如表 5.3 所示，要求：建立这两套试卷平均得分之差 $\mu_d = \mu_1 - \mu_2$ 的 95%置信区间。

表 5.3   15 名学生两套试卷的得分

学 生 编 号	试 卷 A	试 卷 B	差 值 d
1	91	89	2
2	77	67	10
3	86	87	−1
4	80	69	11
5	76	79	−3
6	86	82	4
7	92	86	6
8	84	82	2
9	79	75	4
10	90	84	6
11	86	78	8
12	78	80	−2
13	81	73	8
14	79	69	10
15	90	83	7

解： 将每位学生 A 套试卷的得分与 B 套试卷得分相减，得到差值 d 列。且有：

$$\bar{d} = \frac{\sum_{i=1}^{n} d_i}{n} = \frac{72}{15} = 4.8 \qquad s_d = \sqrt{\frac{\sum_{i=1}^{n_d}(d_i - \bar{d})^2}{n-1}} = 4.46$$

对于显著性水平 $\alpha = 0.05$，查 t 分布表得 $t_{\alpha/2}(n-1) = t_{0.025}(15-1) = 2.1448$，由式（5.24）得两套试卷平均得分之差 $\mu_d = \mu_1 - \mu_2$ 的 95%置信区间为：

$$\bar{d} \pm t_{\frac{\alpha}{2}}(n-1)\frac{s_d}{\sqrt{n}} = 4.8 \pm 2.1448 \times \frac{4.46}{\sqrt{15}} = 4.8 \pm 2.47$$

即 (2.33, 7.27)，两套试卷平均得分之差 95%的置信区间为 2.33～7.27。

5.3.2   两个总体比率差的区间估计

有时候我们需要对两个总体的比率进行比较。例如，对两个专业计算机等级考试通过率的比较，对某电视节目的收视率在城乡之间的对比等。这可以通过建立两个总体比率差的置信区间来解决。

根据抽样分布的知识可知，两个样本比率差 $(p_1 - p_2)$ 的抽样分布服从正态分布，将其标准化，则有：

$$z = \frac{(p_1 - p_2) - (\pi_1 - \pi_2)}{\sqrt{\dfrac{\pi_1(1-\pi_1)}{n_1} + \dfrac{\pi_2(1-\pi_2)}{n_2}}} \sim N(0,1) \tag{5.25}$$

一般地，π_1 和 π_2 都是未知的，通常用样本比率 p_1 和 p_2 来代替。于是，根据正态分布建立的两个总体比率差 $(\pi_1 - \pi_2)$ 在 $1-\alpha$ 置信水平下的置信区间为：

$$(p_1 - p_2) \pm z_{\frac{\alpha}{2}} \sqrt{\frac{p_1(1-p_1)}{n_1} + \frac{p_2(1-p_2)}{n_2}} \tag{5.26}$$

【例 5.10】 某高校在一次计算机二级考试通过率调查中，在经济学专业随机调查了 100 人，有 80% 的学生通过考试；在工商管理专业随机调查了 120 人，有 90% 的学生通过考试。试以 95% 的置信水平估计经济学专业与工商管理专业通过率之差的置信区间。

解： 已知 $n_1 = 100$，$n_2 = 120$，$p_1 = 80\%$，$p_2 = 90\%$。

对于显著性水平 $\alpha = 0.05$，查标准正态分布表得 $z_{\frac{\alpha}{2}} = z_{0.025} = 1.96$，由式（5.26）得两个专业计算机二级考试通过率之差 $(\pi_1 - \pi_2)$ 的 95% 置信区间为：

$$
\begin{aligned}
&(p_1 - p_2) \pm z_{\frac{\alpha}{2}} \sqrt{\frac{p_1(1-p_1)}{n_1} + \frac{p_2(1-p_2)}{n_2}} \\
&= (80\% - 90\%) \pm 1.96 \times \sqrt{\frac{80\%(1-80\%)}{100} + \frac{90\%(1-90\%)}{120}} \\
&= -10\% \pm 9.5\%
\end{aligned}
$$

即 $(-19.5\%, -0.5\%)$，经济学专业与工商管理专业计算机二级考试通过率之差 95% 的置信区间为 $-19.5\% \sim -0.5\%$。

5.3.3　两个总体方差比的区间估计

在实际中，我们经常会遇到这样的比较问题：两个地区居民收入分配差异程度、两种不同方法生产的产品性能的稳定性、两个班级考试成绩的悬殊程度，等等。这就是我们将要介绍的两个总体方差比的区间估计。

由于两个样本方差比的抽样分布服从 F 分布。即有：

$$\frac{s_1^2 / s_2^2}{\sigma_1^2 / \sigma_2^2} \sim F(n_1 - 1, n_2 - 1) \tag{5.27}$$

因此用 F 分布来构造两个总体方差比 $\dfrac{\sigma_1^2}{\sigma_2^2}$ 的置信区间，如图 5.3 所示。

由图 5.3，根据 F 分布的定义，可有：

$$P\left\{ F_{1-\frac{\alpha}{2}}(n_1-1, n_2-1) < \frac{s_1^2 / s_2^2}{\sigma_1^2 / \sigma_2^2} < F_{\frac{\alpha}{2}}(n_1-1, n_2-1) \right\} = 1-\alpha \tag{5.28}$$

即

$$P\left\{ \frac{s_1^2 / s_2^2}{F_{\frac{\alpha}{2}}(n_1-1, n_2-1)} < \frac{\sigma_1^2}{\sigma_2^2} < \frac{s_1^2 / s_2^2}{F_{1-\frac{\alpha}{2}}(n_1-1, n_2-1)} \right\} = 1-\alpha \tag{5.29}$$

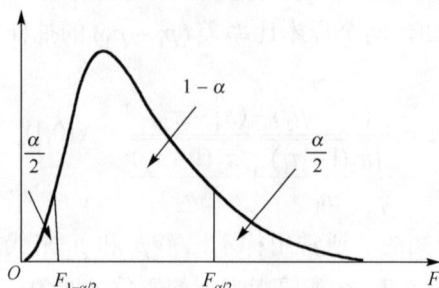

图 5.3　方差比置信区间示意图

于是得到总体方差比 $\dfrac{\sigma_1^2}{\sigma_2^2}$ 在 $1-\alpha$ 置信水平下的置信区间为：

$$\left(\frac{s_1^2/s_2^2}{F_{\frac{\alpha}{2}}(n_1-1,n_2-1)}, \frac{s_1^2/s_2^2}{F_{1-\frac{\alpha}{2}}(n_1-1,n_2-1)} \right) \tag{5.30}$$

式中，(n_1-1) 为 F 分布的第一自由度，(n_2-1) 为 F 分布的第二自由度，$F_{\frac{\alpha}{2}}(n_1-1,n_2-1)$ 和 $F_{1-\frac{\alpha}{2}}(n_1-1,n_2-1)$ 是 F 分布中上侧面积为 $\dfrac{\alpha}{2}$ 和 $1-\dfrac{\alpha}{2}$ 时的 F 值，该值可以通过 F 分布表查得。

【例 5.11】 为了研究男女中学生体重的差异，在某中学各随机抽取 25 名男学生和 16 名女学生，测得他们的平均体重分别为 56kg 和 50kg，样本方差分别为 49 和 36。试以 95% 的置信水平估计男女学生体重方差比的置信区间。

解：已知 $n_1=25$，$n_2=16$，$\bar{x}_1=56$，$\bar{x}_2=50$，$s_1^2=49$，$s_2^2=36$。

对于显著性水平 $\alpha=0.05$，查 F 分布表得 $F_{\frac{\alpha}{2}}(n_1-1,n_2-1)=F_{0.025}(24,15)=2.70$，根据 F 分布的性质得：

$$F_{1-\frac{\alpha}{2}}(n_1-1,n_2-1)=F_{0.975}(24,15)=\frac{1}{F_{0.025}(15,24)}=\frac{1}{2.44}=0.4098$$

由式 (5.30) 得男女学生体重方差比的 95% 置信区间为：

$$\left(\frac{s_1^2/s_2^2}{F_{\frac{\alpha}{2}}(n_1-1,n_2-1)}, \frac{s_1^2/s_2^2}{F_{1-\frac{\alpha}{2}}(n_1-1,n_2-1)} \right) = \left(\frac{49/36}{2.7}, \frac{49/36}{0.4098} \right) = (0.50,3.32)$$

即男女学生体重方差比的 95% 置信区间为 0.50～3.32。

在具体应用时，若 $\dfrac{\sigma_1^2}{\sigma_2^2}$ 置信上限小于 1，则可以认为 $\sigma_1^2<\sigma_2^2$，即总体 1 的波动性较小；若 $\dfrac{\sigma_1^2}{\sigma_2^2}$ 置信下限大于 1，则可以认为 $\sigma_1^2>\sigma_2^2$，即总体 2 的波动性较小。若置信区间包含 1，则认为 σ_1^2 与 σ_2^2 两者无显著区别。

5.4　样本量的确定

5.4.1　确定样本量的一般问题

在前面的参数估计中，我们都假定样本量是已知的，在给定了置信水平 $1-\alpha$ 的情况下来估计总体参数的置信区间。但是在实际问题研究中，样本量并不是给定的，需要根据要求来确定。样本量的确定到底受到哪些因素的影响？我们该如何确定样本量呢？

以正态总体均值的置信区间估计为例来说明样本量的确定问题。

在显著性水平 $1-\alpha$ 下，总体均值 μ 的置信区间为 $\bar{x} \pm z_{\frac{\alpha}{2}} \frac{\sigma}{\sqrt{n}}$，其区间长度为 $2z_{\frac{\alpha}{2}} \frac{\sigma}{\sqrt{n}}$。我们将 $z_{\frac{\alpha}{2}} \frac{\sigma}{\sqrt{n}}$ 称为允许误差，表示在一定的置信水平下，用样本均值去估计总体均值时允许产生的最大绝对误差，用符号 Δ 表示。允许误差 Δ、置信系数 $z_{\alpha/2}$、总体标准差和样本量之间存在如下关系：

$$\Delta = z_{\frac{\alpha}{2}} \frac{\sigma}{\sqrt{n}} \tag{5.31}$$

由式 (5.31)，有

$$n = \frac{z_{\frac{\alpha}{2}}^2 \sigma^2}{\Delta^2} \tag{5.32}$$

由式 (5.32) 可知：样本量与置信系数的平方成正比，置信水平要求越高，需要抽取的样本量越大；样本量与总体方差成正比，总体的离散程度越大，需要抽取的样本量越大；样本量与允许误差的平方成反比关系，允许误差越大，需要抽取的样本量越小。

在实际中，样本量的确定还受到其他因素的影响，比如，调查费用和工作量，因此在确定合适的样本量时需要权衡各种因素。

值得注意的是，在样本量计算中，其结果可能会带有小数，通常的做法是向上取整。

5.4.2   估计总体均值时样本量的确定

1. 单个总体的情形

在单个总体情形下估计总体均值，样本量的确定可直接参考式 (5.32)。若总体方差 σ^2 未知，可采用经验值代替，也可以用试验调查的方法，选择一个初始样本，以该样本的样本方差作为 σ^2 的估计值。

【例 5.12】 某地区居民家庭的月平均收入服从正态分布，标准差为 300 元，现要对该地区居民家庭的月平均收入进行估计。要求置信水平达到 95%，允许误差不超过 20 元，则应至少抽取多少样本居民户？

解： 已知 $\sigma = 300$ 元，$\Delta = 20$ 元。

由 $\alpha = 0.05$，查标准正态分布表得 $z_{\frac{\alpha}{2}} = z_{0.025} = 1.96$。由式 (5.32) 得：

$$n = \frac{z_{\frac{\alpha}{2}}^2 \sigma^2}{\Delta^2} = \frac{1.96^2 \times 300^2}{20^2} = 864.36 \approx 865 \text{（户）}$$

即应至少抽取 865 户作为样本进行调查。

2. 两个总体的情形

在估计两个总体均值差时，样本量的确定方法与单个总体的情形类似，此时设定 $n_1 = n_2 = n$。对于给定的允许误差和置信水平，估计两个总体均值差所需的样本量与允许误差和置信系数之间的关系为：

$$\Delta = z_{\frac{\alpha}{2}} \sqrt{\frac{\sigma_1^2}{n} + \frac{\sigma_2^2}{n}} \tag{5.33}$$

则有

$$n_1 = n_2 = n = \frac{z_{\frac{\alpha}{2}}^2 (\sigma_1^2 + \sigma_2^2)}{\Delta^2} \tag{5.34}$$

式中，n_1 和 n_2 是从两个总体中抽取的样本量；σ_1^2 和 σ_2^2 为两个总体的方差。

【例 5.13】 假定两个总体的方差分别为 $\sigma_1^2 = 100$，$\sigma_2^2 = 144$，若要求允许误差不超过 6，置信水平达到 99%，假定从两个总体中抽取的样本量 $n_1 = n_2$，那么估计两个总体均值差 $(\mu_1 - \mu_2)$ 时所需的样本量至少为多大？

解：已知 $\sigma_1^2 = 100$，$\sigma_2^2 = 144$，$\Delta = 6$。

由 $\alpha = 0.01$，查标准正态分布表得 $z_{\frac{\alpha}{2}} = z_{0.005} = 2.58$。由式（5.34）得：

$$n_1 = n_2 = n = \frac{z_{\frac{\alpha}{2}}^2 (\sigma_1^2 + \sigma_2^2)}{\Delta^2} = \frac{2.58^2(100 + 144)}{6^2} = 45.12 \approx 46$$

即所需样本量至少应为 $n_1 = 46$，$n_2 = 46$。

5.4.3　估计总体比率时样本量的确定

1. 单个总体的情形

与估计总体均值时样本量的确定方法类似，在单个总体情形下，估计总体比率的允许误差、置信水平与估计总体比率所需的样本量之间的关系为：

$$\Delta = z_{\frac{\alpha}{2}} \sqrt{\frac{\pi(1 - \pi)}{n}} \tag{5.35}$$

则有

$$n = \frac{z_{\frac{\alpha}{2}}^2 \pi(1 - \pi)}{\Delta^2} \tag{5.36}$$

式中，置信水平、允许误差都是事先确定的，如果能知道 π 的具体数值，就可以利用上面的公式计算所需的样本量。然而，在实际中，π 值通常是未知的，此时有两个解决方法：一个是用 π 的经验值代替；另一个是取 $\pi = 0.5$，从而得到最保守估计时所需要的样本量。

【例 5.14】 根据以往的经验可知，某中学的高三学生近视率为 90%，现要求 99% 的置信水平下保证估计时的允许误差不超过 5%，应抽取多少学生作为样本？

解：已知 $\pi = 90\%$，$\Delta = 5\%$。

由 $\alpha = 0.01$，查标准正态分布表得 $z_{\frac{\alpha}{2}} = z_{0.005} = 2.58$。由式（5.36）得：

$$n = \frac{z_{\frac{\alpha}{2}}^2 \pi(1 - \pi)}{\Delta^2} = \frac{2.58^2 \times 0.9 \times 0.1}{0.05^2} = 239.63 \approx 240$$

即应至少抽取 240 名学生作为样本。

2. 两个总体的情形

与两个总体均值差估计所需样本量的确定类似，在给定允许误差、置信水平的情况下，估计两个总体比率差所需的样本量为：

$$n_1 = n_2 = n = \frac{z_{\frac{\alpha}{2}}^2(\pi_1(1-\pi_1) + \pi(1-\pi_2))}{\Delta^2} \tag{5.37}$$

式中，n_1 和 n_2 是从两个总体中抽取的样本量，π_1 和 π_2 为两个总体的比率。

【**例 5.15**】 对两个地区某电视节目收视率之差进行估计，若要求允许误差不超过 6%，置信水平达到 95%，假定 $n_1 = n_2$，从两个地区居民中抽取样本量估计两个地区该电视节目收视率之差 $(\pi_1 - \pi_2)$ 时所需的样本量至少为多大？

解： 已知 $\Delta = 4\%$。

由 $\alpha = 0.05$，查标准正态分布表得 $z_{\frac{\alpha}{2}} = z_{0.025} = 1.96$，取 $\pi_1 = \pi_2 = 0.5$。由式 (5.37) 得：

$$
\begin{aligned}
n_1 = n_2 = n &= \frac{z_{\frac{\alpha}{2}}^2(\pi_1(1-\pi_1) + \pi(1-\pi_2))}{\Delta^2} \\
&= \frac{1.96^2(0.5 \times 0.5 + 0.5 \times 0.5)}{0.06^2} = 533.56 \approx 534
\end{aligned}
$$

即所需样本量至少应为 $n_1 = 534$，$n_2 = 534$。

本 章 小 结

1. 点估计是指用样本估计量直接作为总体参数的估计，评价一个点估计量优劣的标准主要有无偏性、有效性和一致性。

2. 区间估计则是在点估计的基础上，给出一定置信水平的估计区间。对于一个总体，其参数主要有总体均值 μ、总体比率 π 和总体方差 σ^2；对于两个总体，其参数主要有两个总体均值差 $(\mu_1 - \mu_2)$、两个总体比率差 $(\pi_1 - \pi_2)$ 和两个总体方差比 $\frac{\sigma_1^2}{\sigma_2^2}$。

3. 对于一个总体参数的区间估计，有关总体均值的置信区间分大样本和小样本两种情形，分别予以介绍；对于总体比率的置信区间估计，只讨论了大样本情况；对于总体方差的区间估计，只针对正态总体、均值 μ 未知的情况进行了介绍。

4. 对于两个总体参数的区间估计，分独立样本和匹配样本两种情形对总体均值差的区间估计进行介绍，还介绍了两个总体比率差和两个总体方差比的区间估计。

5. 在进行区间估计时，通常需要确定样本量，本章还介绍了确定样本量一般需要考虑哪些因素，并给出总体均值和总体比率区间估计中样本量的确定公式。

案 例 实 验

某大型连锁超市是否会开设新分店

某大型连锁超市经调查了解到，某市某片区居民量大，并且目前还有一个大型的居民小区在开发建设中，在该片区开设超市有利可图。据调查，该片区附近已经有两家中小型超市，顾客的购买力比较强。现随机调查了该片区两家超市的 100 位顾客，登记其购买金额如表 5.4 所示。

表 5.4   100 位顾客购买金额   单位：元

50	120	15	30	58	58	42	148	269	178
58	48	46	55	73	147	163	67	147	59
126	96	59	69	129	95	284	234	68	37
68	102	68	87	15	189	139	196	94	99
75	115	84	146	66	14	58	58	156	149
120	178	108	95	173	91	69	69	94	157
103	230	254	289	268	224	75	78	76	63
98	136	149	305	108	158	138	158	138	84
72	48	270	176	76	67	46	136	70	92
85	55	78	36	64	39	88	73	48	102

一、问题提出

某大型连锁超市经调查了解到，某市某片区居民量大，并且目前还有一个大型的居民小区在开发建设中，在该片区开设超市有利可图。据调查，该片区附近已经有两家中小型超市，顾客的购买力比较强。现随机调查了该片区两家超市的 100 位顾客，登记下他们的购买金额，决策者需要根据样本顾客购买金额大小，估计顾客平均购买金额的置信区间，并根据这个区间及区间的可能性来决定是否在该片区开设分店。

二、教学目的

通过此案例，促使学生借助相应统计软件作为计算分析工具，比较全面地运用参数估计的基本理论和方法研究实际问题，使学生在以下几个方面受到训练：

(1)利用抽样原理，计算样本的平均购买金额及标准差(提示：计算 100 个样本单位的均值和标准差)；

(2)利用区间估计的基本原理和方法计算该片区居民在超市平均购买金额的置信区间，要求置信水平达到 95%。

三、主要分析过程(一)

实验所用软件：SPSS。

将数据录入 SPSS，命名为变量 monetary。经"Analyze"→"Descriptive statistics"→"Explore"菜单，进入"Explore"对话框。选入"monetary"，单击"OK"按钮，如图 5.4 所示。

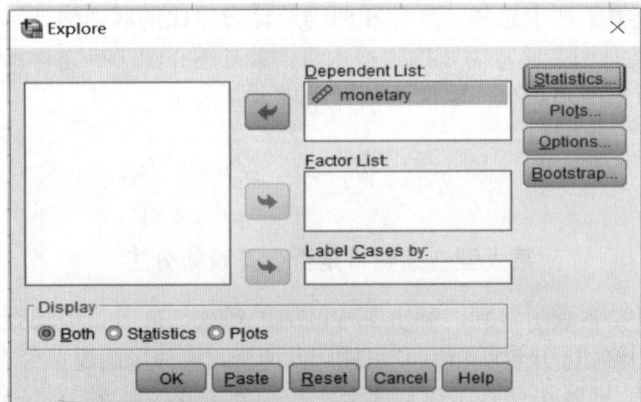

图 5.4   区间功能选择

如需调整置信度水平，可在"Explore"对话框单击"Statistics"按钮，进入对话框输入置信水平。默认值为95%，如图5.5所示。

输出结果中的描述性统计表给出了均值等信息，也给出了置信水平95%的置信区间，如图5.6所示。

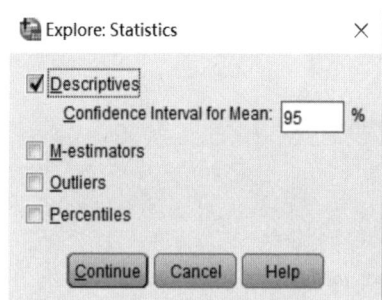

Descriptives

			Statistic	Std. Error
monetary	Mean		110.1300	6.63758
	95% Confidence Interval for Mean	Lower Bound	96.9596	
		Upper Bound	123.3004	
	5% Trimmed Mean		105.4000	
	Median		91.5000	
	Variance		4405.751	
	Std. Deviation		66.37583	
	Minimum		14.00	
	Maximum		305.00	
	Range		291.00	
	Interquartile Range		82.50	
	Skewness		1.161	.241
	Kurtosis		.863	.478

图 5.5　置信水平确定　　　　　　　　图 5.6　区间估计计算结果

四、主要分析过程（二）

实验所用软件：R。

1. 录入数据。

```
supermaket <- data.frame(monenary=numeric(2))
supermaket <- edit(supermaket)
```

数据录入窗口如图5.7所示。

图 5.7　R 数据录入窗口

2．计算样本的均值和标准差。结果如图 5.8 所示。

```
> mean <- mean(monenary)  #求均值
> sd<- sd(monenary)  #求标准差
> mean <- mean(monenary)  #求均值
> sd<- sd(monenary)       #标准差
> mean
[1] 110.46
> sd
[1] 66.25119
```

图 5.8　均值和标准差计算结果

3．区间估计。结果如图 5.9 所示。

```
t.test(monenary,level=0.95)  #求置信区间
```

```
            One Sample t-test

data:  monenary
t = 16.673, df = 99, p-value < 2.2e-16
alternative hypothesis: true mean is not equal to 0
95 percent confidence interval:
  97.31433 123.60567
sample estimates:
mean of x
   110.46
```

图 5.9　区间估计计算结果

4．完整代码，如图 5.10 所示。

```
1  supermaket <- data.frame(monenary=numeric(2))#创建一个名为supermaket的数据框，它含变量monetary(购买金额)
2  supermaket <- edit(supermaket) #调用文本编辑器来输入数据
3  supermaket #查看supermaket数据框中的数据
4  monenary <- supermaket$monenary #将supermaket数据框中变量monenary的数据赋值给monenary
5  mean <- mean(monenary) #求均值
6  sd<- sd(monenary)      #求标准差
7  t.test(monenary,level=0.95) #求置信区间
8
```

图 5.10　完整代码

思　考　题

1．什么是点估计与区间估计？
2．什么是估计量与估计值？
3．评价点估计量优良性的标准有哪些？
4．解释置信水平与显著性水平的含义。
5．解释区间估计中可靠程度与精确程度之间的关系。
6．在参数估计中，确定必要样本量时应考虑哪些因素？样本量与这些因素之间有什么关系？

练　习　题

1．设 x_1, x_2 是取自总体 $X \sim N(\mu,1)$ 的样本量为 2 的一个样本，试验证下列三个估计量是

否是 μ 的无偏估计量，并进一步比较其有效性。

$$\hat{\mu}_1 = \frac{1}{3}x_1 + \frac{2}{3}x_2, \quad \hat{\mu}_2 = \frac{3}{4}x_1 + \frac{1}{4}x_2, \quad \hat{\mu}_3 = \frac{1}{2}x_1 + \frac{1}{2}x_2$$

2. 某种材料的抗压强度的方差为 1.19^2，为检测该种材料的抗压强度，现随机抽取了一个容量为 100 的样本，测得样本均值 $\bar{x} = 6.35$，试在 95% 的置信度水平下，求该材料抗压强度均值 μ 的置信区间。

3. 已知某包装规格的袋装白糖重量服从正态分布，商场为检测本月购进的白糖重量，随机抽取了 9 袋，测得 $\bar{x} = 300$ 克，$s = 6$ 克，试求该规格白糖重量的 99% 置信区间。

4. 某地对头一年栽种的果树进行调查，随机抽查的 300 株树苗中有 210 株成活，试以 95% 的置信水平估计该批树苗成活率的置信区间。

5. 某超市想要估计每位顾客的平均购物金额，在一周内选取 49 名顾客进行统计。

(1) 根据以往经验，顾客购物金额的标准差为 21 元，计算样本均值的抽样标准差。

(2) 在 95% 和 99% 的置信水平下，计算估计误差。

(3) 已知样本均值为 150 元，求总体均值 μ 的 95% 和 99% 的置信区间。

6. 某大学为了解学生每天锻炼的时间，在全校 15 000 名学生中采取简单随机重复抽样方法抽取 36 人，调查他们每天锻炼的时间（单位：小时）分别是：

1.3	1.1	2.2	2.8	1.3	2.1	2.4	2.5	1.2
2.4	1.0	2.4	0.6	2.4	0.8	1.5	2.3	0.3
0.1	0.9	1.2	2.1	1.3	1.2	1.6	0.8	1.5
2.7	1.4	1.2	1.9	1.5	2.0	0.5	1.6	1.5

要求：估计该校大学生平均锻炼时间的置信区间，置信水平分别为 90%、95% 和 99%。

7. 某公司为研究员工从家里到公司上班的距离，抽取了由 16 人组成的一个简单随机样本，他们从家里到公司上班的距离（单位：km）分别是：

15　3　12　10　9　6　11　9　8　6　9　11　8　15　11　1

假定总体服从正态分布，求员工从家里到公司上班平均距离的 99% 的置信区间。

8. 利用下面的信息，构建总体均值的置信区间。

(1) 总体服从正态分布，$\sigma = 100$，$n = 9$，$\bar{x} = 5000$，置信水平为 95%。

(2) 总体不服从正态分布，$\sigma = 100$，$n = 36$，$\bar{x} = 5000$，置信水平为 95%。

(3) 总体不服从正态分布，σ 未知，$n = 36$，$\bar{x} = 5000$，$s = 100$，置信水平为 95%。

(4) 总体不服从正态分布，σ 未知，$n = 36$，$\bar{x} = 5000$，$s = 100$，置信水平为 99%。

9. 某食品加工企业生产的袋装方便面采用自动打包机包装，每袋标准重量为 100g。现从某天生产的一批袋装方便面中随机抽取 50 包进行检验，测得每包重量如表 5.5 所示。

表 5.5　方便面重量

每包重量(g)	96～98	98～100	100～102	102～104	104～106	合计
包数	2	4	36	5	3	50

已知方便面重量服从正态分布，要求：

(1) 确定方便面平均重量的 95% 的置信区间。

(2)如果规定方便面重量低于 100g 属于不合格，确定该批方便面合格率的 95%的置信区间。

10．根据下面的样本结果，计算总体方差 σ^2 的 95%的置信区间。

(1) $\bar{x}=20$，$s^2=4$，$n=30$

(2) $\bar{x}=2$，$s^2=0.01$，$n=20$

(3) $\bar{x}=150$，$s^2=900$，$n=25$

11．顾客到银行办理业务时往往需要等待一段时间，而等待时间的长短受诸多因素的影响，比如，办理业务的窗口数量、业务员办理业务的速度、顾客等待排队的方式等。研究者准备对两种排队方式进行试验，第一种排队方式是所有顾客都进入一个等待队列；第二种排队方式是顾客在四个业务窗口列队四排等待。为比较哪种排队方式使顾客等待的时间更短，研究者各随机抽取 9 名顾客，他们在办理业务时等待的时间(单位：分钟)如下。

方式 1：5.3　5.4　5.7　5.8　6.1　6.3　6.4　6.7　6.7

方式 2：3.2　4.4　4.8　5.2　5.7　6.7　6.7　7.5　8.3

要求：

(1)构建第一种排队方式等待时间方差的 90%的置信区间。

(2)构建第二种排队方式等待时间方差的 90%的置信区间。

(3)根据(1)和(2)的结果，判断哪种排队方式更好。

12．从两个正态总体中分别抽取两个独立的随机样本，它们的均值和方差如表 5.6 所示。

表 5.6　两个样本的均值和方差

来自总体 1 的样本	来自总体 2 的样本
$\bar{x}_1=20$	$\bar{x}_2=18$
$s_1^2=9$	$s_2^2=16$

要求：

(1)设 $n_1=100$，$n_2=100$，构建 $\mu_1-\mu_2$ 的 95%的置信区间。

(2)设 $n_1=10$，$n_2=20$，$\sigma_1^2=\sigma_2^2$，构建 $\mu_1-\mu_2$ 的 95%的置信区间。

13．某市教育委员会想估计两所中学的初中学生中考时的物理平均分数之差，为此在两所普通中学独立地抽取两个随机样本，有关数据如表 5.7 所示。要求：根据测试结果估计两所中学中考物理平均分数之差 95%的置信区间。

表 5.7　两个样本的有关数据

中　学　1	中　学　2
$n_1=46$	$n_2=33$
$\bar{x}_1=86$	$\bar{x}_2=78$
$s_1=5.8$	$s_2=7.2$

14．从两个总体中各抽取一个样本量为 $n_1=n_2=300$ 的独立随机样本，两个样本比率分别为 40%和 30%，试构造两个总体比率差 $(\pi_1-\pi_2)$ 的 95%的置信区间。

15．某机构对随机抽取的 10 名小学生采用 A、B 两套试卷测试智力，结果如表 5.8 所示。假定两套试卷测试成绩差服从正态分布。

表 5.8　10 名小学生两套试卷的得分

学 生 编 号	试 卷 A	试 卷 B
1	91	89
2	77	67
3	86	87
4	80	69
5	76	79
6	86	82
7	92	86
8	84	82
9	79	75
10	90	84

要求：

(1)计算各学生两套试卷测试成绩之差的均值 $\bar{d}$ 和标准差 s_d。

(2)建立两套试卷测试成绩差的置信区间。置信水平为 95%。

16．为了研究男女大学生在校生活费(单位：元)支出上的差异，随机抽查了某大学 25 名男学生和 25 名女学生，得到结果如下。

男学生：$\bar{x}_1 = 520$，$s_1^2 = 260$

女学生：$\bar{x}_2 = 480$，$s_2^2 = 280$

试以 95% 的置信水平估计男女学生生活费支出方差比 $\dfrac{\sigma_1^2}{\sigma_2^2}$ 的置信区间。

17．表 5.9 是由 4 对观察值组成的随机样本。

表 5.9　两个样本的观察值

配 对 号	来自总体 A 的样本	来自总体 B 的样本
1	4	2
2	8	10
3	10	7
4	7	6

要求：

(1)计算 A 和 B 各对观察值之差，并计算 $\bar{d}$ 和 s_d。

(2)设 μ_1 和 μ_2 分别为总体 A 和总体 B 的均值，构建 $\mu_1 - \mu_2$ 的 99% 的置信区间。

18．从甲乙两个城市各随机抽取 300 个居民户，调查他们是否收看某个电视节目，其中甲城市中有 210 个居民户收看该节目，乙城市中有 180 个居民户收看该节目，求两个城市居民户收看该电视节目的比率之差的 95% 和 99% 的置信区间。

19．生产设备的产品质量方差是设备质量的一个重要度量，当方差较大时，说明设备生产不稳定。表 5.10 是两台设备生产的零件尺寸(单位：cm)的数据。要求：构建两台设备生产的零件尺寸的方差比 $\dfrac{\sigma_1^2}{\sigma_2^2}$ 的 95% 的置信区间。

20．根据以往的生产数据，某企业生产的灯管的废品率为 2%。如果要求废品率 95% 的置信区间，估计误差不超过 5%，应抽取多大的样本量做调查？

21. 设大学生男生身高 (cm) 服从 $X \sim N(\mu,16)$，现要对男性大学生身高的平均值做区间估计，若要使其平均身高的 95% 置信区间估计的允许误差不超过 0.6cm，则至少需抽取多少名学生进行调查？

表 5.10　两台设备生产的零件尺寸

设 备 1			设 备 2		
3.00	2.99	2.97	3.15	3.20	3.12
3.01	2.97	3.03	3.00	3.02	3.10
3.10	3.00	3.00	3.01	3.00	3.00
3.05	3.01	3.01	3.02	2.96	2.94
2.99	3.02	2.95	2.99	2.96	2.90
2.98	3.11	2.98	2.98	2.99	3.15

22. 某冷藏库需要通过抽样调查来检测库存的一批鸡蛋是否已变质，根据以往资料，鸡蛋的变质率分别为 53%、49% 和 48%，则在允许误差不超过 3%、置信度为 95% 的情况下应抽取多少鸡蛋进行检测？

实　训　题

质检员如何检测灯管寿命

质量检测员定期将对灯管的质量进行检测，估计每批灯管寿命的置信区间，并写出检测报告。在检测过程中，质检员通过随机抽样方式抽取一定的灯管，并检测其寿命，表 5.11 中的数据是质检员在最近一个月生产的灯管中抽取的 16 支灯管寿命分布情况，在检测过程中还发现其中有 2 支灯管出现破裂，考虑到这种事件会对用户造成危险，要求质检员对这一事件在全部灯管中发生的概率做出估计。

表 5.11　16 支灯管的寿命分布　　　　　　　　　单位：小时

编　　号	灯 管 寿 命	编　　号	灯 管 寿 命
1	3120	9	2890
2	3200	10	2768
3	3460	11	3050
4	3500	12	3420
5	3010	13	3083
6	2680	14	2876
7	2540	15	2890
8	2500	16	2600

问题设计：

1. 分别给出灯管平均寿命 90%、95% 的置信区间，并讨论不同置信区间的含义和不同点。

2. 求灯管出现破裂的比率的置信区间，要求置信水平为 95%。

3. 如果对灯管寿命做区间估计，要求置信水平不低于 95%，允许误差不超过 50 小时，试问需抽取多少样本量进行测试？样本量的确定通常需要考虑哪些因素？

运用 SPSS、R 或 Excel 进行统计计算和分析。

第 6 章　假　设　检　验

案例导入:

无线购物对人们睡前消费频率有明显影响吗？

淘宝数据显示，无线购物已经成为人们的新习惯，睡前消费也成为一种新的购物潮流。在母婴用品方面，妈妈群从凌晨四五点就已经开始使用手机浏览婴幼用品。淘宝数据分析师也评价了越夜越逛的新趋势，从无线端的整体数据来看，在晚上 21 点到 22 点是购物的高峰期；在一天里，人们用手机消费的热情会比用 PC 网购持续得更晚一些，甚至持续到凌晨 1 点左右，形成了"睡前消费"的独特现象。那么，我们是否可以认为无线购物对人们的睡前消费频率有明显的影响呢？

回答这个问题，我们不仅要看有关部门所提供的数据，还可以通过科学的计算和推断来得出结论，这就需要应用本章的知识——假设检验，来解决这个问题。

6.1　假设检验的基本原理

假设检验分为参数假设检验与非参数假设检验。所谓参数假设检验，就是对总体分布函数中的未知参数提出某种假设，然后利用样本信息对所提出的假设进行检验并做出判断。而非参数假设检验则是对总体分布函数形式的假设进行检验。本章主要讨论参数假设检验。

6.1.1　假设检验的基本思想

先看下面的例子：在超市里我们看到某种袋装方便面注明"净含量 100g"之类的标签，但也许顾客亲自测量一下会发现，测量结果并不等于 100g，这是否说明商家产品不合格呢？其实要想得到结论，我们可以利用假设检验的方法来验证。假设顾客进行测量发现样本均值为 99g，那么标签上的承诺是否可信呢？现在，先逆向思考一下这个问题：假设方便面总体的净含量均值确实为 100g，那么从总体中抽出的样本均值应该是怎样的表现形式呢？

假设检验的基本思想就是运用小概率事件原理的反证法，其表现如下：

(1)"小概率事件在现实中是不可能发生的"。小概率是指在一次试验中，一个几乎不可能发生事件的发生概率。在我们设定的原假设"假定方便面净含量为 100g"前提下，如果在一次观察中小概率事件发生了，则认为原假设是不成立的；反之，如果小概率事件没有出现，我们没有理由否定原假设。

(2)采用反证法。要检验某个原假设是否成立，先假定它是正确的，例如，假定方便面净含量为 100g，然后通过抽样，根据样本计算出的统计量信息判断由假设而得到的结果是否合理，从而确定对原假设的拒绝与否。

6.1.2 假设检验的基本概念

1. 原假设与备择假设

在假设检验中，待检验的假设称为原假设，其对立面称为备择假设，即在否定原假设后可供选择的假设。如在上面的例子中，方便面总体的净含量均值为 100g 就是原假设，而它的对立面，即该方便面净含量均值不等于 100g 为备择假设。可以将此原假设和备择假设表示为：

$$H_0 : \mu = 100\text{g}; \quad H_1 : \mu \neq 100\text{g}$$

其中，H_0 表示原假设，H_1 表示备择假设。

原假设与备择假设并不一定完全对称。假设提出有两种情形，一种是双侧检验，例如：$H_0 : \mu = 100\text{g}; \quad H_1 : \mu \neq 100\text{g}$ ；另一种是单侧检验，例如，我们可以设：$H_0 : \mu = 100\text{g}; \quad H_1 : \mu < 100\text{g}$ 。通常将单侧检验又分为左侧检验和右侧检验。以均值检验为例：

(1) 双侧检验：$H_0 : \mu = \mu_0; \quad H_1 : \mu \neq \mu_0$；

(2) 左侧检验：$H_0 : \mu \geq \mu_0; \quad H_1 : \mu < \mu_0$；

(3) 右侧检验：$H_0 : \mu \leq \mu_0; \quad H_1 : \mu > \mu_0$

确定原假设和备择假设在假设检验中十分重要，它直接关系到检验的结论。下面通过几个例子来说明原假设和备择假设的建立方法。

【例 6.1】 某电子元件的生产标准是直径为 0.5cm，为对生产过程进行控制，质量检测人员定期对一台加工设备进行检查，以确定这台设备生产的电子元件是否符合标准要求。如果元件的平均直径大于或小于 0.5cm，则表明生产过程不正常，必须进行调整。试建立用来检验生产过程是否正常的原假设和备择假设。

解：设这台设备生产的所有电子元件平均直径为 μ。如果 $\mu = \mu_0 = 0.5$，表明生产过程正常；如果 $\mu < 0.5$ 或 $\mu > 0.5$，则表明设备的生产过程不正常，研究者要检验这两种可能情况中的任何一种。根据原假设和备择假设的定义，研究者想搜集证据予以证明的假设应该是"生产过程不正常"。于是原假设和备择假设应设定为：

$$H_0 : \mu = 0.5 \quad （生产过程正常）$$
$$H_1 : \mu \neq 0.5 \quad （生产过程不正常）$$

【例 6.2】 某厂家声称，所生产的某品牌零件寿命不低于 4000 小时，经销商在对该零件经销前，有关研究人员想通过抽检其中的一批零件来验证该生产厂家的声称是否属实。试建立用于检验的原假设和备择假设。

解：设该厂家生产的所有零件平均寿命为 μ。如果 $\mu < 4000$，则表明该厂家所声称的零件寿命不低于 4000 小时是不真实的，经销商不会经销该零件。研究者想搜集证据予以证明的假设应该是"零件寿命低于 4000 小时"。于是原假设和备择假设应设定为：

$$H_0 : \mu \geq 4000 \quad （零件寿命符合声称）$$
$$H_1 : \mu < 4000 \quad （零件寿命不符合声称）$$

【例 6.3】 一家研究机构估计，某市大专及以上文化程度的人口所占比重超过 10%。为验证这一估计是否正确，该研究机构随机抽取了一个样本进行检验。试建立用于检验的原假设与备择假设。

解：设该市大专及以上文化程度的人口所占比重为 π。显然，研究者想搜集证据予以支持的假设是"该市大专及以上文化程度的人口所占比重超过 10%"。于是原假设和备择假设应设定为：

$$H_0 : \pi \leqslant 10\% \quad （大专及以上文化程度的人口所占比重不超过10\%）$$

$$H_1 : \pi > 10\% \quad （大专及以上文化程度的人口所占比重超过10\%）$$

通过上面的例子可以看出，原假设与备择假设的确立不是随意的，应该根据待研究问题的具体背景而定。我们将假设建立的几个原则归纳如下：

(1) 原假设和备择假设是相互对立的一个完备事件组。在一项假设检验中，原假设和备择假设必有且只有一个成立。

(2) 原假设处于被保护地位。即将没有充分理由便不能拒绝的命题作为原假设，而将其对立面作为备择假设。

(3) 在建立假设时，通常是先确定备择假设，然后再确定原假设。其理由是备择假设是人们所关心的，想予以支持或证实的，因而比较清楚，容易确定。

(4) 在假设检验中，等号"="总是放在原假设上。比如，假设的总体均值的真值为 μ_0，原假设通常设为 $H_0 : \mu = \mu_0$，$H_0 : \mu \geqslant \mu_0$，$H_0 : \mu \leqslant \mu_0$。而相应的备择假设常设为 $H_0 : \mu \neq \mu_0$，$H_0 : \mu < \mu_0$，$H_0 : \mu > \mu_0$。

(5) 单侧检验中假设的建立比较复杂一些，它需要区别情况采取不同的建立假设方法。在没有其他特殊背景的情况下，一般将已有的、固有的、经验的命题作为原假设，将想要证明成立的命题作为备择假设，这样做可以有效地减小犯第 I 类错误的概率。譬如，例题 6.2 和 6.3 的情形。

2. 检验统计量

检验统计量是根据样本调查结果计算得到的，据以对原假设和备择假设做出判断的统计量。它的选择应由具体研究的问题所定。对于原假设是否合理的判断，实质上是看样本检验统计量的数值是否处在一定概率条件下的正常值范围内。由于不同的检验统计量具有不同的分布形式，因此需要根据所检验问题选择合适正确的检验统计量，并知道它的抽样分布。我们以总体均值和总体比率的检验为例，将其检验统计量的构造表述如下：

$$检验统计量 = \frac{样本统计量 - 被假设参数值}{抽样标准差} \tag{6.1}$$

具体地，如果要检验的总体参数是总体均值 μ，且原假设为 $\mu = \mu_0$，那么，所选择的检验统计量为：

$$检验统计量 z = \frac{\bar{x} - \mu_0}{\sigma / \sqrt{n}} \tag{6.2}$$

3. 两类错误与显著性水平 α

由于假设检验是根据样本统计量的抽样分布对原假设做出取舍判断，而样本是随机的，则判断本身也会出现一定的错误。假设检验中可能发生的错误有两类：

(1) 当原假设 H_0 为真时，拒绝原假设，所犯的错误称为"第 I 类错误"，又称为"弃真错误"。犯第 I 类错误的概率记为 α。

（2）当原假设 H_0 为假时，没有拒绝原假设，所犯的错误称为"第Ⅱ类错误"，又称为"取伪错误"。犯第Ⅱ类错误的概率记为 β。两类错误及其概率如表 6.1 所示。

表 6.1　两类错误及其概率

真实情况	判　断			
	拒绝 H_0	发生概率	不拒绝 H_0	发生概率
H_0 为真	犯第Ⅰ类错误	α	决策正确	
H_0 为假	决策正确		犯第Ⅱ类错误	β

α 越大，就越有可能犯第Ⅰ类错误，即越有可能否定真实的原假设。β 越大，就越有可能犯第Ⅱ类错误，即越有可能接受非真的原假设。在一定样本量下，减小 α 会引起 β 的增大，减小 β 会引起 α 的增大。

通常是在两类错误的发生概率之间进行平衡，以使 α 和 β 控制在能够接受的范围内。一般地，发生哪一类错误的后果更为严重，就应该首要控制哪类错误发生的概率，但由于犯第Ⅰ类错误的概率是可以由研究者控制的，因此在假设检验中，人们常常是先控制犯第Ⅰ类错误的概率 α。

发生第Ⅰ类错误的概率 α 也常被用于检验结论的可靠性度量，也就是通常所说的显著性水平 α。在实际应用中，显著性水平是人们事先给定的一个值，但究竟确定一个多大的显著性水平值合适呢？一般情况下，人们认为犯第Ⅰ类错误的后果更严重一些，因此通常会取一个较小的 α 值。常用的显著性水平有 $\alpha = 0.1$，$\alpha = 0.05$，$\alpha = 0.01$。

4．接受域与拒绝域

在假设检验中，使原假设不能被拒绝的统计量所在区域称为检验的接受域，相反，称为检验拒绝域。实质上，拒绝域是由显著性水平 α 所围成的区域。如果利用样本观测结果计算出来的检验统计量的具体数值落在了拒绝域内，就拒绝原假设，否则就不能拒绝原假设。接受域与拒绝域是互补的关系，即检验统计量的实际值必然落入且只能落入其中一个区域，它们之间的分界线就是临界值。

在给定显著性水平 α 后，可以通过查表得到具体的临界值。将检验统计量的值与临界值进行比较，就可做出拒绝或不拒绝原假设的判断。

值得注意的是，对于不同形式的假设，H_0 的接受域和拒绝域是不同的。双侧检验的接受域为检验统计量分布曲线上两临界值之间的区域，而拒绝域分别位于两端；左侧检验的拒绝域位于接受域的左侧；右侧检验的拒绝域位于接受域的右侧，如图 6.1 所示。

实际中，具体采用哪种假设形式要根据所研究的实际问题来确定。一般来说，如果是只需判断有无显著性差异的情况，则采用双侧检验；如果需要判断参数是否偏大或偏小，则采用左侧或右侧检验。

6.1.3　假设检验的基本步骤

综上所述，我们给出假设检验的基本步骤：

（1）提出原假设 H_0 和备择假设 H_1。

（2）确定检验统计量，并确定该检验统计量的分布形式，然后依据样本信息计算该检验统计量的实际值。确立假设后，要判断是否拒绝原假设应依据检验统计量数值，从概率意义上进行判断。检验统计量也称样本统计量或样本特征值，不同的检验统计量具有不同的分布，具体服从什么分布由许多因素决定，如统计量构造形式、样本是大样本还是小样本、总体方差是否已知等。

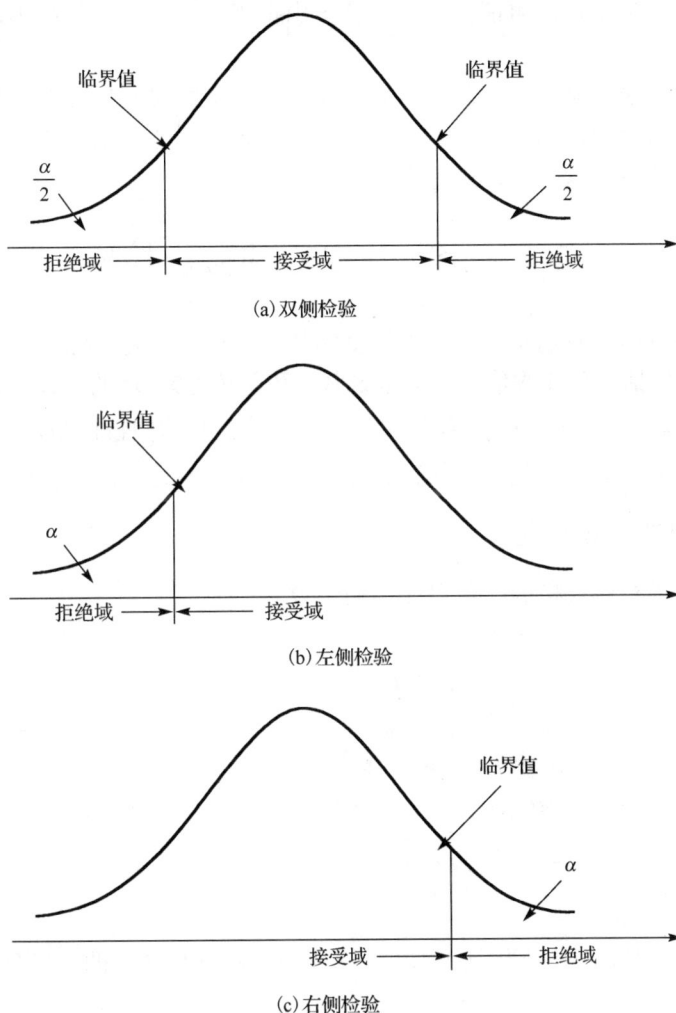

(a) 双侧检验

(b) 左侧检验

(c) 右侧检验

图 6.1 假设检验中 α、临界值、拒绝域与接受域关系示意图

(3) 设定显著性水平 α，确定临界值和拒绝域。在原假设成立的条件下，由被检验的统计量分布及要求的显著性水平 α 求出相应的临界值和拒绝域。

(4) 将检验统计量的实际值与临界值进行比较，做出是否拒绝原假设的决策。如果样本统计量取值落入拒绝域中，就选择拒绝原假设；如果样本统计量取值落入拒绝域外，则不能拒绝原假设，在必要时还应做进一步的检验。

6.1.4 关于 p 值

传统的假设检验步骤是事先确定检验的显著性水平 α，然后明确拒绝域，在检验时只要统计量的值落入拒绝域就拒绝原假设。但这样的检验方法存在一定的弊端，那就是此处的 α 只给出了检验结论可靠性的大致范围，无法给出某一样本观测结果与原假设不一致的精确程度。

相比之下，现代统计检验中常用的 p 值检验较好地弥补了传统检验的不足。它能反映出某一样本的观测结果与原假设不一致的精确程度，是目前判断原假设去留的重要工具。在假设检验中，p 值是在原假设正确的条件下，检验统计量取样本统计量的概率。如果 p 值很小，说明这种样本观测结果出现的可能性很小，有理由拒绝原假设；p 值越小，拒绝原假设的理由就越充分。

利用 p 值进行假设检验的准则是：将 p 值与事先确定的检验显著性水平 α 进行比较，若 $p < \alpha$，说明小概率事件发生，则拒绝原假设；若 $p > \alpha$，说明小概率事件没有发生，则不能拒绝原假设。在现代统计软件中，p 值可由计算机给出。

6.2　一个总体参数的假设检验

通过第一节的讲述，我们掌握了假设检验的基本原理，在此基础上，本节主要讨论单个总体参数的检验，包括有总体均值 μ、总体比率 π 和总体方差 σ^2 的假设检验，涉及的检验统计量主要有 z 统计量、t 统计量和 χ^2 统计量。对于总体参数的假设检验，选择检验统计量时，需要考虑的主要因素包括总体是否服从正态分布、总体方差是否已知、样本容量大小等。

6.2.1　总体均值的假设检验

对总体均值 μ 进行假设检验，可以提出的假设有：

(1) 双侧检验：$H_0 : \mu = \mu_0$;　$H_1 : \mu \neq \mu_0$

(2) 左侧检验：$H_0 : \mu \geqslant \mu_0$;　$H_1 : \mu < \mu_0$

(3) 右侧检验：$H_0 : \mu \leqslant \mu_0$;　$H_1 : \mu > \mu_0$

上述三种假设，关键是求出 H_0 的拒绝域。

在检验时，采用什么检验统计量取决于所抽取的样本是大样本还是小样本，同时还需考虑总体是否服从正态分布、总体方差是否已知等因素。

1. 大样本情形

当样本为大样本时，无论总体是否服从正态分布，样本均值 $\bar{x}$ 的抽样分布均为正态分布，其数学期望为总体均值 μ，方差为 $\dfrac{\sigma^2}{n}$，其中 σ^2 为总体方差。此时，总体均值检验统计量为：

$$z = \frac{\bar{x} - \mu_0}{\sigma / \sqrt{n}} \sim N(0,1) \tag{6.3}$$

当总体方差 σ^2 未知时，可以用样本方差 s^2 来代替，此时总体均值检验统计量为：

$$z = \frac{\bar{x} - \mu_0}{s / \sqrt{n}} \sim N(0,1) \tag{6.4}$$

根据检验统计量计算公式计算检验统计量样本值 z，设显著性水平为 α，查标准正态分布表，可以进行判断：

(1) 在双侧检验中，如果 $|z| \geqslant z_{\alpha/2}$，则拒绝原假设 H_0；反之，则不能拒绝原假设 H_0。

(2) 在左侧检验中，如果 $z < -z_{\alpha}$，则拒绝原假设 H_0；反之，则不能拒绝原假设 H_0。

(3) 在右侧检验中，如果 $z > z_{\alpha}$，则拒绝原假设 H_0；反之，则不能拒绝原假设 H_0。

在上述的假设检验中都使用了 z 统计量，我们称这样的检验为 z 检验，如表 6.2 所示。

表 6.2　一个总体均值的假设检验（大样本情形）

假　　　设	双 侧 检 验	左 侧 检 验	右 侧 检 验
假设形式	$H_0 : \mu = \mu_0$ $H_1 : \mu \neq \mu_0$	$H_0 : \mu \geqslant \mu_0$ $H_1 : \mu < \mu_0$	$H_0 : \mu \leqslant \mu_0$ $H_1 : \mu > \mu_0$
统计量	σ 已知	$z = \dfrac{\bar{x} - \mu_0}{\sigma / \sqrt{n}}$	
	σ 未知	$z = \dfrac{\bar{x} - \mu_0}{s / \sqrt{n}}$	
拒绝域	$\lvert z \rvert > z_{\alpha/2}$	$z < -z_\alpha$	$z > z_\alpha$
p 值决策	$p < \alpha$ 拒绝 H_0		

【例 6.4】　某包装车间用一台包装机包装食盐，已知袋装食盐的净重量服从正态分布，且当机器正常时，其均值为 0.5 千克，标准差为 0.005 千克。某日开工后要检验包装机是否正常运行，随机抽取了 36 袋，称得净重量（千克）如下：

0.488	0.497	0.506	0.497	0.494	0.497	0.501	0.498	0.500
0.492	0.500	0.503	0.502	0.493	0.500	0.502	0.493	0.498
0.504	0.499	0.501	0.497	0.508	0.493	0.500	0.501	0.500
0.490	0.493	0.499	0.507	0.490	0.502	0.505	0.500	0.504

要求：验证机器是否处于正常运行状态。设 $\alpha = 0.05$。

解： 这里所关心的是食盐的重量是否符合要求，也就是 μ 是否为 0.5 千克。大于或小于 0.5 千克都不符合要求，因而属于双侧检验问题。提出的原假设和备择假设为：

$$H_0 : \mu = 0.5 ; \quad H_1 : \mu \neq 0.5$$

已知该总体服从正态分布，且方差已知，故可采用 z 检验。

由题中样本数据及已知条件得到：

$$\bar{x} = 0.4987 , \quad \mu_0 = 0.5 , \quad \sigma = 0.005 , \quad n = 36 , \quad \alpha = 0.05 , \quad z_{\alpha/2} = 1.96$$

计算检验统计量的具体数值，即

$$\lvert z \rvert = \left| \frac{\bar{x} - \mu_0}{\sigma / \sqrt{n}} \right| = \left| \frac{0.4987 - 0.5}{0.005 / \sqrt{36}} \right| \approx 1.56 < z_{\alpha/2} = 1.96$$

因此，不能拒绝原假设 H_0，即不能认为包装机运行不正常。

【例 6.5】　某灯泡厂生产的白炽灯泡，根据以往经验，灯泡使用寿命服从正态分布，平均时间为 1500 小时。现引进一种新技术进行生产以期进一步提高灯泡寿命。为检验新技术生产的灯泡的平均寿命与老技术相比是否有显著提高，从生产线上随机抽取了 40 个灯泡进行检验，40 个灯泡的使用寿命数据（单位：小时）如下：

1502	1500	1501	1503	1506	1499	1517	1500	1516
1535	1515	1503	1498	1501	1503	1504	1499	1519
1513	1500	1518	1514	1533	1515	1502	1497	1502
1500	1495	1516	1513	1500	1503	1504	1497	1518
1517	1513	1514	1532					

　　要求：以 0.01 的显著性水平判断该种新技术是否显著提高了灯泡的使用寿命。

　　解：这里所关心的是新技术生产的灯泡的平均寿命与老技术相比是否有显著提高，也就是 μ 是否大于 1500 小时。因此，属于单侧假设检验问题，而且是右侧检验。提出的原假设和备择假设为：

$$H_0 : \mu = 1500; \quad H_1 : \mu > 1500$$

已知该总体服从正态分布，方差未知，大样本，故可采用 z 检验。

　　由题中样本数据及已知条件得到：

$$\bar{x} = 1508.425, \quad \mu_0 = 1500, \quad S = 10.2704, \quad n = 40, \quad \alpha = 0.01, \quad z_\alpha = z_{0.01} = 2.33$$

　　计算检验统计量的具体数值，即

$$z = \frac{\bar{x} - \mu_0}{s / \sqrt{n}} = \frac{1508.425 - 1500}{10.2704 / \sqrt{40}} = 5.1881 > z_\alpha = 2.33$$

　　因此，拒绝原假设 H_0，即认为该种新技术显著提高了灯泡的使用寿命。

2．小样本情形

　　(1) 正态总体，σ^2 已知

　　在小样本情况下，当总体服从正态分布且 σ^2 已知时，仍然可以采用检验统计量 $z = \dfrac{\bar{x} - \mu_0}{\sigma / \sqrt{n}}$ 对样本均值进行检验，检验程序与大样本时完全相同，不再赘述。

　　(2) 正态总体，σ^2 未知

　　在小样本 $(n < 30)$ 情况下，且总体方差未知，检验统计量 $z = \dfrac{\bar{x} - \mu_0}{\sigma / \sqrt{n}}$ 就不再适用了。由于总体方差 σ^2 未知，需要用样本方差 s^2 代替总体方差 σ^2，检验统计量 $\dfrac{\bar{x} - \mu_0}{s / \sqrt{n}}$ 不再服从标准正态分布，而是服从自由度为 $(n-1)$ 的 t 分布。此时需要采用 t 分布来检验总体均值，通常称为"t 检验"。检验的统计量及其分布为：

$$t = \frac{\bar{x} - \mu_0}{s / \sqrt{n}} \sim t(n-1) \tag{6.5}$$

　　根据检验统计量计算公式计算检验统计量样本值 t，设显著性水平为 α，查 t 分布表，可以进行判断：

　　① 在双侧检验中，如果 $|t| \geq t_{\alpha/2}(n-1)$，则拒绝原假设 H_0；反之，则不能拒绝原假设 H_0。

　　② 在左侧检验中，如果 $t < -t_\alpha(n-1)$，则拒绝原假设 H_0；反之，则不能拒绝原假设 H_0。

　　③ 在右侧检验中，如果 $t > t_\alpha(n-1)$，则拒绝原假设 H_0；反之，则不能拒绝原假设 H_0。

　　在上述的假设检验中都使用了 t 统计量，我们称这样的检验为 t 检验，如表 6.3 所示。

表6.3　一个总体均值的假设检验(小样本情形)

假　　设	双 侧 检 验	左 侧 检 验	右 侧 检 验
假设形式	$H_0 : \mu = \mu_0$ $H_1 : \mu \neq \mu_0$	$H_0 : \mu \geq \mu_0$ $H_1 : \mu < \mu_0$	$H_0 : \mu \leq \mu_0$ $H_1 : \mu > \mu_0$

续表

假　　设	双　侧　检　验	左　侧　检　验	右　侧　检　验
统计量	σ 已知	$z = \dfrac{\bar{x} - \mu_0}{\sigma/\sqrt{n}}$	
	σ 未知	$t = \dfrac{\bar{x} - \mu_0}{s/\sqrt{n}}$	
拒绝域	$\lvert t \rvert > t_{\alpha/2}$	$t < -t_\alpha(n-1)$	$t > t_\alpha(n-1)$
p 值决策	$p < \alpha$ 拒绝 H_0		

注：σ 已知时的拒绝域同大样本。

【例 6.6】　一种摩托车配件的平均长度要求为 6cm，高于或低于该标准均被认为是不合格的。摩托车生产企业在购进配件时，通常是经过招标，然后对中标的配件提供商提供的样品进行检验，以决定是否购进。现对一个配件提供商提供的 12 个样本配件进行了检验，结果如下：

5.1　5.4　6.0　5.6　5.8　6.1　5.6　6.1　6.0　6.2　6.1　5.5

假定该供货商生产的配件长度服从正态分布，试在 0.05 的显著性水平下，检验该供货商提供的配件是否符合要求。

解：根据题意建立原假设和备择假设：

$$H_0 : \mu = 6; \quad H_1 : \mu \neq 6$$

已知该总体服从正态分布，方差未知，小样本，故采用 t 检验。

由题中样本数据及已知条件得到：

$$\bar{x} = 5.7917, \quad \mu_0 = 6, \quad S = 0.3476, \quad n = 12, \quad \alpha = 0.05, \quad t_{\alpha/2}(n-1) = t_{0.025}(11) = 2.201$$

计算检验统计量的具体数值，即

$$\lvert t \rvert = \left\lvert \frac{\bar{x} - \mu_0}{s/\sqrt{n}} \right\rvert = \left\lvert \frac{5.7917 - 6}{0.3476/\sqrt{12}} \right\rvert \approx 2.0759 < t_{\alpha/2} = 2.201$$

因此，不能拒绝原假设 H_0，即样本提供的证据不能认为该供货商提供的配件不符合要求。

6.2.2　总体比率的假设检验

在第 4 章介绍了总体比率的抽样分布，当样本量足够大且满足 $np \geq 5$ 和 $n(1-p) \geq 5$ 时，样本比率 p 的抽样分布会近似服从正态分布，即

$$p \sim N(\pi, \frac{\pi(1-\pi)}{n}) \tag{6.6}$$

标准化后服从标准正态分布，即

$$z = \frac{p - \pi}{\sqrt{\pi(1-\pi)/n}} \sim N(0,1) \tag{6.7}$$

对总体比率 π 进行假设检验，同样可以提出如下假设：

(1) 双侧检验：$H_0 : \pi = \pi_0; \quad H_1 : \pi \neq \pi_0$

(2) 左侧检验：$H_0 : \pi \geq \pi_0; \quad H_1 : \pi < \pi_0$

(3) 右侧检验：$H_0 : \pi \leq \pi_0; \quad H_1 : \pi > \pi_0$

选择的检验统计量为：

$$z = \frac{p - \pi_0}{\sqrt{\pi_0(1-\pi_0)/n}} \tag{6.8}$$

根据检验统计量计算公式计算检验统计量样本值 z，设显著性水平为 α，查标准正态分布表，可以进行判断：

(1)在双侧检验中，如果 $|z| \geq z_{\alpha/2}$，则拒绝原假设 H_0；反之，则不能拒绝原假设 H_0。

(2)在左侧检验中，如果 $z < -z_\alpha$，则拒绝原假设 H_0；反之，则不能拒绝原假设 H_0。

(3)在右侧检验中，如果 $z > z_\alpha$，则拒绝原假设 H_0；反之，则不能拒绝原假设 H_0。

在上述假设检验中使用的检验是 z 检验，如表 6.4 所示。

表 6.4 一个总体比率的假设检验

假　　设	双 侧 检 验	左 侧 检 验	右 侧 检 验
假设形式	$H_0: \pi = \pi_0$ $H_1: \pi \neq \pi_0$	$H_0: \pi \geq \pi_0$ $H_1: \pi < \pi_0$	$H_0: \pi \leq \pi_0$ $H_1: \pi > \pi_0$
统计量	$z = \dfrac{p - \pi_0}{\sqrt{\pi_0(1-\pi_0)/n}}$		
拒绝域	$|z| > z_{\alpha/2}$	$z < -z_\alpha$	$z > z_\alpha$
p 值决策	$p < \alpha$ 拒绝 H_0		

【例 6.7】 某高校团委声称其一年级学生的计算机拥有率为 45%。学校学生处组织人员随机抽查了该校一年级 200 名学生，其中 100 名学生拥有计算机。试以 0.05 的显著性水平检验该校一年级学生的计算机拥有率是否为 45%。

解： 学校学生处想证明的是团委声称是否属实，即该校一年级学生计算机拥有率是否等于 45%，因此属于一个双侧假设检验问题，提出的原假设和备择假设为：

$$H_0: \pi = 45\%; \quad H_1: \pi \neq 45\%$$

由题中样本数据及已知条件得到：

$$p = \frac{100}{200} = 50\%, \quad n = 200, \quad \alpha = 0.05, \quad z_{\frac{\alpha}{2}} = z_{0.025} = 1.96$$

计算检验统计量的具体数值，即

$$|z| = \frac{|p - \pi_0|}{\sqrt{\pi_0(1-\pi_0)/n}} = \frac{|0.5 - 0.45|}{\sqrt{0.45(1-0.45)/200}} \approx 1.4213 < z_{\frac{\alpha}{2}} = 1.96$$

因此，不能拒绝原假设 H_0，即样本提供的证据不能否认该校一年级学生计算机拥有率为 45%的声称。

6.2.3　总体方差的假设检验

方差或标准差是衡量变量离散程度和稳定性的一个重要变量，它在工业过程控制领域的应用很广。比如，对产品质量或性能稳定性的检测，通常可以通过方差检验来发现生产流程的问题。对总体方差的检验一般都是建立在总体服从或近似服从正态分布的条件下，采用 χ^2 检验法。方差假设检验的原假设和备择假设建立如下：

(1)双侧检验：$H_0: \sigma^2 = \sigma_0^2$；$H_1: \sigma^2 \neq \sigma_0^2$

(2)左侧检验：$H_0: \sigma^2 \geqslant \sigma_0^2$；$H_1: \sigma^2 < \sigma_0^2$

(3)右侧检验：$H_0: \sigma^2 \leqslant \sigma_0^2$；$H_1: \sigma^2 > \sigma_0^2$

选择的检验统计量为：

$$\chi^2 = \frac{(n-1)S^2}{\sigma_0^2} \sim \chi^2(n-1) \tag{6.9}$$

根据检验统计量计算公式计算检验统计量样本值 χ^2，设显著性水平为 α，查 χ^2 分布表，可以进行判断：

(1)在双侧检验中，首先确定临界值 $\chi^2_{1-\alpha/2}(n-1)$ 和 $\chi^2_{\alpha/2}(n-1)$，当 $\chi^2 < \chi^2_{1-\alpha/2}(n-1)$ 或者 $\chi^2 > \chi^2_{\alpha/2}(n-1)$ 时，拒绝原假设；反之，则不能拒绝原假设 H_0。拒绝域如图 6.2(a)所示。

(2)在左侧检验中，确定临界值 $\chi^2_{1-\alpha}(n-1)$，当 $\chi^2 < \chi^2_{1-\alpha}(n-1)$ 时，拒绝原假设 H_0；反之，则不能拒绝原假设 H_0。拒绝域如图 6.2(b)所示。

(3)在右侧检验中，确定临界值 $\chi^2_{\alpha}(n-1)$，当 $\chi^2 > \chi^2_{\alpha}(n-1)$ 时，拒绝原假设 H_0；反之，则不能拒绝原假设 H_0。拒绝域如图 6.2(c)所示。

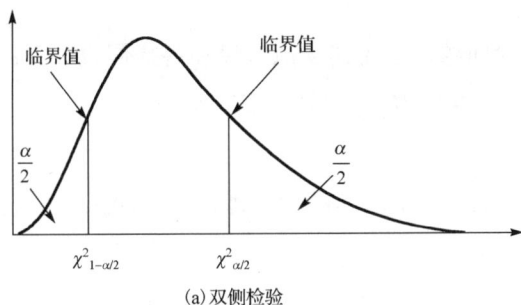

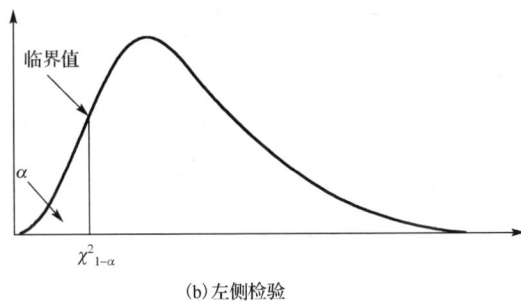

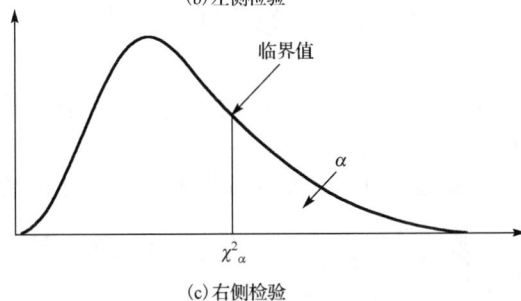

(a) 双侧检验

(b) 左侧检验

(c) 右侧检验

图 6.2 显著性水平为 α 的总体方差检验拒绝域示意图

在上述的假设检验中都使用了 χ^2 统计量，我们称这样的检验为 χ^2 检验，如表 6.5 所示。

表 6.5 一个总体方差的假设检验

假　　设	双 侧 检 验	左 侧 检 验	右 侧 检 验
假设形式	$H_0: \sigma^2 = \sigma_0^2$ $H_1: \sigma^2 \neq \sigma_0^2$	$H_0: \sigma^2 \geqslant \sigma_0^2$ $H_1: \sigma^2 < \sigma_0^2$	$H_0: \sigma^2 \leqslant \sigma_0^2$ $H_1: \sigma^2 > \sigma_0^2$
统计量	$\chi^2 = \dfrac{(n-1)s^2}{\sigma_0^2}$		
拒绝域	$\chi^2 > \chi_{\alpha/2}^2(n-1)$ $\chi^2 < \chi_{1-\alpha/2}^2(n-1)$	$\chi^2 < \chi_{1-\alpha}^2(n-1)$	$\chi^2 > \chi_{\alpha}^2(n-1)$
p 值决策	$p < \alpha$ 拒绝 H_0		

【例 6.8】 某软饮料厂采用自动生产线灌装饮料，每瓶的装填量为 250mL，但由于受某些不可控因素的影响，每瓶的装填量会有差异。此时，不仅每瓶的平均装填量很重要，装填量的方差 σ^2 同样很重要。如果 σ^2 很大，会出现装填量太多或太少的情况，这样要么生产企业不划算，要么消费者不满意。假定生产标准规定每瓶装填量的标准差等于 1mL。企业质监部门抽取了 15 瓶饮料，测得样本标准差为 $s = 0.8\,\text{mL}$。试以 0.05 的显著性水平检验装填量的标准差是否符合要求。

解： 本题属于双侧检验问题，首先建立原假设和备择假设如下：

$$H_0: \sigma^2 = 1^2; \quad H_1: \sigma^2 \neq 1^2$$

根据已知条件有：

$$s^2 = 0.8^2 = 0.64, \quad \sigma_0^2 = 1^2 = 1, \quad \alpha = 0.05, \quad n = 15$$

计算检验统计量为：

$$\chi^2 = \frac{(n-1)S^2}{\sigma_0^2} = \frac{(15-1) \times 0.64}{1} = 8.96$$

查 χ^2 分布表，得到：

$$\chi_{1-\alpha/2}^2(n-1) = \chi_{0.975}^2(14) = 5.629, \quad \chi_{\alpha/2}^2(n-1) = \chi_{0.025}^2(14) = 26.119$$

由于 $\chi_{1-\alpha/2}^2(n-1) < \chi^2 < \chi_{1-\alpha/2}^2(n-1)$，所以不能拒绝原假设 H_0，即样本提供证据还不足以推翻原假设。

6.3 两个总体参数的假设检验

在现实中，我们经常需要比较两个总体的参数是否存在显著性差异，对于这类问题，可以利用两个总体参数的假设检验来解决。

两个总体参数的检验主要包括两个总体均值差 $(\mu_1 - \mu_2)$ 的检验、两个总体比率差 $(\pi_1 - \pi_2)$ 的检验和两个总体方差比 $\dfrac{\sigma_1^2}{\sigma_2^2}$ 的检验。两个总体参数的假设检验程序与一个总体参数的检验相似。

6.3.1　两个总体均值差的假设检验

与参数估计类似，根据样本获得方式不同、样本量大小不同、总体方差是否已知等因素，两个总体均值差的假设检验也可以分为独立样本和匹配样本两种情形，选择检验统计量也有所不同。

两个总体的均值检验可以提出的原假设和备择假设如下：

(1) 双侧检验：$H_0 : \mu_1 - \mu_2 = 0$;　$H_1 : \mu_1 - \mu_2 \neq 0$

(2) 左侧检验：$H_0 : \mu_1 - \mu_2 \geq 0$;　$H_1 : \mu_1 - \mu_2 < 0$

(3) 右侧检验：$H_0 : \mu_1 - \mu_2 \leq 0$;　$H_1 : \mu_1 - \mu_2 > 0$

1. 独立样本

两个总体均值差 ($\mu_1 - \mu_2$) 检验的统计量是以两个样本均值差 ($\overline{x}_1 - \overline{x}_2$) 的抽样分布为基础构造出来的。由于样本量大小不同，两个样本均值差经标准化后的分布不同，选择的检验统计量也有所不同。

(1) 大样本情形

在大样本情形下，无论两个总体是否服从正态分布，两个样本均值差 $\overline{x}_1 - \overline{x}_2$ 的抽样分布均服从期望值为 ($\mu_1 - \mu_2$)、方差为 $\dfrac{\sigma_1^2}{n_1} + \dfrac{\sigma_2^2}{n_2}$ 的正态分布，经标准化后服从标准正态分布。即有：

$$z = \frac{(\overline{x}_1 - \overline{x}_2) - (\mu_1 - \mu_2)}{\sqrt{\dfrac{\sigma_1^2}{n_1} + \dfrac{\sigma_2^2}{n_2}}} \sim N(0,1) \tag{6.10}$$

选择的检验统计量为：

$$z = \frac{(\overline{x}_1 - \overline{x}_2) - (\mu_1 - \mu_2)}{\sqrt{\dfrac{\sigma_1^2}{n_1} + \dfrac{\sigma_2^2}{n_2}}} \tag{6.11}$$

根据检验统计量计算公式计算检验统计量样本值 z，设显著性水平为 α，查标准正态分布表，可以进行判断：

① 在双侧检验中，如果 $|z| \geq z_{\alpha/2}$，则拒绝原假设 H_0；反之，则不能拒绝原假设 H_0。

② 在左侧检验中，如果 $z < -z_\alpha$，则拒绝原假设 H_0；反之，则不能拒绝原假设 H_0。

③ 在右侧检验中，如果 $z > z_\alpha$，则拒绝原假设 H_0；反之，则不能拒绝原假设 H_0。

当两个总体方差 σ_1^2、σ_2^2 未知时，可以分别用样本方差 s_1^2 和 s_2^2 来代替，此时检验统计量为：

$$z = \frac{(\overline{x}_1 - \overline{x}_2) - (\mu_1 - \mu_2)}{\sqrt{\dfrac{s_1^2}{n_1} + \dfrac{s_2^2}{n_2}}} \tag{6.12}$$

在上述的假设检验中使用的检验是 z 检验，如表 6.6 所示。

表6.6   两个总体均值之差的假设检验（独立大样本情形）

假　设	双侧检验	左侧检验	右侧检验
假设形式	$H_0 : \mu_1 - \mu_2 = 0$ $H_1 : \mu_1 - \mu_2 \neq 0$	$H_0 : \mu_1 - \mu_2 \geqslant 0$ $H_1 : \mu_1 - \mu_2 < 0$	$H_0 : \mu_1 - \mu_2 \leqslant 0$ $H_1 : \mu_1 - \mu_2 > 0$
统计量	σ_1^2 , σ_2^2 已知	$z = \dfrac{(\bar{x}_1 - \bar{x}_2) - (\mu_1 - \mu_2)}{\sqrt{\dfrac{\sigma_1^2}{n_1} + \dfrac{\sigma_2^2}{n_2}}}$	
	σ_1^2 , σ_2^2 未知	$z = \dfrac{(\bar{x}_1 - \bar{x}_2) - (\mu_1 - \mu_2)}{\sqrt{\dfrac{s_1^2}{n_1} + \dfrac{s_2^2}{n_2}}}$	
拒绝域	$\lvert z \rvert > z_{\alpha/2}$	$z < -z_\alpha$	$z > z_\alpha$
p 值决策	$p < \alpha$ 拒绝 H_0		

【例 6.9】　某综合性大学为了更好地设计数学课程的教学方案，需要了解工科生与理科生在数学课程上是否存在显著差异，分别独立抽取了工科专业和理科专业的学生的两个随机样本，进行测试，测试结果如表 6.7 所示。在显著性水平为 0.05 的条件下，能否认为工科学生与理科学生的数学水平存在显著性差异？

表6.7   两个独立样本的学生数学测试数据

工科生	$n_1 = 36$	$\bar{x}_1 = 80$	$s_1 = 6$
理科生	$n_2 = 49$	$\bar{x}_2 = 82$	$s_2 = 7$

解： 设 μ_1 = 工科学生数学水平；μ_2 = 理科学生数学水平。

这里关心的只是工科学生与理科学生数学水平是否存在差异，所以提出的原假设和备择假设为：

$$H_0 : \mu_1 - \mu_2 = 0; \quad H_1 : \mu_1 - \mu_2 \neq 0$$

由于两个总体的方差未知，所以采用式（6.12），计算得到检验统计量的样本值为：

$$\lvert z \rvert = \frac{\lvert \bar{x}_1 - \bar{x}_2 \rvert}{\sqrt{\dfrac{s_1^2}{n_1} + \dfrac{s_2^2}{n_2}}} = \frac{\lvert 80 - 82 \rvert}{\sqrt{\dfrac{36}{36} + \dfrac{49}{49}}} = 1.4142$$

由于 $\lvert z \rvert = 1.4142 < z_{\frac{\alpha}{2}} = 1.96$，因此不能拒绝原假设，即在显著性水平为 0.05 的条件下，工科学生和理科学生的数学水平无显著性差异。

（2）小样本情形

在小样本情形下，需假定两个总体都服从正态分布，视两个总体的方差是否已知等情况考虑。

① σ_1^2 和 σ_2^2 已知

在上述假定下，无论样本量的大小，两个样本均值差都服从正态分布。当两个总体方差 σ_1^2 和 σ_2^2 已知时，可用式（6.11）计算检验统计量，其检验程序与大样本且方差已知的情形是一致的。

② σ_1^2 和 σ_2^2 未知，但 $\sigma_1^2 = \sigma_2^2$

在此种情况下，由于两个总体的方差相等，因而可将两个样本的方差组合在一起，计算合并后的样本方差，以给出总体方差的合并估计量，记为 s_p^2，计算公式为：

$$s_p^2 = \frac{(n_1-1)s_1^2 + (n_2-1)s_2^2}{n_1 + n_2 - 2} \tag{6.13}$$

构造的检验统计量为 t 统计量，有

$$t = \frac{(\overline{x}_1 - \overline{x}_2) - (\mu_1 - \mu_2)}{s_p\sqrt{\dfrac{1}{n_1} + \dfrac{1}{n_2}}} \sim t(n_1 + n_2 - 2) \tag{6.14}$$

选择的检验统计量为：

$$t = \frac{(\overline{x}_1 - \overline{x}_2) - (\mu_1 - \mu_2)}{s_p\sqrt{\dfrac{1}{n_1} + \dfrac{1}{n_2}}} \tag{6.15}$$

根据检验统计量计算公式计算检验统计量样本值 t，设显著性水平为 α，查 t 分布表，可以进行判断：

a. 在双侧检验中，如果 $|t| \geq t_{\alpha/2}(n-1)$，则拒绝原假设 H_0；反之，则不能拒绝原假设 H_0。

b. 在左侧检验中，如果 $t < -t_\alpha(n-1)$，则拒绝原假设 H_0；反之，则不能拒绝原假设 H_0。

c. 在右侧检验中，如果 $t > t_\alpha(n-1)$，则拒绝原假设 H_0；反之，则不能拒绝原假设 H_0。

在上述的假设检验中使用的检验是 t 检验，如表 6.8 所示。

表 6.8　两个总体均值之差的假设检验(独立小样本情形)

假　　设	双 侧 检 验	左 侧 检 验	右 侧 检 验
假设形式	$H_0: \mu_1 - \mu_2 = 0$ $H_1: \mu_1 - \mu_2 \neq 0$	$H_0: \mu_1 - \mu_2 \geq 0$ $H_1: \mu_1 - \mu_2 < 0$	$H_0: \mu_1 - \mu_2 \leq 0$ $H_1: \mu_1 - \mu_2 > 0$
统计量	σ_1^2, σ_2^2 已知	$z = \dfrac{(\overline{x}_1 - \overline{x}_2) - (\mu_1 - \mu_2)}{\sqrt{\dfrac{\sigma_1^2}{n_1} + \dfrac{\sigma_2^2}{n_2}}}$	
	σ_1^2, σ_2^2 未知 且 $\sigma_1^2 = \sigma_2^2$	$t = \dfrac{(\overline{x}_1 - \overline{x}_2) - (\mu_1 - \mu_2)}{s_p\sqrt{\dfrac{1}{n_1} + \dfrac{1}{n_2}}}$	
拒绝域	$|t| > t_{\alpha/2}(n_1 + n_2 - 2)$	$t < -t_\alpha(n_1 + n_2 - 2)$	$t > t_\alpha(n_1 + n_2 - 2)$
p 值决策	$p < \alpha$ 拒绝 H_0		

注：σ_1^2、σ_2^2 已知时的拒绝域同大样本。

【例 6.10】　为比较甲、乙两种降血压药物的药效，分别独立抽取了服用两种降压药物的病人 10 名，检测的数据如表 6.9 所示。假定甲、乙两种降压药物维持的药效时间服从正态分布 $N(\mu_1, \sigma_1^2)$、$N(\mu_2, \sigma_2^2)$，且有 $\sigma_1^2 = \sigma_2^2 = \sigma^2$。在显著性水平 $\alpha = 0.05$ 的条件下，试判断这两种降压药物的疗效时间有无显著差异。

表 6.9　两个独立样本的测试数据

药　　物	药物维持的药效时间
甲	7.31　7.24　8.30　9.42　9.10　6.87　8.27　7.57　7.13　8.40
乙	7.58　6.81　7.51　6.77　7.77　9.27　6.32　7.88　6.48　8.17

解：根据题意，提出假设：

$$H_0: \mu_1 - \mu_2 = 0; \quad H_1: \mu_1 - \mu_2 \neq 0$$

由于两个独立样本为小样本，两个总体的方差相等但未知。根据样本数据得到：

$$\overline{x}_1 = 7.961, \quad s_1^2 = 0.756, \quad \overline{x}_2 = 7.456, \quad s_2^2 = 0.803$$

总体方差的合并估计值为：

$$s_p^2 = \frac{(n_1 - 1)s_1^2 + (n_2 - 1)s_2^2}{n_1 + n_2 - 2} = \frac{(10-1) \times 0.756 + (10-1) \times 0.803}{10 + 10 - 2} = 0.7795$$

根据公式(6.15)，计算得到检验统计量的样本值为：

$$t = \frac{(\overline{x}_1 - \overline{x}_2)}{s_p \sqrt{\dfrac{1}{n_1} + \dfrac{1}{n_2}}} = \frac{7.961 - 7.456}{\sqrt{0.7795 \times \left(\dfrac{1}{10} + \dfrac{1}{10}\right)}} \approx 1.279$$

由于 $|t| = 1.279 < t_{\frac{\alpha}{2}}(n_1 + n_2 - 2) = t_{0.025}(18) = 2.1$，因此不能拒绝原假设，即在显著性水平为 0.05 的条件下，甲药和乙药的药效维持时间均值之间无显著性差异。

2. 匹配样本

前面使用的两个样本都假定是来自独立的两个总体，但在很多情况下，要讨论的两个样本往往存在对比匹配的关系，比如，对减肥药效果的检验，通常是对被测人员服药前体重和服药后的体重进行比较检验，在这个过程中就存在样本的前后匹配问题，类似这种情况就需要采用匹配样本的检验方法。

使用匹配样本进行假设检验时，与单个总体均值的假设检验类似，在检验时，需要假定两个总体配对差值构成的总体服从正态分布，而且配对差是由差值总体中随机抽取的。

在大样本条件下，配对差值经标准化后服从标准正态分布，选择的检验统计量为：

$$z = \frac{\overline{d} - (\mu_1 - \mu_2)}{\sigma_d / \sqrt{n}} \tag{6.16}$$

式中，d 为两个匹配样本对应数据的差值；$\overline{d}$ 为各差值的均值；σ_d 为各差值的标准差。如果 σ_d 未知，可用样本数据 s_d 来代替。此时，选择的检验统计量为：

$$z = \frac{\overline{d} - (\mu_1 - \mu_2)}{s_d / \sqrt{n}} \tag{6.17}$$

根据检验统计量计算公式计算检验统计量样本值 z，设显著性水平为 α，查标准正态分布表，可以进行判断：

(1)在双侧检验中，如果 $|z| \geq z_{\alpha/2}$，则拒绝原假设 H_0；反之，则不能拒绝原假设 H_0。

(2)在左侧检验中，如果 $z < -z_\alpha$，则拒绝原假设 H_0；反之，则不能拒绝原假设 H_0。

(3)在右侧检验中，如果 $z > z_\alpha$，则拒绝原假设 H_0；反之，则不能拒绝原假设 H_0。

在上述的假设检验中使用的检验是 z 检验，如表 6.10 所示。

在小样本条件下，如果总体方差 σ_d^2 已知，则选用的检验统计量为式(6.16)。如果总体方差 σ_d^2 未知，匹配样本配对差值经标准化后服从自由度为 $(n-1)$ 的 t 分布，选择的检验统计量为：

$$t = \frac{\overline{d} - (\mu_1 - \mu_2)}{s_d / \sqrt{n}} \tag{6.18}$$

表 6.10   两个总体均值之差的假设检验（匹配大样本情形）

假 设	双 侧 检 验	左 侧 检 验	右 侧 检 验
假设形式	$H_0: \mu_1 - \mu_2 = 0$ $H_1: \mu_1 - \mu_2 \neq 0$	$H_0: \mu_1 - \mu_2 \geqslant 0$ $H_1: \mu_1 - \mu_2 < 0$	$H_0: \mu_1 - \mu_2 \leqslant 0$ $H_1: \mu_1 - \mu_2 > 0$
统计量（σ_d 已知）	$z = \dfrac{\overline{d} - (\mu_1 - \mu_2)}{\sigma_d / \sqrt{n}}$		
统计量（σ_d 未知）	$z = \dfrac{\overline{d} - (\mu_1 - \mu_2)}{s_d / \sqrt{n}}$		
拒绝域	$\lvert z \rvert > z_{\alpha/2}$	$z < -z_{\alpha}$	$z > z_{\alpha}$
p 值决策	$p < \alpha$ 拒绝 H_0		

根据检验统计量计算公式计算检验统计量样本值 t，设显著性水平为 α，查 t 分布表，可以进行判断：

(1) 在双侧检验中，如果 $\lvert t \rvert \geqslant t_{\alpha/2}(n-1)$，则拒绝原假设 H_0；反之，则不能拒绝原假设 H_0。

(2) 在左侧检验中，如果 $t < -t_{\alpha}(n-1)$，则拒绝原假设 H_0；反之，则不能拒绝原假设 H_0。

(3) 在右侧检验中，如果 $t > t_{\alpha}(n-1)$，则拒绝原假设 H_0；反之，则不能拒绝原假设 H_0。

在上述的假设检验中使用的检验是 t 检验，如表 6.11 所示。

表 6.11   两个总体均值之差的假设检验（匹配小样本情形）

假 设	双 侧 检 验	左 侧 检 验	右 侧 检 验
假设形式	$H_0: \mu_1 - \mu_2 = 0$ $H_1: \mu_1 - \mu_2 \neq 0$	$H_0: \mu_1 - \mu_2 \geqslant 0$ $H_1: \mu_1 - \mu_2 < 0$	$H_0: \mu_1 - \mu_2 \leqslant 0$ $H_1: \mu_1 - \mu_2 > 0$
统计量（σ_d 已知）	$z = \dfrac{\overline{d} - (\mu_1 - \mu_2)}{\sigma_d / \sqrt{n}}$		
统计量（σ_d 未知）	$t = \dfrac{\overline{d} - (\mu_1 - \mu_2)}{s_d / \sqrt{n}}$		
拒绝域	$\lvert t \rvert > t_{\alpha/2}(n-1)$	$t < -t_{\alpha}(n-1)$	$t > t_{\alpha}(n-1)$
p 值决策	$p < \alpha$ 拒绝 H_0		

注：σ_d 已知时的拒绝域同大样本。

【例 6.11】   某乳制品公司研制生产了一种新口味鲜牛奶，为比较消费者对新老产品口感的满意程度，该公司随机抽选一组消费者 10 人，每个消费者先品尝一种牛奶，然后再品尝另一种牛奶，两种牛奶的品尝顺序是随机的。然后每个消费者要对两种牛奶分别进行评分，分值为 0~10 分，评分结果如表 6.12 所示。试在 $\alpha = 0.01$ 的显著性水平下，分析消费者对两种牛奶的评分是否存在显著性差异。

表 6.12   匹配样本对新老两款牛奶的评分数据

消费者编号	新产品评分	老产品评分	差 值 d
1	7	5	2
2	6	4	2
3	4	6	-2
4	3	4	-1
5	6	3	3
6	9	7	2

消费者编号	新产品评分	老产品评分	差　值　d
7	7	8	−1
8	6	6	0
9	8	5	3
10	4	3	1

解: 设 μ_1 =消费者对新款牛奶的平均评分; μ_2 =消费者对老款牛奶的平均评分。

根据题意,提出的原假设和备择假设为:

$$H_0: \mu_1 - \mu_2 = 0; \quad H_1: \mu_1 - \mu_2 \neq 0$$

将每位消费者对新老两款牛奶的评分相减,得到差值 d 列。且有:

$$\bar{d} = \frac{\sum_{i=1}^{n} d_i}{n} = \frac{9}{10} = 0.9 \qquad s_d = \sqrt{\frac{\sum_{i=1}^{n}(d_i - \bar{d})^2}{n-1}} = 1.7920$$

根据式(6.18),计算得到检验统计量的样本值为

$$t = \frac{\bar{d} - (\mu_1 - \mu_2)}{s_d / \sqrt{n}} = \frac{0.9 - 0}{1.7920 / \sqrt{10}} = 1.5882$$

由于 $|t| = 1.5882 < t_{\frac{\alpha}{2}}(n-1) = t_{0.005}(9) = 3.2498$,因此不能拒绝原假设,即在显著性水平为 0.01 的条件下,样本数据不支持"消费者对新老两款牛奶的评分有显著差异"。

6.3.2　两个总体比率差的假设检验

两个总体比率差 $(\pi_1 - \pi_2)$ 的检验与一个总体比率的检验类似,只是涉及两个总体。此时,我们依然可以提出如下的假设:

(1)双侧检验: $H_0: \pi_1 - \pi_2 = 0$; $H_1: \pi_1 - \pi_2 \neq 0$

(2)左侧检验: $H_0: \pi_1 - \pi_2 \geqslant 0$; $H_1: \pi_1 - \pi_2 < 0$

(3)右侧检验: $H_0: \pi_1 - \pi_2 \leqslant 0$; $H_1: \pi_1 - \pi_2 > 0$

这时我们需要假定 $n_1 p_1 > 5$、$n_1(1-p_1) > 5$、$n_2 p_2 > 5$ 和 $n_2(1-p_2) > 5$。根据第 4 章的知识,在大样本条件下,两个样本比率差 $(p_1 - p_2)$ 的抽样分布为正态分布,将其标准化后服从标准正态分布,即

$$z = \frac{(p_1 - p_2) - (\pi_1 - \pi_2)}{\sqrt{\dfrac{\pi_1(1-\pi_1)}{n_1} + \dfrac{\pi_2(1-\pi_2)}{n_2}}} \sim N(0,1) \qquad (6.19)$$

因此,选择的检验统计量为:

$$z = \frac{(p_1 - p_2) - (\pi_1 - \pi_2)}{\sqrt{\dfrac{\pi_1(1-\pi_1)}{n_1} + \dfrac{\pi_2(1-\pi_2)}{n_2}}} \qquad (6.20)$$

一般地, π_1 和 π_2 都是未知的,通常用样本比率 p_1 和 p_2 来代替。此时,检验统计量为:

$$z = \frac{(p_1 - p_2) - (\pi_1 - \pi_2)}{\sqrt{\dfrac{p_1(1-p_1)}{n_1} + \dfrac{p_2(1-p_2)}{n_2}}} \tag{6.21}$$

根据检验统计量计算公式计算检验统计量样本值 z，设显著性水平为 α，查标准正态分布表，可以进行判断：

(1) 在双侧检验中，如果 $|z| \geq z_{\alpha/2}$，则拒绝原假设 H_0；反之，则不能拒绝原假设 H_0。

(2) 在左侧检验中，如果 $z < -z_\alpha$，则拒绝原假设 H_0；反之，则不能拒绝原假设 H_0。

(3) 在右侧检验中，如果 $z > z_\alpha$，则拒绝原假设 H_0；反之，则不能拒绝原假设 H_0。

在上述的假设检验中使用的检验是 z 检验，如表 6.13 所示。

表 6.13　两个总体比率之差的假设检验

假　　设	双 侧 检 验	左 侧 检 验	右 侧 检 验
假设形式	$H_0: \pi_1 - \pi_2 = 0$ $H_1: \pi_1 - \pi_2 \neq 0$	$H_0: \pi_1 - \pi_2 \geq 0$ $H_1: \pi_1 - \pi_2 < 0$	$H_0: \pi_1 - \pi_2 \leq 0$ $H_1: \pi_1 - \pi_2 > 0$
统计量	$z = \dfrac{(p_1 - p_2) - (\pi_1 - \pi_2)}{\sqrt{\dfrac{p_1(1-p_1)}{n_1} + \dfrac{p_2(1-p_2)}{n_2}}}$		
拒绝域	$\|z\| > z_{\alpha/2}$	$z < -z_\alpha$	$z > z_\alpha$
p 值决策	$p < \alpha$ 拒绝 H_0		

【例 6.12】　现要比较两城区计算机普及情况，某调查机构通过抽样调查得到以下数据：在甲城区调查的 200 户居民中有 90 户拥有计算机；在乙城区调查的 220 户居民中有 121 户拥有计算机。调查者认为，甲城区的计算机普及率显著低于乙城区。试在显著性水平为 0.05 的条件下，分析样本数据是否支持调查者的看法。

解：设 $\pi_1 =$ 甲城区计算机普及率；$\pi_2 =$ 乙城区计算机普及率。

根据题意，提出的原假设和备择假设为：

$$H_0: \pi_1 - \pi_2 \geq 0; \quad H_1: \pi_1 - \pi_2 < 0$$

根据已知条件得到：$n_1 = 200, n_2 = 220, p_1 = \dfrac{90}{200} = 45\%, p_2 = \dfrac{121}{220} = 55\%$

根据式 (6.21)，计算得到检验统计量的样本值为：

$$z = \frac{(p_1 - p_2) - (\pi_1 - \pi_2)}{\sqrt{\dfrac{p_1(1-p_1)}{n_1} + \dfrac{p_2(1-p_2)}{n_2}}} = \frac{0.45 - 0.55}{\sqrt{\dfrac{0.45(1-0.45)}{200} + \dfrac{0.55(1-0.55)}{220}}} = -2.0574$$

由于 $z = -2.0574 < -z_{0.05} = -1.645$，因此拒绝原假设，即在显著性水平为 0.05 的条件下，样本提供的证据支持调查者的看法。

6.3.3　两个总体方差比的假设检验

两个总体的方差检验常用于两个总体的某项指标波动幅度 (即方差) 的比较，常采用 F 检验法。此类假设检验的原假设和备择假设通常设定为：

(1) 双侧检验：$H_0: \dfrac{\sigma_1^2}{\sigma_2^2} = 1; \quad H_1: \dfrac{\sigma_1^2}{\sigma_2^2} \neq 1$

(2) 左侧检验：$H_0 : \dfrac{\sigma_1^2}{\sigma_2^2} \geqslant 1$；　$H_1 : \dfrac{\sigma_1^2}{\sigma_2^2} < 1$

(3) 右侧检验：$H_0 : \dfrac{\sigma_1^2}{\sigma_2^2} \leqslant 1$；　$H_1 : \dfrac{\sigma_1^2}{\sigma_2^2} > 1$

根据第 4 章的知识，从两个正态总体独立抽取样本，两个样本方差比的抽样分布服从 F 分布。即有：

$$\frac{s_1^2/s_2^2}{\sigma_1^2/\sigma_2^2} \sim F(n_1-1, n_2-1) \tag{6.22}$$

因此对两个总体方差比 $\dfrac{\sigma_1^2}{\sigma_2^2}$ 进行假设检验，需选择 F 统计量，即

$$F = \frac{s_1^2}{s_2^2} \tag{6.23}$$

根据检验统计量计算公式计算检验统计量样本值 F，设显著性水平为 α，查 F 分布表，可以进行判断：

(1) 在双侧检验中，首先确定临界值 $F_{1-\frac{\alpha}{2}}(n_1-1, n_2-1)$ 和 $F_{\frac{\alpha}{2}}(n_1-1, n_2-1)$，当 $F < F_{1-\frac{\alpha}{2}}(n_1-1, n_2-1)$ 或 $F > F_{\frac{\alpha}{2}}(n_1-1, n_2-1)$ 时，拒绝原假设 H_0，即两个总体的方差存在显著差异；反之，则不能拒绝原假设 H_0，即两个总体的方差不存在显著差异。

(2) 在左侧检验中，确定临界值 $F_{1-\alpha}(n_1-1, n_2-1)$，当 $F < F_{1-\alpha}(n_1-1, n_2-1)$ 时，拒绝原假设 H_0；反之，则不能拒绝原假设 H_0。

(3) 在右侧检验中，确定临界值 $F_{\alpha}(n_1-1, n_2-1)$，当 $F > F_{\alpha}(n_1-1, n_2-1)$ 时，拒绝原假设 H_0；反之，则不能拒绝原假设 H_0。

在上述的假设检验中使用的检验是 F 检验，如表 6.14 所示。

表 6.14　两个总体方差比的假设检验

假　　设	双　侧　检　验	左　侧　检　验	右　侧　检　验
假设形式	$H_0 : \sigma_1^2/\sigma_2^2 = 1$ $H_1 : \sigma_1^2/\sigma_2^2 \neq 1$	$H_0 : \sigma_1^2/\sigma_2^2 \geqslant 1$ $H_1 : \sigma_1^2/\sigma_2^2 < 1$	$H_0 : \sigma_1^2/\sigma_2^2 \leqslant 1$ $H_1 : \sigma_1^2/\sigma_2^2 > 1$
统计量	$F = \dfrac{s_1^2}{s_2^2}$		
拒绝域	$F > F_{\frac{\alpha}{2}}(n_1-1, n_2-2)$ $F < F_{1-\frac{\alpha}{2}}(n_1-1, n_2-2)$	$F < F_{1-\alpha}(n_1-1, n_2-2)$	$F > F_{\alpha}(n_1-1, n_2-2)$
p 值决策	$p < \alpha$ 拒绝 H_0		

【例 6.13】　以例 6.10 为例，样本保持不变，试在显著性水平为 0.05 的条件下，检验这两种降压药物疗效时间的方差有无显著差异。

解：根据题意，提出的原假设和备择假设为：

$$H_0 : \frac{\sigma_1^2}{\sigma_2^2} = 1; \quad H_1 : \frac{\sigma_1^2}{\sigma_2^2} \neq 1$$

根据样本数据得到：

$$n_1 = 10 \ , \quad \overline{x}_1 = 7.961 \ , \quad s_1^2 = 0.756 \ , \quad n_2 = 10 \ , \quad \overline{x}_2 = 7.456 \ , \quad s_2^2 = 0.803$$

根据公式(6.23)，计算得到检验统计量的样本值为：

$$F = \frac{s_1^2}{s_2^2} = \frac{0.756}{0.803} \approx 0.9415$$

查 F 分布表，得到：

$$F_{1-\frac{\alpha}{2}}(n_1 - 1, n_2 - 1) = F_{0.975}(9,9) = 0.2484 \ , \quad F_{\frac{\alpha}{2}}(n_1 - 1, n_2 - 1) = F_{0.025}(9,9) = 4.026$$

由于 $F_{1-\frac{\alpha}{2}}(n_1 - 1, n_2 - 1) < F < F_{\frac{\alpha}{2}}(n_1 - 1, n_2 - 1)$，所以不能拒绝原假设 H_0，即在显著性水平为 0.05 的条件下，甲药和乙药的药效维持时间方差之间无显著性差异。

本 章 小 结

1．假设检验是利用随机试验中的小概率原理对关于总体的某种假定进行判断，其基本原理是统计量的抽样分布。

2．一个总体参数的假设检验包括总体均值、总体比率和总体方差的假设检验，其检验统计量有 z 统计量、t 统计量和 χ^2 统计量。z 统计量和 t 统计量用于总体均值、总体比率的假设检验，χ^2 统计量用于总体方差的假设检验。具体选择什么统计量，需要考虑样本量的大小、总体方差已知还是未知、是否为正态总体等因素。

3．两个总体参数的假设检验包括总体均值差、比率差、方差比的假设检验，其检验统计量有 z 统计量、t 统计量和 F 统计量。z 统计量和 t 统计量用于总体均值差和比率差的假设检验，F 统计量用于方差比的假设检验。至于具体选择什么统计量，需要考虑样本量的大小、是独立样本还是匹配样本、总体方差已知还是未知、是否为正态总体等因素。

案 例 实 验

根据经验，"新托福"考试的考分服从方差为 50 的正态分布，某市"托福"考试培训中心在其招生广告中宣传，参加该中心培训的考生平均成绩在 95 分以上，参考学生 110 分以上的百分比超过 20%，参考学生考试成绩平均差异不超过 10 分（考分标准差）。一调查机构随机抽取了在该中心培训的 30 名考生进行调查，得到他们的考分分别为：

80	82	112	118	83	85	108	106	104	87	103	98	102	84	115
60	96	116	65	110	90	95	102	114	80	75	90	108	114	100

一、问题提出

2005 年 9 月，美国教育考试服务中心 ETS 在全球推出了一种全新的综合英语测试方法，即能够反映在一流大专院校教学和校园生活中对语言实际需求的新托福考试，简称 TOEFL iBT（Internet Based Test）。

新托福由四部分组成，分别是阅读（Reading）、听力（Listening）、口试（Speaking）、写作（Writing）。每部分满分 30 分，整个试题满分 120 分。

随着出国考生的增加，托福的培训机构也逐步增多。有些培训机构为了吸纳更多的学员，做大量广告宣传，以吸引学员进入机构培训学习，有的广告较为真实，但有的存在一定的虚假性，培训效果与广告宣传相差较大。为了检测培训机构广告宣传真实性，我们可以通过抽样调查，采取假设检验方法来检测广告宣传的真实性，从而为学员正确选择培训机构提供指导。

二、教学目的

通过此案例，促使学生借助相应统计软件作为计算分析工具，比较全面地运用假设检验的基本理论和方法研究实际问题，使学生在以下几个方面受到训练：

(1)利用样本信息，计算样本的平均考分及标准差(提示：计算 30 个样本单位的均值和标准差)；

(2)利用总体均值假设检验的基本原理和方法，在显著性水平 $\alpha = 0.05$ 的条件下，检验培训中心"考生平均成绩在 95 分以上"的广告声称是否属实；

(3)利用总体比率假设检验的基本原理和方法，在显著性水平 $\alpha = 0.05$ 的条件下，检验培训中心广告宣传"参考学生 110 分以上的百分比超过 20%"的真实性；

(4)利用总体方差假设检验的基本原理和方法，在显著性水平 $\alpha = 0.05$ 的条件下，检验培训中心广告宣传"参考学生考试成绩平均差异不超过 10 分"的真实性。

三、主要分析过程(一)

实验所用软件：Excel。

1. 将数据录入 Excel，用"工具"→"数据分析"→"描述性统计"计算平均考分及标准差，如图 6.3 所示。

	A	B	C	D
1	80		列1	
2	82			
3	112		平均	96.06667
4	118		标准误差	2.822705
5	83		中位数	99
6	85		众数	80
7	108		标准差	15.46059
8	106		方差	239.0299
9	104		峰度	-0.40179
10	87		偏度	-0.54608
11	103		区域	58
12	98		最小值	60
13	102		最大值	118
14	84		求和	2882
15	115		观测数	30
16	60		最大(1)	118
17	96		最小(1)	60
18	116		置信度(95	5.77308
19	65			
20	110			
21	90			
22	95			
23	102			
24	114			
25	80			
26	75			
27	90			
28	108			
29	114			
30	100			

图 6.3　Excel 的数据窗口

2. 计算检验统计量，$z = \dfrac{96.07 - 95}{15.46 / \sqrt{30}} = 0.379$，再用 Excel 计算 p 值：单击"f_x"插入函数，

在函数分类中单击统计，选择"NORMSDIST"，单击确定按钮，进入如图 6.4 所示界面。将检验统计量的值输入，得到标准正态分布条件下 z 值左侧的面积。因为是右侧检验，所以，$p = 1-0.6477=0.3523$，远大于给定的显著性水平 0.05，不能拒绝零假设，于是，认为"考生平均成绩在 95 分以上"的广告声称不属实。

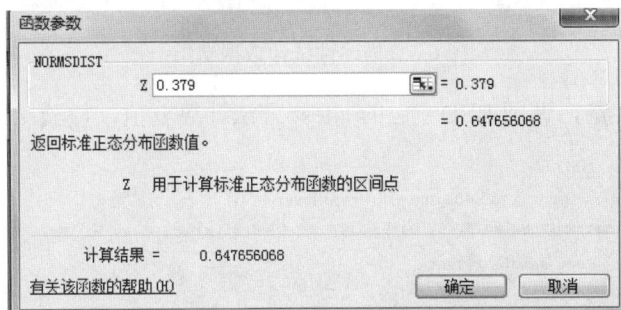

图 6.4 z 检验概率值计算

3. 样本中，考分在 110 分以上的考生占 23%，计算检验统计量，$z = \dfrac{0.23-0.2}{\sqrt{\dfrac{0.2(1-0.2)}{30}}} = 0.411$，

同样，用 Excel 的"NORMSDIST"函数计算 z 值左侧的面积，得 0.6595，因为是右侧检验，所以 $p=1-0.6595=0.3405$，远大于给定的显著性水平 0.05，不能拒绝零假设，于是，认为广告宣传"参考学生 110 分以上的百分比超过 20%"不属实。

4. 计算检验统计量 $\chi^2 = \dfrac{(30-1)\times 239.03}{10^2} = 69.319$，用 Excel 的"CHIDIST"函数计算卡方值右侧的面积为 0.000 04，如图 6.5 所示。因为是左侧检验，$p=1-0.000\ 04=0.999\ 96$，远大于显著性水平 0.05，所以不能拒绝零假设，于是，认为广告宣传"参考学生考试成绩平均差异不超过 10 分"不属实。

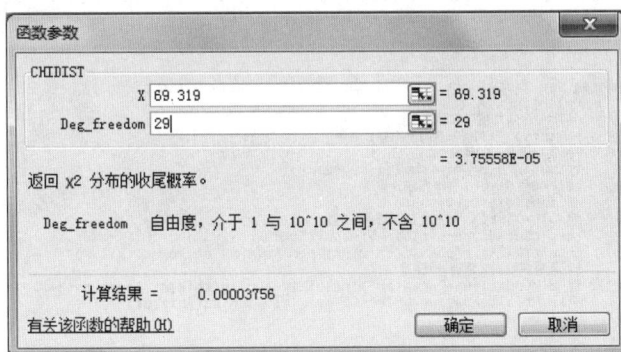

图 6.5 卡方检验概率值计算

四、主要分析过程(二)

实验所用软件：R。

1. 将数据录入 R，变量为 x，调用 psych 包的 describe 方法进行描述性统计"计算平均考分及标准差"，如图 6.6 所示。

```
>x<-c(80, 82, 112, 118, 83, 85, 108, 106, 104, 87, 103, 98, 102, 84, 115,
60, 96, 116, 65, 110, 90, 95, 102, 114, 80, 75, 90, 108, 114, 100)
>library(psych)
>describe(x)
> describe(x)
   vars  n  mean    sd median trimmed   mad min max range  skew kurtosis   se
X1    1 30 96.07 15.46     99   97.21 18.53  60 118    58 -0.49    -0.69 2.82
```

图 6.6　描述性统计数据结果

2．计算检验统计量，调用 BSDA 包的 z.test 方法计算 p 值，检验结果如图 6.7 所示。

```
>library(BSDA)
> z.test(x, sigma.x=15.46, mu=95, conf.level=0.95)
> z.test(x,sigma.x=15.46, mu=95,conf.level=0.95,alternative = "greater")

        One-sample z-Test

data:  x
z = 0.3779, p-value = 0.3528
alternative hypothesis: true mean is greater than 95
95 percent confidence interval:
 91.42391       NA
sample estimates:
mean of x
 96.06667
```

图 6.7　z 检验的数据结果

由于 $p=0.353$，远大于给定的显著性水平 0.05，不能拒绝零假设，于是，认为"考生平均成绩在 95 分以上"的数据结果不属实。

3．样本中，考试成绩在 110 分以上的考生占 23%，计算检验统计量，$z=0.411$，$p=0.3405$，远大于显著性水平 0.05，不能拒绝零假设，于是认为"参考学生 110 分以上的百分比超过 20%"不属实。

4．计算检验统计量 χ^2，由于 R 中没有直接的函数可以做样本方差的卡方检验（只有检验卡方分布的函数），所以我们构造卡方检验函数，并做出检验，得到 $\chi^2=69.32$，$p=1$，远大于显著性水平 0.05，不能拒绝零假设，于是认为"参考学生考试成绩平均差异不超过 10 分"不属实，如图 6.8 所示。

```
> chisq.var.test=function(x,var,mu=Inf,alternative="two.sided"){
+     n=length(x)
+     df=n-1   #均值未知时的自由度
+     v=var(x)   #均值未知时的方差估计值
+     #总体均值已知的情况
+     if(mu<Inf){df=n; v=sum((x-mu)^2)/n}
+     chi2=df*v/var  #卡方统计量
+     options(digits=4)
+     result=list()   #产生存放结果的列表
+     result$df=df;result$var=v;result$chi2=chi2;
+     result$P=2*min(pchisq(chi2,df),pchisq(chi2,df,lower.tail=F))
+     #若是单侧检验，重新计算P值
+     if(alternative=="greater") result$P=pchisq(chi2,df,lower.tail=F)
+     else if(alternative=="less") result$P=pchisq(chi2,df)
+     result
+ }
>
> chisq.var.test(x,10*10,alternative="less")
$df
[1] 29

$var
[1] 239

$chi2
[1] 69.32

$P
[1] 1
```

图 6.8　χ^2 检验的数据结果

思 考 题

1. 什么是假设检验？其基本思想是什么？
2. 解释原假设和备择假设的含义，并归纳建立原假设和备择假设的原则。
3. 什么叫第 I 类错误、第 II 类错误？它们发生的概率大小之间存在什么关系？
4. 假设检验的主要步骤是什么？
5. 比较现代统计中经常应用的 p 值与传统假设检验的联系和区别。
6. 比较第 5 章讲述的置信区间与本章假设检验之间的区别和联系。

练 习 题

1. 在正常情况下，某炼铁炉铁水含碳量服从正态分布 $X \sim N(4.55, 0.108^2)$，现在测得 5 个炉的铁水，其含碳量分别为 4.28、4.40、4.42、4.35、4.37。如果估计方差没有变化，试问在显著性水平为 0.05 的条件下，检验现在生产的铁水平均含碳量有无改变？

2. 在上题中，如果总体均值没有变化，问总体方差是否发生改变（$\alpha = 0.05$）？

3. 某食品厂用自动装罐机装罐头食品，每罐标准重量为 500 克，现从某天生产的罐头中随机抽查 10 罐，其重量分别为：

510　505　498　503　492　502　502　497　506　495

假设罐头重量服从正态分布。

(1) 在显著性水平为 0.05 的条件下检验机器工作是否正常。

(2) 当显著性水平为 0.05 时，能否认为这批罐头重量的方差为 5.5^2？

4. 检验一批保险丝中的 10 根，测得通过强电流后熔化所需时间(s)为：

42　65　75　78　59　71　57　68　54　55

假定熔化所需时间服从正态分布。

(1) 试问在显著性水平为 0.05 的条件下，能否认为这批保险丝的平均熔化时间不小于 65？

(2) 在显著性水平为 0.05 的条件下，能否认为这批保险丝熔化时间的方差不超过 80？

5. 一种罐装啤酒采用自动生产线生产，每罐的容量为 255mL，标准差为 5mL。为检验每罐容量是否符合要求，质检人员在一周生产的啤酒中随机抽取了 40 罐进行检验，测得每罐平均容量为 255.8mL。试在显著性水平为 0.05 的条件下，检验该周生产的啤酒容量是否符合要求。

6. 某在职培训机构为了调查培训是否有利于提高学员的各项待遇，从学员入学资料知道培训前学员月平均工资为 3000 元，现随机抽查 50 名培训毕业学员，经调查，他们现在的月平均工资为 4500 元，标准差为 7071 元。试在 0.1 的显著性水平下检验能否认为参加培训有助于提高学员收入。

7. 某资格考试培训中心在招生宣传广告中声称，该中心培训的考试通过率为 90%以上，现随机抽取 30 名该中心培训的考生，考试后发现 28 名考生通过该项资格考试，试以显著性水平 0.02 检验该培训中心广告宣传是否属实。

8. 某公司宣称有 90%以上的消费者满意其产品的质量。一研究机构随机抽查了 500 名消费者，显示满意该公司产品质量的有 458 名，试在 0.05 的显著性水平下，检验该公司的声称是否属实。

9．某人口学家估计某省新生婴儿男女性别比为 6∶4，现对该省 400 名新生婴儿的抽样调查结果显示：男婴为 250 名，女婴为 150 名。试以 0.02 的显著性水平检验该人口学家的看法是否属实。

10．为比较甲、乙两班学生的英语成绩，已知甲、乙两班学生英语成绩分别服从正态分布 $N(\mu_1,28)$、$N(\mu_2,27)$。现分别从两个班抽取 10 名学生，登记他们的英语成绩，数据如下：

甲班：76　　76　　78　　79　　81　　83　　84　　89　　90　　91

乙班：77　　77　　78　　79　　82　　83　　84　　86　　87　　92

试在显著性水平为 0.05 的条件下，检验两个班学生的英语成绩有无显著差异。

11．根据第 10 题中的数据，若事先不知道两班成绩的方差，但根据经验知道，同年级各班的内部差异性基本相同，即总体方差未知，且 $\sigma_1^2 = \sigma_2^2$。试在其他条件不变的情况下，验证两班英语成绩是否存在显著性差异。

12．要比较 A、B 两种新型号的步枪射程是否相同，目前对两者射程的分布情况都不清楚，因此试验者增加了试验样本量，分别用两型号步枪射出了 100 发子弹。经过试验测量，得到 A 型号步枪的平均射程 $\bar{x}_1 = 831.5$，标准差 $s_1 = 63$；B 型号步枪的平均射程为 $\bar{x}_2 = 826.5$，标准差 $s_2 = 64.5$。试以 0.02 的显著性水平，检验两种型号的步枪射程有无显著性差异。

13．为了比较甲、乙两种安眠药的疗效，将 20 名失眠患者分成两组，每组 10 人，设服药后延长的睡眠时间 X_1 和 X_2 分别服从正态分布 $N(\mu_1,4)$ 和 $N(\mu_2,3.24)$。患者服用两种安眠药的检测数据如下：

甲：5.4　　4.7　　4.3　　3.5　　1.9　　1.8　　1.6　　0.9　　0.6　　−0.2

乙：3.6　　3.5　　2.0　　2.1　　0.7　　0.7　　0.0　　−0.2　　−0.2　　−1.5

根据样本数据，能否认为甲药比乙药的疗效更好？显著性水平为 0.02。

14．在某项研究中显示，如果人们在早餐中食用高纤维的谷类食物，平均而言，与早餐没有食用谷物的人群相比，食用谷物者在午餐中摄取的热量(大卡)将会减少。为了验证这个结论，随机抽取了 100 人，询问他们早餐的通常食谱，根据他们的食谱将其分为两类，一类是经常食用谷物者，另一类是非经常食用谷物者。调查结果显示，经常食用谷物者有 36 人，非经常食用谷物者有 64 人。然后测度他们午餐的大卡摄取量。经过一段时间的实验，测得经常食用谷物者和非经常食用谷物者每人午餐的大卡摄取量平均分别为 590 大卡和 630 大卡，样本方差分别为 2400 和 3700。试检验：

(1)早餐经常食用谷物者与非经常食用谷物者相比，午餐摄取的热量前者明显低于后者。显著性水平为 0.05。

(2)早餐经常食用谷物者与非经常食用谷物者相比，午餐摄取热量的方差前者明显低于后者。显著性水平为 0.05。

15．一家电子设备生产公司准备购进一批电子元件，该公司打算在两个供货商之间选择一家购买，两家供货商生产的元件平均使用寿命差别不大，价格也很接近，考虑的主要因素是元件使用寿命的方差大小。如果方差相同，就选择距离较近的一家供货商进货。为此，公司管理人员对两家供货商提供的样品进行了检测，得到的数据如下(单位：千小时)：

供货商 1：65　56　62　63　59　64　62　70　61　62　72　65　70　63

供货商 2：56　68　63　60　55　49　54　53　52　56　58　64　59　62　58

试以 0.05 的显著性水平检验两家供货商提供的元件使用寿命的方差是否有显著差异。

16. 为分析比较两个小镇居民的月消费支出变异情况，根据经验，居民的消费支出大体服从正态分布。现从两小镇分别随机抽取 20 户居民调查其月消费支出情况，得到如下数据：

甲镇：985　980　990　970　960　960　880　930　930　1200　1020　1010　1030
　　　1060　1060　1030　1025　1090　1125　1040

乙镇：850　950　850　955　950　1090　1070　1080　980　1030　1010　1100　1220
　　　1170　1360　1020　1100　1035　1200　1005

试在 0.05 的显著性水平下，检验这两个小镇居民的消费支出变异有无显著性差异。

17. 我国高血压患病率大幅增长，据称我国 18 岁及以上居民高血压患病率为 18.8%。不同地区的患病率可能存在差异。现在要比较两省高血压患病比率，通过抽样调查得到下列数据：甲省调查 200 人中有 38 人患有不同程度的高血压病症；乙省调查 180 人中有 36 人患病。试在 0.01 的显著性水平下，分析两省高血压的患病比率是否存在显著性差异。

18. 在一次有关吸烟习惯与患慢性气管炎的关系研究中，调查 339 名 50 岁以上的人，其中 205 名吸烟者中有 43 人患有慢性气管炎，在 134 名不吸烟者中有 13 人患有慢性气管炎。调查数据能否支持"吸烟者更容易患慢性气管炎"这种观点？显著性水平为 0.05。

19. 某健身减肥俱乐部在其宣传广告中声称，参加该俱乐部某项减肥计划可以在一周内使人均体重减轻 10kg 以上。为了验证广告的可信度，调查人员随机抽取了 10 人进行试验，对他们参加训练一周前后的体重进行跟踪测量，得到数据如表 6.15 所示。

表 6.15　训练前后的体重　　　　　　　　　　　　　　单位：kg

人 员 编 号	训 练 前	训 练 后
1	91	83.5
2	100	89.5
3	105.5	97.5
4	103.5	91.5
5	117	101
6	99	89
7	96.5	88
8	107.5	100.5
9	105	100
10	116	109.5

试在显著性水平为 0.05 的条件下，检验该健身减肥俱乐部的广告是否属实。

20. 要试验某新型降压药物的疗效，在药物研究过程中，研制人员对该药的期望是服药 5 分钟后的平均降压水平为 15mmHg。通过随机抽取 10 名高血压病人，对其服药前后进行测量，得到收缩压数据如表 6.16 所示。

表 6.16　服药前后的收缩压数据　　　　　　　　　　单位：mmHg

人 员 编 号	服 药 前	服 药 后
1	158	144
2	155	140
3	150	135
4	165	155
5	145	145
6	170	135

续表

人 员 编 号	服 药 前	服 药 后
7	150	130
8	150	135
9	135	125
10	165	150

试在显著性水平为 0.05 的条件下，检验该药物是否达到研制人员的期望。

实 训 题

化疗对癌症病人尿蛋白含量有显著影响吗？

化疗（化学治疗），即用化学合成药物治疗疾病的方法。化疗是目前治疗肿瘤及某些自身免疫性疾病的主要手段之一，但在治疗中，患者普遍有明显的恶心呕吐等副作用，给患者带来不适感。某研究机构为检测化疗对癌症病人的尿蛋白含量是否有影响，分别检测 10 名癌症患者化疗前和化疗后 1mL 尿样中的尿蛋白含量，得到的数据（mg/mL）如表 6.17 所示。

表 6.17　10 名癌症病人化疗前和化疗后尿蛋白含量　　　　　　单位：mg/mL

病 人 编 号	1	2	3	4	5	6	7	8	9	10
化 疗 前	13.3	11.7	9.8	6.4	22.0	3.1	3.7	5.3	11.8	17.4
化 疗 后	31.2	30.8	8.2	11.6	42.6	6.8	19.8	16.0	22.5	30.2

问题设计：

1．试在 $\alpha = 0.05$ 的显著性水平下，分析化疗是否对病人尿蛋白含量有显著性影响。

2．研究者通过样本观测到，化疗使得病人的尿蛋白含量明显增加，试在 $\alpha = 0.01$ 的显著性水平下，检验化疗是否真的使病人尿蛋白含量明显增加。

3．通过本实例，请归纳：假设检验中原假设和备择假设的提出需要考虑哪些因素？选择检验统计量需要考虑哪些因素？假设检验的步骤包括哪些？

运用 SPSS、R 或 Excel 进行统计计算和分析。

第7章　相关与回归

案例导入：

女性年龄与购买比基尼泳衣有关系吗？

淘宝 2015 年数据显示，2015 年共卖出超过 2000 万件泳装，仅在 6 月中旬，有一款连体泳装在一天内就卖出了 3000 多件。连体泳衣和比基尼是最受欢迎的款式，其中比基尼消费人数逐年增加，尤其近三年购买人数同期增长了 41%。85 后、00 后是比基尼购买的中坚力量，七成的比基尼都被她们买走了。另外还有 1/3 的大妈选择了买比基尼，大妈们一年在淘宝上买走的泳衣就超过 40 万件。

女性年龄与购买比基尼泳衣真有显著的关系吗？这样的问题我们能否通过定量的方法去分析？本章将要介绍的相关与回归分析就可以解决此类问题。

7.1　相　关　分　析

7.1.1　变量间的关系

无论在自然界，还是在社会经济领域，现象都不是孤立存在和发展的，一些现象与另一些现象之间相互影响、相互制约，存在着某种关系。例如，人的体重受身高的影响，两者存在着某种关系；信息业务的需求量受一个国家或地区的经济发展水平的影响，两者存在着某种关系；农业生产亩产量受施肥量、降雨量的影响，它们之间也存在着某种关系；当我们用变量来反映这些现象的数量特征时，变量之间就存在着某种关系。

事物或现象之间相互依存的关系可以分为两大类：一类是函数关系，另一类是相关关系。

1．函数关系

函数关系是一种确定性的关系，指当某一变量或若干变量（x）取定变量值时，另一个变量（y）按照一定的规律，总有确定的变量值与其相对应，则变量 y 与变量 x 之间的关系就称为函数关系。函数关系一般记为 $y = f(x)$。通常将作为变动原因的变量 x 称为自变量，将作为变动结果的变量 y 称为因变量。例如，在探讨圆的半径与圆的面积之间的关系时，圆的半径是自变量，圆的面积是因变量。

2．相关关系

在实际的社会和经济活动中，常常遇到这样的情况，就是虽然变量 x 与变量 y 存在着某种关系，但是当给定变量 x 的值时，变量 y 的值并不是唯一确定的。例如，居民消费支出与居民收入存在着某种关系，一般来说，居民收入越高，其消费支出就越多，但是，同样收入水平的居民消费支出却往往是不同的，因为居民消费支出并不仅仅受居民收入的影响，还有其他因素在起作用。例如，居民的职业、受教育水平、消费习惯，等等。再如，居民的储蓄余额与收入之间也存在某种关系，居民收入越高，居民的储蓄余额也越高，但储蓄余额并不能完全由居民收入确定，它还受消费观念、利率等因素的影响。还有，人的身高和体重之间也存在某种关系，一般来讲，随着身高值的增大，人的体重也随之增加，但人的体重还受骨骼大小、营养水平等因素的影响。

一般来说，当一个或若干个变量 x 取定某一变量值时，与之相对应的另一个变量 y 的值虽然不确定，但却按某种规律在一定范围内变化，变量之间的这种关系称为不确定性的统计关系或相关关系。

变量之间的函数关系和相关关系并不是一成不变的。在一定条件下，二者可以相互转化。具有函数关系的变量如果存在观测误差，它的表现形式往往是相关关系；具有相关关系的变量，如果对其规律性有深刻的认识，把影响变动的因素全部纳入方程，此时相关关系就转化为函数关系。

无论是函数关系还是相关关系，都必须是真实的、具有内在联系的关系，而不是主观臆造或偶然巧合。这就要求统计学在研究现象与现象之间的关系时，应当根据有关的科学理论，通过观察和试验，在对现象进行深入分析的基础上建立联系，并通过实践来对理论进行检验。

7.1.2　相关关系的类型

变量之间的相关关系依照不同的标准可以划分为不同种类。

1. 按相关程度划分

按相关程度可分为完全相关、不相关和不完全相关。

（1）完全相关

当一种现象的数量变化完全由另外一种现象的数量变化所决定时，这两种现象间的关系为完全相关，即函数关系。

（2）不相关

当现象之间彼此互不影响，其数量变化各自独立时，称为不相关现象。如电信上市公司股票价格的高低与天气的阴雨晴雪通常是不相关的。

（3）不完全相关

现象之间的关系介于完全相关和不相关之间，称为不完全相关，一般的相关现象都是指这种不完全相关。例如，正常情况下，随着施肥量的增加，亩产量也会增加，但当施肥量增加相同量时，亩产量的增长量却不一定相同。亩产量与施肥量之间的这种关系就是不完全相关的关系。

2. 按相关性质划分

按相关性质，分为正相关和负相关。

（1）正相关

在存在相关关系的变量中，若一个（或一个以上）变量呈上升或下降趋势时，另一个变量也随之呈上升或下降趋势，这种相关关系称为正相关，如图 7.1 所示。

（2）负相关

若一个变量呈上升或下降趋势时，另一个变量却向相反方向变化，呈下降或上升趋势，这种相关关系称为负相关，如图 7.2 所示。

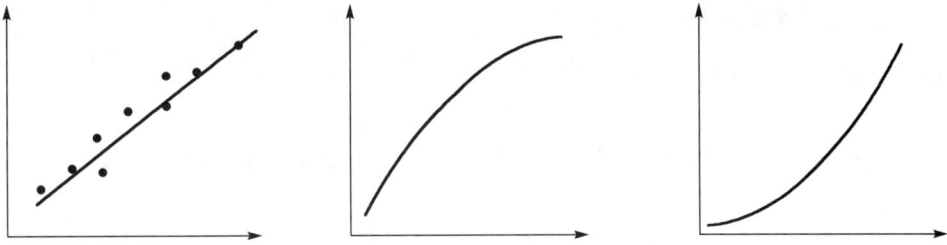

图 7.1 正相关示意图

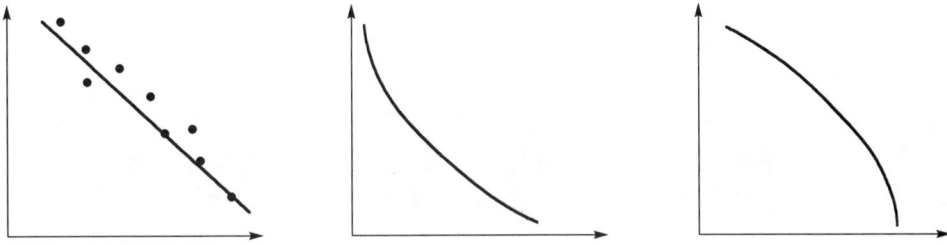

图 7.2 负相关示意图

3. 按相关关系表现形式划分

按相关关系的表现形式可分为线性相关和非线性相关。

（1）线性相关

若两个变量之间存在着相关关系，并且因变量近似地表现为自变量的一次函数，这种相关关系称为线性相关，如图 7.3 所示。

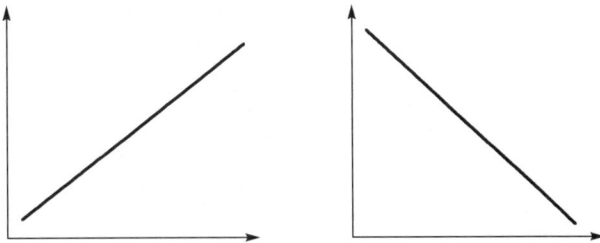

图 7.3 线性相关示意图

（2）非线性相关

若两个变量之间存在着相关关系，但因变量不是近似表现为自变量的一次函数，则称这种相关关系为非线性相关，如图 7.4 所示。

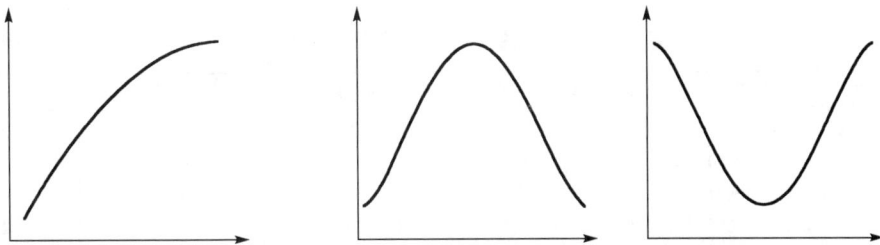

图 7.4 非线性相关示意图

4. 按相关变量个数划分

按相关变量个数，可分为单相关和复相关。

(1) 单相关

单相关是指两个变量之间的相关关系，如体重与身高之间的相关关系。

(2) 复相关

复相关也称多元相关，是指多于两个变量之间的相关关系，即一个因变量与两个或两个以上自变量之间的相关关系。如商品房价格与利率、人均收入之间的相关关系是复相关；网络用户数与国内生产总值、居民人均收入和资费之间的相关关系也是复相关。

7.1.3 相关系数

对于两个变量之间存在的线性相关关系，如何度量它们之间紧密程度的大小呢？线性相关系数或称简单相关系数可以用来度量两变量之间线性相关关系的紧密程度。

通常用 ρ 来表示总体相关系数，用 r 来表示样本相关系数。

1. 计算公式

根据总体数据计算的相关系数称为总体相关系数，其定义式为：

$$\rho = \frac{\mathrm{Cov}(x, y)}{\mathrm{Var}(x)\mathrm{Var}(y)} \tag{7.1}$$

式中，$\mathrm{Cov}(x, y)$ 是变量 x 和 y 的协方差；$\mathrm{Var}(x)$ 和 $\mathrm{Var}(y)$ 分别为变量 x 和 y 的方差。总体相关系数是反映两个变量之间线性相关程度的一种特征值，通常表现为一个常数。

若有变量 x 和 y 的 n 组样本观察值 (x_1, y_1)，(x_2, y_2)，…，(x_n, y_n)，$\overline{x}$ 与 $\overline{y}$ 分别为 x 和 y 的样本均值，则变量 y 与变量 x 之间的样本线性相关系数为：

$$r = \frac{\sum(x - \overline{x})(y - \overline{y})}{\sqrt{\sum(x - \overline{x})^2}\sqrt{\sum(y - \overline{y})^2}} \tag{7.2}$$

上述公式是 K.皮尔逊提出来的，故 r 又叫作皮尔逊相关系数。

由式 (7.2) 很容易推得另一个计算公式：

$$r = \frac{n\sum xy - \sum x \sum y}{\sqrt{n\sum x^2 - (\sum x)^2}\sqrt{n\sum y^2 - (\sum y)^2}} \tag{7.3}$$

【例 7.1】为研究某类产品广告费用与销售额之间的关系，根据调查取得 20 个样本数据，如表 7.1 所示，要求：计算产品销售额与广告费用的相关系数。

表 7.1　某产品销售额和广告费用数据表　　　　　　　　　　单位：百万元

产品编号	广告费用	销售额	产品编号	广告费用	销售额
1	7.49	28.39	7	5.23	21.75
2	6.44	26.54	8	6.73	26.49
3	9.91	34.89	9	10.39	35.25
4	8.65	31.79	10	6.62	28.09
5	11.3	38.86	11	6.5	27.23
6	8.25	28.64	12	9.4	31.95

续表

产品编号	广告费用	销售额	产品编号	广告费用	销售额
13	7.35	27.78	17	9.17	33.15
14	10.43	34.76	18	8.7	33.08
15	7.75	30.22	19	12.25	38.99
16	8.22	31.29	20	8.14	30.39

解：根据表 7.1 所示数据计算得到：

$$\sum x = 168.92 , \quad \sum y = 619.53 , \quad \sum xy \approx 5376.18$$

$$\sum x^2 \approx 1487.93 , \quad \sum y^2 \approx 19\,546.58$$

由式(7.3)得：

$$
\begin{aligned}
r &= \frac{n\sum xy - \sum x \sum y}{\sqrt{n\sum x^2 - (\sum x)^2}\sqrt{n\sum y^2 - (\sum y)^2}} \\
&= \frac{20 \times 5376.18 - 168.92 \times 619.53}{\sqrt{20 \times 1487.93 - 168.92^2}\sqrt{20 \times 19\,546.58 - 619.53^2}} \\
&= 0.9732
\end{aligned}
$$

计算结果表明，产品销售额与广告费用之间的相关系数为 0.9732。

2. 相关系数的性质

线性相关系数 r 是对变量 y 和变量 x 之间线性相关关系紧密程度的一个度量，r 的取值范围为：$-1 \leqslant r \leqslant 1$。

在两变量具有正线性相关关系时，$0 < r < 1$；在两变量具有负线性相关关系时，$-1 < r < 0$；在两变量不具有线性相关关系时，$r = 0$。不仅如此，r 的大小还可以用来反映线性相关关系的强弱程度。$|r|$ 值越大，说明线性相关程度越高；反之，$|r|$ 值越小，说明线性相关程度越低。特别地，当 $r = 1$ 时，表明现象之间存在完全的正线性相关关系；当 $r = -1$ 时，表明现象之间存在完全的负线性相关关系；当 $r = 0$ 时，表明现象之间完全没有线性相关关系。一般来说，若 $|r| \geqslant 0.8$，视为高度相关；若 $0.5 \leqslant |r| < 0.8$，视为显著相关；若 $0.3 \leqslant |r| < 0.5$，则视为低度相关；$|r| < 0.3$，一般可视为不相关。

例 7.1 的计算结果表明，产品销售额与广告费用之间存在高度正相关关系。

根据式(7.2)和式(7.3)，观察任何两个现象得到的 n 组观察值都能计算出一个线性相关系数，有时这两个现象之间毫无关系，没有任何关联，但是计算出来的线性相关系数 r 有时还会很大，这往往是虚假相关现象。要排除虚假相关现象，就必须在相关分析之前运用有关理论知识和经验，首先从性质上判定两个变量是否关联，若两个变量无任何关联，则计算的相关系数毫无意义。

3. 相关系数的显著性检验

在进行实际的社会经济现象相关分析中，往往是利用 n 组观察值来计算相关系数 r，但由于 n 组观察值只是 n 个样本数据，所以带有随机性，并且样本容量越小，这种随机性越大。所以计算出的相关系数能不能作为两个变量之间存在线性相关关系的依据还要进行判断，这就是相关系数的显著性检验。若相关系数 r 在统计上显著，那么它的值就能作为两个变量间存在线性相关关系的依据；若相关系数 r 在统计上不显著，则不能作为依据。

在小样本情形下（$n < 30$），通常采用 t 检验法来检验 r 的显著性。其方法步骤如下。

（1）提出假设：H_0：$\rho = 0$；$\rho \neq 0$。

（2）计算检验的统计量：

$$t = \frac{r\sqrt{n-2}}{\sqrt{1-r^2}} \sim (n-2) \tag{7.4}$$

（3）确定显著性水平 α，做出决策。根据给定的显著性水平 α 和自由度 $(n-2)$，查 t 分布表得到相应的临界值 $t_{\alpha/2}(n-2)$，若 $|t| \geq t_{\alpha/2}(n-2)$，则拒绝原假设 H_0，认为所考察两变量的相关性是显著的，即 r 在统计上是显著的；若 $|t| < t_{\alpha/2}(n-2)$，则无法拒绝原假设 H_0，总体间存在显著线性相关的证据不充分，即 r 在统计上是不显著的。

【例 7.2】 对例 7.1 中产品销售额和广告费用之间的相关系数进行显著性检验。给定显著性水平 $\alpha = 0.05$。

解：提出假设：H_0：$\rho = 0$；$\rho \neq 0$。

根据式（7.4），计算检验的统计量：

$$t = \frac{r\sqrt{n-2}}{\sqrt{1-r^2}} = \frac{0.9732 \times \sqrt{20-2}}{\sqrt{1-0.9732^2}} \approx 17.89$$

根据显著性水平 $\alpha = 0.05$，查 t 分布表，$t_{\alpha/2}(n-2) = t_{0.025}(20-2) = 2.101$。由于 $|t| = 17.89 > t_{\alpha/2}(n-2) = 2.101$，所以拒绝原假设 H_0，相关系数 r 在统计上是显著的，认为产品销售额和广告费用之间存在显著的相关关系。

7.2　一元线性回归

7.2.1　回归分析的基本概念

通过相关分析，可以知道变量之间有没有相关关系以及相关关系是否紧密，但并不知道变量之间究竟是什么样的一种关系。在实际的运用中，往往需要知道具有相关关系的变量之间的数量关系，这种数量关系可用函数表达式来表述，回归分析就是对具有相关关系的一些变量，用函数表达式来表述各变量之间相关关系的研究过程。

回归分析的主要内容是：根据样本数据，确定变量间的定量关系式；对所确定的关系式的可信程度进行各种统计检验；从影响某个变量的诸多变量中判断哪些变量的影响显著，哪些影响不显著；利用经检验通过的定量关系式进行预测和控制。

相关分析与回归分析有明显的区别，具体体现在研究目的和方法上。相关分析主要研究变量之间相关的方向和相关的程度。因此可以不确定变量中哪个是自变量，哪个是因变量，其所涉及的变量可以都是随机变量。回归分析主要是研究变量之间相互关系的具体形式，它对具有相关关系的变量之间的数量联系进行测定，确定一个函数关系，根据这个函数关系式可以从已知量来推测未知量，从而为估算和预测提供一个重要的方法。因此回归分析中必须事先确定具有相关关系的变量中哪个是自变量，哪个是因变量。

在回归分析中研究的数学模型主要是线性回归模型以及可线性化的非线性回归模型。

7.2.2　一元线性回归模型的设定

在人们的日常生活中，经常会发现这样的现象：虽然某种事物的变化是众多因素作用的结果，但其中却有一个主要的因素，它往往是我们研究的首要对象。比如居民可支配收入的增加是其消费支出增加的首要因素；广告费用的增加是影响销售额增加的主要因素；等等。

对于具有相关关系的两个变量 x 与 y ，根据样本数据，确定两个变量之间相关关系的函数表达式，就是一元回归分析，如果两个变量之间是线性相关关系，则称为一元线性回归。根据表 7.1 所示数据画出产品销售额与广告费用之间的散点图，如图 7.5 所示。

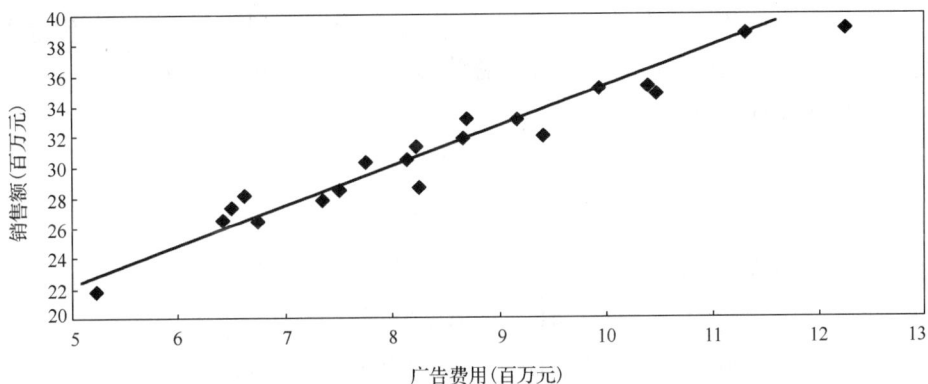

图 7.5　产品销售额和广告费用的散点图

从图 7.5 中看出样本数据点大致落在一条直线附近，可以判断产品销售额与广告费用之间存在线性关系，从图中还可以发现样本数据点并不完全落在直线上，也就是说产品销售额并不完全由广告费用所确定。实际上，影响产品销售额的因素还有许多，比如人口总量、居民收入水平、居民消费偏好等都会对产品销售额产生影响，样本数据点与直线之间的差异可以看作其他所有因素影响的结果。

在此把例 7.1 中的广告费用作为自变量 x ，产品销售额作为因变量 y ，由图 7.5 可知，变量 y 与变量 x 之间基本上是线性关系，将除广告费用外的其他一些因素作为随机因素处理。因此，可以假设变量 y 与变量 x 之间有下列关系：

$$y = \alpha + \beta x + \varepsilon \tag{7.5}$$

这就是产品销售额和广告费用的一元线性回归模型，它表明广告费用是决定产品销售额的主要因素，二者之间有密切的关系，但密切的程度又没有达到由 x 唯一确定 y 的地步。其中，α 称为常数项，代表不受广告费用影响的产品销售额，β 表明广告费用每增加一个单位时，产品销售额所增加的数量，而 ε 表示影响产品销售额变化的其他因素，比如人口总量、居民收入水平、居民消费偏好等。

一般情况下，对于所研究对象获得的 n 组样本观察值 (x_1,y_1) ，(x_2,y_2) ，$\cdots$ ，(x_n,y_n) ，如果它们均符合式(7.5)，则

$$y_i = \alpha + \beta x_i + \varepsilon_i \qquad (i=1,2,\cdots,n) \tag{7.6}$$

这就是一元线性回归的数学模型。式中，一般称 y 为被解释变量(因变量)，是随机变量；

x 为解释变量(自变量),是可控变量。α、β 为回归系数,α 是当 $x=0$ 时 y 的期望值,β 是当 x 变动一个单位时,y 的平均变动量,ε 表示其他影响因素,称为随机误差项。

随机误差项是不可预测的,在实际应用中,为了回归分析的需要,对模型中的随机误差项有以下基本假定:

(1)随机误差项 ε_i ($i=1,2,\cdots,n$)服从正态分布。

(2)随机误差项 ε_i 的期望值为 0,即 $E(\varepsilon_i)=0$。

(3)随机误差项 ε_i 的方差为 σ^2,即 $\mathrm{Var}(\varepsilon_i)=\sigma^2(i=1,2,\cdots,n)$。

(4)随机误差项 ε_i 相互独立,无自相关,即 $\mathrm{Cov}(\varepsilon_i,\varepsilon_j)=0(i,j=1,2,\cdots,n,i\neq j)$。

(5)自变量 x 与随机误差项 ε 不相关,即 $\mathrm{Cov}(x,\varepsilon)=0$。

以上基本假定是由德国著名的数学家高斯最早提出来的,因此也称为高斯假定或标准假定,满足以上假定条件的一元线性回归模型称为标准一元线性回归模型。

根据以上假设条件,有

$$y \sim N(\alpha+\beta x,\sigma^2) \tag{7.7}$$

$$E(y)=\alpha+\beta x \tag{7.8}$$

由于式(7.8)是在给定 x 的条件下估计的,因此实际上可以表示为:

$$E(y|x)=\alpha+\beta x \tag{7.9}$$

式(7.9)为一元线性回归方程,它表明 x 和 y 之间的统计关系是在平均意义下讨论的,即当 x 的值给定后,利用回归模型计算得到的 y 的平均值。

7.2.3 参数的最小二乘估计

回归分析的主要任务就是建立能够近似反映真实总体回归函数的样本回归函数,在根据样本资料确定样本回归方程时,一般希望 y 的估计值 $\hat{y}$ 从总体上能尽可能地接近其实际观测值。通过前面的分析可知,式(7.9)中的回归参数 α 和 β 是未知的,需要根据变量 y 和 x 的样本数据对它们进行估计。在此通常采用的是最小二乘估计(Ordinary Least Square Estimation,简称 OLSE),利用最小二乘法得到的估计量 $\hat{\alpha}$ 和 $\hat{\beta}$ 称为 α 和 β 的最小二乘估计,这样一元线性回归的回归方程为:

$$\hat{y}=\hat{\alpha}+\hat{\beta}x \tag{7.10}$$

这是一条回归直线,式中 $\hat{\alpha}$ 和 $\hat{\beta}$ 均为常数,它们决定了直线的位置,$\hat{\alpha}$ 是直线的截距,$\hat{\beta}$ 是直线的斜率。

对于每一个观察值 x_i,利用式(7.10)计算得到的回归值 $\hat{y}_i$ 与实际观察值 y_i 并不一定相等,而是存在一定的偏差 e_i,$e_i=y_i-\hat{y}_i$。这个偏差 e_i 称为残差,可能为正数,也可能为负数,如图 7.6 所示。

由于残差的正负不确定性,简单的代数和会相互抵消,因此若要反映所有观察值与回归值之间的偏离程度,则不能用残差的和,数学上一般使用残差的平方和,即

$$\sum e_i^2=\sum(y_i-\hat{y}_i)^2=\sum(y_i-\alpha-\beta x)^2 \tag{7.11}$$

最小二乘法的基本思想就是使拟合的回归直线 $\hat{y}_i=\hat{\alpha}+\hat{\beta}x_i$ 在所有直线中,实际观察点

(x_i, y_i) 与回归直线上的点 $(x_i, \hat{y}_i)$ $(i=1,2,\cdots,n)$ 之间的偏离程度最小，即

$$\sum e_i^2 = \sum (y_i - \hat{y}_i)^2 = \sum (y_i - \alpha - \beta x)^2 = \min \tag{7.12}$$

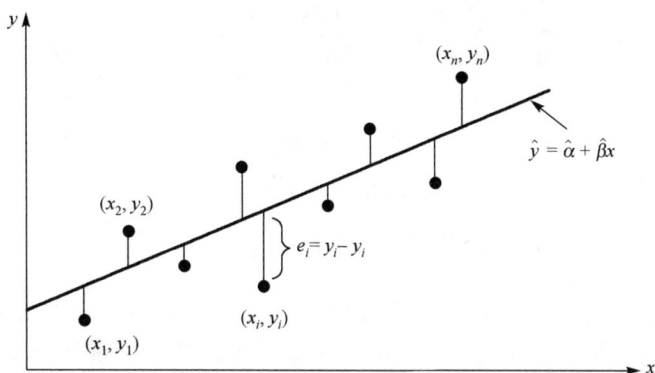

图 7.6　最小二乘法示意图

根据微积分中的求极值定理，要使式 (7.12) 成立，应分别将 $\sum e_i^2$ 对 α 和 β 求偏导数，并令偏导数等于 0，即

$$\frac{\partial \sum (e_i)^2}{\partial \alpha} = -2\sum (y_i - \alpha - \beta x_i) = 0$$

$$\frac{\partial \sum (e_i)^2}{\partial \beta} = -2\sum (y_i - \alpha - \beta x_i) x_i = 0$$

化简两方程，联立得到：

$$\sum y_i = n\alpha + \beta \sum x_i$$
$$\sum x_i y_i = \alpha \sum x_i + \beta \sum x_i^2$$

解方程组，可得：

$$\begin{cases} \hat{\beta} = \dfrac{n\sum x_i y_i - \sum x_i \sum y_i}{n\sum x_i^2 - \left(\sum x_i\right)^2} \\[3mm] \hat{\alpha} = \dfrac{\sum y_i}{n} - \dfrac{\sum x_i}{n}\hat{\beta} \end{cases} \tag{7.13}$$

式 (7.13) 中的 $\hat{\alpha}$ 和 $\hat{\beta}$ 就是 α 和 β 的最小二乘估计。

【例 7.3】　根据例 7.1 中的产品销售额和广告费用数据，拟合一元线性回归方程。

解：根据题意，设产品销售额为因变量 y，广告费为自变量 x，则待估计的一元线性回归方程为 $\hat{y} = \hat{\alpha} + \hat{\beta}x$。根据题中数据，得到：

$$\sum x = 168.92, \quad \sum y = 619.53, \quad \sum xy \approx 5376.18$$
$$\sum x^2 \approx 1487.93, \quad \sum y^2 \approx 19\,546.58$$

由式 (7.13) 得：

$$\hat{\beta} = \frac{n\sum x_i y_i - \sum x_i \sum y_i}{n\sum x_i^2 - (\sum x_i)^2} = \frac{20 \times 5376.18 - 168.92 \times 619.53}{20 \times 1487.93 - 168.92^2} \approx 2.35$$

$$\hat{\alpha} = \frac{\sum y_i}{n} - \frac{\sum x_i}{n}\hat{\beta} = \frac{619.53}{20} - \frac{168.92}{20} \times 2.35 \approx 11.13$$

因此，拟合的回归方程为 $\hat{y} = 11.13 + 2.35x$。

这个回归方程告诉我们：随着广告费用的增加，产品销售额也增加，在不考虑其他因素情况下，投入广告费用 1（百万元），产品销售额期望增加的估计值为 2.35（百万元）。

7.2.4　一元线性回归分析中的显著性检验

根据 n 组变量 x 与 y 的样本数据，采用最小二乘估计得到的回归系数 $\hat{\beta}$ 与 0 是否有显著差异，以及变量 y 与变量 x 之间是否存在线性关系，还需要进行统计检验，即需要进行回归系数的显著性检验和回归方程的显著性检验。

对一元线性回归方程而言，回归系数的显著性检验和回归方程的显著性检验的结果应该是一致的。

1．回归系数的显著性检验

在式 (7.5) 中，如果 $\beta = 0$，则 x 对 y 的线性影响作用不显著，可认为 x 与 y 之间不存在线性关系，一元线性回归数学模型不成立；如果 $\beta \neq 0$，则 x 对 y 的线性影响作用显著，x 与 y 之间存在着线性关系，所建立的一元线性回归方程可以认为能够反映变量之间的线性关系。所以需要对回归系数 β 与 0 是否有显著差异进行统计检验，其检验过程如下。

(1) 假设变量 x 与变量 y 的总体之间没有线性关系，即

$$H_0: \beta = 0, \quad H_1: \beta \neq 0$$

(2) 计算回归系数 $\hat{\beta}$ 的 t 统计量：

$$t_{\hat{\beta}} = \frac{\hat{\beta}}{s_{\hat{\beta}}} \sim (n-2) \tag{7.14}$$

式中：

$$s_{\hat{\beta}} = \sqrt{\frac{s_y^2}{\sum(x_i - \bar{x})^2}} = \sqrt{\frac{\sum e_i^2}{(n-2)\sum(x_i - \bar{x})^2}} = \sqrt{\frac{\sum(y_i - \hat{y}_i)^2}{(n-2)\sum(x_i - \bar{x})^2}}$$

(3) 根据给定的显著性水平 α 和自由度 $(n-2)$，查找 t 分布表中相应的临界值 $t_{\alpha/2}(n-2)$ 进行判断：若 $|t| > t_{\alpha/2}(n-2)$，则拒绝原假设 H_0，可以认为 $\beta \neq 0$，变量间的线性关系存在；若 $|t| \leq t_{\alpha/2}(n-2)$，则不能拒绝原假设 H_0，认为 $\beta = 0$，变量间的线性关系不存在。

【例 7.4】　检验例 7.3 中的回归系数 $\hat{\beta}$ 是否显著。

解：根据例 7.3 中估计出来的回归方程：$\hat{y} = 11.13 + 2.35x$

提出假设：假设广告费用 x 与产品销售额 y 的总体之间没有线性关系，即

$$H_0: \beta = 0, \quad H_1: \beta \neq 0$$

计算回归系数 $\hat{\beta}$ 的 t 统计量 $t_{\hat{\beta}} = \dfrac{\hat{\beta}}{s_{\hat{\beta}}}$，根据例 7.3 中的回归方程，可计算得到变量 y 的回归值 $\hat{y}_i$，根据式(7.14)：

$$s_{\hat{\beta}} = \sqrt{\frac{\sum(y_i - \hat{y}_i)^2}{(n-2)\sum(x_i - \bar{x})^2}} \approx 0.13$$

$$t_{\hat{\beta}} = \frac{\hat{\beta}}{s_{\hat{\beta}}} = \frac{2.35}{0.13} \approx 18.08$$

选择显著性水平 $\alpha = 0.05$，自由度为 $(n-2) = 20 - 2 = 18$，查找 t 分布表得到：

$$t_{\alpha/2}(n-2) = t_{0.025}(20-2) = 2.1$$

由于 $t_{\hat{\beta}} = 18.08 > t_{\alpha/2} = 2.1$，因此拒绝原假设 H_0，可以认为 $\beta \neq 0$，即认为样本回归系数显著，表明广告费用与产品销售额之间的线性关系存在，广告费用是影响产品销售额的显著因素。

2．回归方程的拟合优度

线性回归方程 $\hat{y} = \hat{\alpha} + \hat{\beta}x_i$ 概括地描述了变量 x 与变量 y 之间的关系，但这种关系是强还是弱，回归方程并不能测定，关系的强度取决于直线对这种关系描述的好坏，也就是各观察值点聚集在回归直线周围的紧密程度，这种紧密程度称为回归直线对样本数据的拟合程度。在一元回归分析中，对于每次观察的样本数据来说，因变量 y_i 之间的差异或离差的大小可以用实际观察值 y_i 与其平均值 $\bar{y}$ 之间的差 $(y_i - \bar{y})$ 来表示，所有样本数据的总离差可用这些离差的平方和表示，即 $\sum_{i=1}^{n}(y_i - \bar{y})^2$，它称为总离差平方和，用 SST 表示，每个样本数据 y_i 与 $\bar{y}$ 之间的离差 $(y_i - \bar{y})$ 可以分解为两部分，如图 7.7 所示。

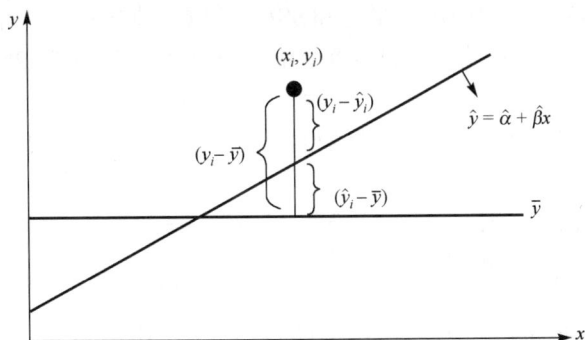

图 7.7　总离差分解示意图

即

$$y_i - \bar{y} = (\hat{y}_i - \bar{y}) + (y_i - \hat{y}_i) \tag{7.15}$$

式中，$(\hat{y}_i - \bar{y})$ 称为回归离差，反映回归值 $\hat{y}_i$ 与样本数据 y_i 的平均值 $\bar{y}$ 之间的离差大小；$(y_i - \hat{y}_i)$ 称为剩余离差，反映样本数据 y_i 与其相应的回归值 $\hat{y}_i$ 之间的离差大小，也就是残差 e_i。

对式(7.15)两边求平方，整理后可得：

$$\sum (y_i - \overline{y})^2 = \sum (\hat{y}_i - \overline{y})^2 + \sum (y_i - \hat{y}_i)^2 \qquad (7.16)$$

若用 SSR 和 SSE 分别表示回归离差平方和与剩余离差平方和，则有 $\text{SST} = \text{SSR} + \text{SSE}$。

从图 7.7 可以看出，各样本点若与回归直线越靠拢，$\dfrac{\text{SSR}}{\text{SST}}$ 就越大；反之，样本点与回归直线离得越远，$\dfrac{\text{SSR}}{\text{SST}}$ 就越小。若用 r^2 来表示这个比值，则有：

$$r^2 = \frac{\text{SSR}}{\text{SST}} = 1 - \frac{\text{SSE}}{\text{SST}} = \frac{\sum (\hat{y}_i - \overline{y})^2}{\sum (y_i - \overline{y})^2} \qquad (7.17)$$

r^2 可以用于测定回归直线对各样本数据的拟合程度，称为可决系数。若样本数据全部都在回归直线上，则 $\text{SSE} = 0$，$r^2 = 1$；若样本数据均距回归直线很远，则 $\dfrac{\text{SSE}}{\text{SST}}$ 接近于 1，$r^2 = 0$。r^2 的变动范围在 0 与 1 之间，r^2 越接近于 1，回归离差平方和占总离差平方和的比例越大，回归直线对样本数据的拟合程度越高。

实际上，r^2 的平方根就是相关系数 r：

$$r = \sqrt{\frac{\sum (\hat{y}_i - \overline{y})^2}{\sum (y_i - \overline{y})^2}} = \sqrt{\frac{\sum (\hat{\alpha} + \hat{\beta} x_i - \hat{\alpha} - \hat{\beta} \overline{x})^2}{\sum (y_i - \overline{y})^2}}$$

$$= \hat{\beta} \sqrt{\frac{\sum (x_i - \overline{x})^2}{\sum (y_i - \overline{y})^2}} = \frac{\sum (x_i - \overline{x})(y_i - \overline{y})}{\sqrt{\sum (x_i - \overline{x})^2} \sqrt{\sum (y_i - \overline{y})^2}}$$

相关系数 r 与可决系数 r^2 一样，都能用来说明样本数据点与回归直线靠拢或分散的程度，即都能用来测定回归直线对样本数据点的拟合程度。

r^2 值越大，$|r|$ 越接近于 1，表明回归直线对样本数据点拟合得越好，拟合优度越高。

在总离差平方和 SST 中，回归离差平方和 SSR 可以看作回归直线所能解释的离差平方和，剩余离差平方和 SSE 则是回归直线无法解释的离差平方和，所以 SSR 与 SST 的比值 r^2 也可以看作总离差中可以归因于 x 与 y 之间直线关系的比例。

【例 7.5】以例 7.1 中的数据计算产品销售额与广告费用回归的可决系数，说明拟合优度。

解：

$$r^2 = \frac{\text{SSR}}{\text{SST}} = \frac{\sum (\hat{y}_i - \overline{y})^2}{\sum (y_i - \overline{y})^2} = \frac{\sum (11.13 + 2.35 x_i - 30.977)^2}{\sum (y_i - 30.977)^2} \approx 0.95$$

可决系数为 0.95，也可以说产品销售额的总离差中归因于 x 与 y 之间直线关系的比例为 95%。

3. 估计标准误差

可决系数 r^2 和相关系数 r 可以描述回归直线对样本数据点的拟合优度和变量 x 与 y 之间相关关系的紧密程度，但我们还不知道各样本值 y_i 与回归直线上的 $\hat{y}_i$ 值之间的离差究竟有多大。

剩余离差平方和 $SSE = \sum(y_i - \hat{y}_i)^2$ 可以用来测定各 y_i 值对回归直线的离差。由于 $SSE = \sum(y_i - \hat{y}_i)^2 = \sum(y_i - \hat{\alpha} - \hat{\beta}x_i)^2$，式中的参数 $\hat{\alpha}$ 和 $\hat{\beta}$ 是由样本数据计算得出的，从而消失了两个自由度，所以剩余离差平方和 $\sum(y_i - \hat{y}_i)^2$ 的自由度为 $(n-2)$。

我们定义残差 $e_i = y_i - \hat{y}_i$ 的方差 s_y^2 为：

$$s_y^2 = \frac{\sum(y_i - \hat{y}_i)^2}{n-2} \tag{7.18}$$

e_i 的标准差 s_y 为：

$$s_y = \sqrt{\frac{\sum(y_i - \hat{y}_i)^2}{n-2}} \tag{7.19}$$

s_y 称为 y 对 x 的最小二乘回归的估计标准误差，它可以用来测度样本值 y_i 与回归直线的绝对离差的大小。

【例 7.6】　计算例 7.3 中产品销售额对广告费用回归的估计标准误差。

由式 (7.19) 得：

$$s_y = \sqrt{\frac{\sum(y_i - \hat{y}_i)^2}{n-2}} = \sqrt{\frac{18.785}{18}} \approx 1.0216$$

产品销售额的每个样本数据点与回归直线之间的误差平均为 1.0216（百万元）。

4．回归方程的显著性检验

变量 x 与 y 之间是否真正存在线性关系，除了可用回归系数的显著性检验外，还可以方差分析为基础进行检验，即回归方程的显著性检验，也称为 F 检验。

如前所述，总离差平方和可分解为回归离差平方和与剩余离差平方和，即 $SST = SSR + SSE$。每一个平方和都有一个自由度，总离差平方和 SST 的自由度为 $(n-1)$，回归离差平方和 SSR 的自由度为 1，对一个自变量回归，自由度为 1；前面已述剩余离差平方和的自由度为 $(n-2)$。方差分析如表 7.2 所示。

表 7.2　一个自变量线性回归的方差分析表

离 差 类 别	离 差 平 方 和	自　由　度	方　　差	F 统计量
回归	SSR	1	$\dfrac{SSR}{1}$	
残差	SSE	$n-2$	$\dfrac{SSE}{n-2}$	$F = \dfrac{SSR/1}{SSE/(n-2)}$
总和	SST	$n-1$	$\dfrac{SST}{n-1}$	

F 检验的步骤如下。

(1) 提出假设，即

$$H_0 : 回归方程不显著$$

(2) 计算回归方程的 F 统计量：

$$F = \frac{\text{SSR}/1}{\text{SSE}/n-2} = \frac{\sum(\hat{y}_i - \overline{y})^2 /1}{\sum(y_i - \hat{y}_i)^2 /(n-2)} \sim F(1, n-2) \qquad (7.20)$$

（3）根据给定的显著性水平 α 及两个自由度 1 和 $(n-2)$，查 F 分布表中相应的临界值 $F_\alpha(1, n-2)$ 进行判断：若 $F > F_\alpha(1, n-2)$，则拒绝 H_0，即线性回归方程显著；若 $F \leq F_\alpha(1, n-2)$，则不能拒绝 H_0，即不能证明线性回归方程显著。

【例 7.7】 对例 7.3 中产品销售额与广告费用之间的线性回归方程进行显著性检验。$\alpha = 0.05$。

解：提出假设：

$$H_0 : \text{回归方程不显著}$$

由式（7.20）可得：

$$F = \frac{\text{SSR}/1}{\text{SSE}/n-2} = \frac{\sum(\hat{y}_i - \overline{y})^2 /1}{\sum(y_i - \hat{y}_i)^2 /(n-2)} = \frac{336.921/1}{18.785/18} = 322.936$$

显著性水平 $\alpha = 0.05$，查 F 分布表得 $F_{0.05}(1,18) = 4.414$，因为 $F = 322.936 > F_{0.05}(1,18) = 4.414$，所以拒绝 H_0，即产品销售额与广告费用之间的线性回归方程显著。

在单相关分析中，F 检验与 t 检验实际上是等价的。

7.2.5　一元线性回归方程预测

回归分析中的一个重要内容就是根据经检验通过的回归方程对因变量 y 进行预测。如果所拟合的样本回归方程经过检验，被认为具有经济意义，同时被证明有较高的拟和程度，就可以利用其来进行预测。

1. 点预测

一元线性回归的点预测值很容易求得。实际上对任一给定的 x_0，由回归方程 $\hat{y} = \hat{\alpha} + \hat{\beta}x$ 可求得点估计值：

$$\hat{y}_0 = \hat{\alpha} + \hat{\beta}x_0 \qquad (7.21)$$

2. 区间预测

由于变量 y 与 x 之间是相关关系而非函数关系，y 是一个随机变量，所以实际上 y_0 的值与点估计值 $\hat{y}_0$ 之间存在着随机误差。我们要对 y_0 的实际值进行预测，就应在一定的置信水平 $(1-\alpha)$ 下给出 y_0 的置信区间，即 y_0 的预测区间为：

$$(\hat{y}_0 - \Delta y, \hat{y}_0 + \Delta y) \qquad (7.22)$$

式中，Δy 称为预测值的误差变动范围。

（1）大样本情形下的区间预测

一般来说，在这种情况下，若 x_0 不远离 $\overline{x}$，则误差变动范围 Δy 为：

$$\Delta y = z_{\frac{\alpha}{2}} s_y \qquad (7.23)$$

式中，$z_{\frac{\alpha}{2}}$ 称为概率度，当给定置信水平 $(1-\alpha)$ 时，可查标准正态分布表得到相应的 $z_{\frac{\alpha}{2}}$ 值；s_y 为回归估计标准误差。

例如，当 $z_{\frac{\alpha}{2}}=1$、 $z_{\frac{\alpha}{2}}=2$、 $z_{\frac{\alpha}{2}}=3$ 时，预测区间和概率保证分别为：

$(\hat{y}_0-s_y,\hat{y}_0+s_y)$，概率保证为 68.27%。

$(\hat{y}_0-2s_y,\hat{y}_0+2s_y)$，概率保证为 95.45%。

$(\hat{y}_0-3s_y,\hat{y}_0+3s_y)$，概率保证为 99.73%。

(2) 小样本情形下的区间预测

可以证明小样本情况下置信度为 $1-\alpha$ 的预测值的误差变动范围 Δy 为：

$$\Delta y = t_{\frac{\alpha}{2}}(n-2)\cdot s_y \cdot \sqrt{1+\frac{1}{n}+\frac{(x_0-\overline{x})^2}{\sum(x_i-\overline{x})^2}} \tag{7.24}$$

式中， $t_{\frac{\alpha}{2}}(n-2)$ 可查 t 分布表得到。

在式 (7.24) 中，若 n 很大，则 $\frac{1}{n}$ 趋于 0，当 x_0 接近 $\overline{x}$ 时， $\frac{(x_0-\overline{x})^2}{\sum(x_i-\overline{x})^2}$ 也趋于 0， t 分布也趋近于标准正态分布，这时式 (7.24) 就与大样本下的式 (7.23) 等同。

由预测区间的计算公式可知，在大样本情况下，预测值的误差变动范围 Δy 与 x 的取值无关，如图 7.8(a) 所示。而在小样本情况下， Δy 与 x 的取值有关，在给定的显著性水平 α 下，样本容量 n 越大， x_0 与 $\overline{x}$ 越接近，此时，预测区间较窄，误差范围较小，预测精度越高；而当 x_0 取与 $\overline{x}$ 较远的值时，误差范围较大，预测区间较宽，如图 7.8(b) 所示。

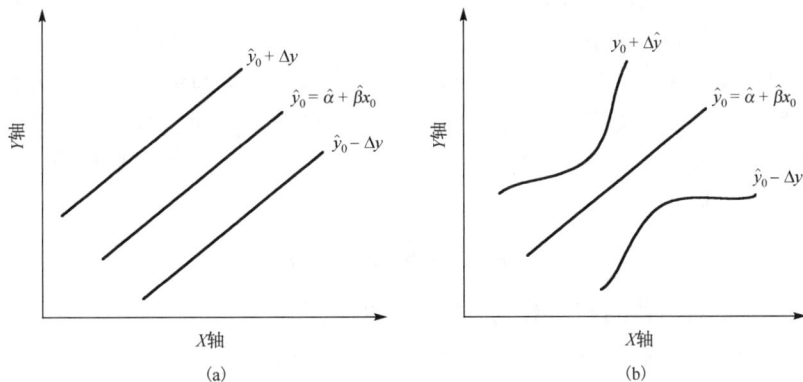

图 7.8　预测区间示意图

【例 7.8】　根据例 7.3 中的线性回归方程，在显著性水平为 0.05 的条件下，预测当广告费用为 10（百万元）时的产品销售额。

解：例 7.3 中的线性回归方程为 $\hat{y}=11.13+2.35x$，并已通过检验。

当 $x=x_0=10$ 时，回归方程的点估计值为：

$$\hat{y}=11.13+2.35x=11.13+2.35\times10=34.63$$

显著性水平 $\alpha=0.05$， $t_{\frac{\alpha}{2}}(n-2)=t_{0.025}(20-2)=2.1$

$$\Delta y = t_{\frac{\alpha}{2}}(n-2)\times s_y \times \sqrt{1+\frac{1}{n}+\frac{(x_0-\overline{x})^2}{\sum(x_i-\overline{x})^2}} = 2.1\times1.0216\times\sqrt{1+\frac{1}{20}+\frac{(10-8.446)^2}{61.23}} \approx 2.2392$$

预测区间为 $(34.63-2.2392, 34.63+2.2392)$，即 $(32.3908, 36.8692)$。

7.3　多元线性回归

一元线性回归分析实际上是将实际的社会经济现象之间的关系简化了，因为影响一个经济变量发展的因素一般是多个的，在一元线性回归分析中，将这些因素看作在观察期内保持不变。这当然只能是一种假定，并不准确地符合实际情况。例如，对某种商品的需求量 Q 进行研究，它可能与商品价格 P、居民收入 R 等都有关系，此时，我们需要建立它们之间的多元回归分析，如果它们的关系是线性的，则可以表示为 $Q = \beta_0 + \beta_1 P + \beta_2 R + \varepsilon$。

多元回归是用一个一般的模型，来描述包括多个变量影响在内的相关关系，这种为建立某一变量与多个变量之间关系形式所采用的方法和过程称为多元回归分析。

多元回归分为多元线性回归和多元非线性回归。本节所研究的多元线性回归具有一般意义，因为许多非线性回归问题可以转化为线性回归问题来解决。

7.3.1　多元线性回归模型的设定

当影响因变量 y 的因素有 k 个时，且 y 与 k 个变量 x_k 为线性关系，则总体线性回归模型为：

$$y = \beta_0 + \beta_1 x_1 + \beta_2 x_2 + \cdots + \beta_k x_k + \varepsilon \tag{7.25}$$

式中，$\beta_0, \beta_1, \cdots, \beta_k$ 为回归模型的参数，它们决定了因变量 y 与自变量 $x_1, x_2, \cdots, x_k$ 线性关系的具体形式。其中某个回归系数 β_i 的含义表示当控制其他变量不变的条件下，第 i 个自变量的单位变动对因变量均值的影响，我们把这里的回归系数称为偏回归系数。ε 是随机误差项，代表了除模型中选定的 k 个自变量之外的其余的未知因素对 y 的影响。回归分析的根本目的就是要确定模型参数的具体数值，从而确定因变量与自变量之间的线性关系的具体形式。

在总体线性回归模型中，各个回归系数是未知的，只能利用样本观测值进行估计。得到样本多元线性回归方程：

$$\hat{y} = \hat{\beta}_0 + \hat{\beta}_1 x_1 + \hat{\beta}_2 x_2 + \cdots + \hat{\beta}_k x_k \tag{7.26}$$

式中，$\hat{\beta}_0, \hat{\beta}_1, \cdots, \hat{\beta}_k$ 是对总体回归参数 $\beta_0, \beta_1, \cdots, \beta_k$ 的估计。

由样本回归方程得到的因变量估计值 $\hat{y}_i$ 与实际观测值 y_i 之间通常也存在偏差，即残差 e_i：

$$e_i = y_i - \hat{y}_i \tag{7.27}$$

7.3.2　参数的最小二乘估计

多元线性回归模型，除了要符合一元线性回归的各项假定条件外，还需要增加各自变量之间不存在线性关系的假定。

对于多元线性回归模型，在满足各项假定前提下，由样本数据估计回归系数的方法与一元线性原理相同，根据最小二乘法原理即可求得回归方程。

由 7.2 节分析可知，参数的最小二乘估计值应使全部实际观察值 y_i 与回归值 $\hat{y}_i$ 之间的离差平方和达到最小，即

$$Q = \sum (y_i - \hat{y}_i)^2 = \sum (y_i - \hat{\beta}_0 - \hat{\beta}_1 x_{1i} - \cdots - \hat{\beta}_k x_{ki})^2 = \min$$

根据极值定理，参数 $\hat{\beta}_0, \hat{\beta}_1, \cdots, \hat{\beta}_k$ 应满足方程组：

$$\frac{\partial Q}{\partial \hat{\beta}_0} = -2\sum (y_i - \hat{\beta}_0 - \hat{\beta}_1 x_{1i} - \cdots - \hat{\beta}_k x_{ki}) = 0$$

$$\frac{\partial Q}{\partial \hat{\beta}_1} = -2\sum (y_i - \hat{\beta}_0 - \hat{\beta}_1 x_{1i} - \cdots - \hat{\beta}_k x_{ki}) x_{1i} = 0$$

$$\vdots$$

$$\frac{\partial Q}{\partial \hat{\beta}_k} = -2\sum (y_i - \hat{\beta}_0 - \hat{\beta}_1 x_{1i} - \cdots - \hat{\beta}_k x_{ki}) x_{ki} = 0$$

整理后得到正规方程组：

$$\begin{cases} \sum y_i = n\hat{\beta}_0 + \hat{\beta}_1 \sum x_{1i} + \cdots + \hat{\beta}_k x_{ki} \\ \sum x_{1i} y_i = \hat{\beta}_0 \sum x_{1i} + \hat{\beta}_1 \sum x_{1i}^2 + \hat{\beta}_2 \sum x_{1i} x_{2i} + \cdots + \hat{\beta}_k \sum x_{1i} x_{ki} \\ \vdots \\ \sum x_{ki} y_i = \hat{\beta}_0 \sum x_{ki} + \hat{\beta}_1 \sum x_{ki} x_{1i} + \hat{\beta}_2 \sum x_{ki} x_{2i} + \cdots \hat{\beta}_k \sum x_{ki}^2 \end{cases} \tag{7.28}$$

由样本观测值求解正规方程组，即可得到多元线性回归方程的系数估计值。

多元线性回归系数的估计用手工计算十分烦琐，若利用 SPSS 计算则非常方便。运用软件 SPSS 求解多元线性回归参见本章后面的应用与案例实验。下面以二元线性回归为例说明其手工计算过程。

【例 7.9】　研究儿童体重的影响因素，研究者考虑了两个重要因素，一个是身高，另一个是胸围，假定二者对儿童体重的影响是线性的。现从某地区随机抽取了 30 名儿童，测得他们的体重(千克)、身高(厘米)、胸围(厘米)的数据如表 7.3 所示。试对儿童体重、身高、胸围进行回归分析。

表 7.3　30 名儿童体重、身高、胸围数据表

编　　号	体重(千克)	身高(厘米)	胸围(厘米)	编　　号	体重(千克)	身高(厘米)	胸围(厘米)
1	22.6	119.8	60.5	16	22.3	128.2	60.1
2	21.5	121.7	55.5	17	22.7	126.1	57.4
3	19.1	121.4	56.5	18	23.5	128.6	60.4
4	21.8	124.4	60.5	19	21.5	129.4	52.0
5	21.5	120.0	57.7	20	25.5	126.9	61.5
6	20.1	117.0	57.0	21	25.0	126.5	63.9
7	18.8	118.0	57.1	22	26.1	128.2	63.0
8	22.0	118.8	61.7	23	27.9	131.4	63.1
9	21.3	124.2	58.4	24	26.8	130.8	61.5
10	24.0	124.8	60.8	25	27.2	133.9	65.8
11	23.3	124.7	60.0	26	24.4	130.4	62.6
12	22.5	123.1	60.0	27	24.4	131.3	59.5
13	22.9	125.3	65.2	28	23.0	130.2	62.5
14	19.5	124.2	53.7	29	26.3	136.0	60.0
15	22.9	127.4	59.5	30	28.8	138.0	63.7

解：根据题意，设儿童体重为因变量 y，儿童身高和胸围为自变量，分别表示为 x_1、x_2，则要估计回归方程的形式为 $\hat{y} = \hat{\beta}_0 + \hat{\beta}_1 x_1 + \hat{\beta}_2 x_2$，利用样本数据，计算过程如表 7.4 所示。

表 7.4　30 名儿童多元线性回归方程计算表

编　号	y	x_1	x_2	x_1x_2	x_1y	x_2y	x_1^2	x_2^2
1	22.6	119.8	60.5	7247.9	2707.5	1367.3	14 352.0	3660.3
2	21.5	121.7	55.5	6754.4	2616.6	1193.3	14 810.9	3080.3
3	19.1	121.4	56.5	6859.1	2318.7	1079.2	14 738.0	3192.3
4	21.8	124.4	60.5	7526.2	2711.9	1318.9	15 475.4	3660.3
5	21.5	120.0	57.7	6924.0	2580.0	1240.6	14 400.0	3329.3
6	20.1	117.0	57.0	6669.0	2351.7	1145.7	13 689.0	3249.0
7	18.8	118.0	57.1	6737.8	2218.4	1073.5	13 924.0	3260.4
8	22.0	118.8	61.7	7330.0	2613.6	1357.4	14 113.4	3806.9
9	21.3	124.2	58.4	7253.3	2645.5	1243.9	15 425.6	3410.6
10	24.0	124.8	60.8	7587.8	2995.2	1459.2	15 575.0	3696.6
11	23.3	124.7	60.0	7482.0	2905.5	1398.0	15 550.1	3600.0
12	22.5	123.1	60.0	7386.0	2769.8	1350.0	15 153.6	3600.0
13	22.9	125.3	65.2	8169.6	2869.4	1493.1	15 700.1	4251.0
14	19.5	124.2	53.7	6669.5	2421.9	1047.2	15 425.6	2883.7
15	22.9	127.4	59.5	7580.3	2917.5	1362.6	16 230.8	3540.3
16	22.3	128.2	60.1	7704.8	2858.9	1340.2	16 435.2	3612.0
17	22.7	126.1	57.4	7238.1	2862.5	1303.0	15 901.2	3294.8
18	23.5	128.6	60.4	7767.4	3022.1	1419.4	16 538.0	3648.2
19	21.5	129.4	52.0	6728.8	2782.1	1118.0	16 744.4	2704.0
20	25.5	126.9	61.5	7804.4	3236.0	1568.3	16 103.6	3782.3
21	25.0	126.5	63.9	8083.4	3162.5	1597.5	16 002.3	4083.2
22	26.1	128.2	63.0	8076.6	3346.0	1644.3	16 435.2	3969.0
23	27.9	131.4	63.1	8291.3	3666.1	1760.5	17 266.0	3981.6
24	26.8	130.8	61.5	8044.2	3505.4	1648.2	17 108.6	3782.3
25	27.2	133.9	65.8	8810.6	3642.1	1789.8	17 929.2	4329.6
26	24.4	130.4	62.6	8163.0	3181.8	1527.4	17 004.2	3918.8
27	24.4	131.3	59.5	7812.4	3203.7	1451.8	17 239.7	3540.3
28	23.0	130.2	62.5	8137.5	2994.6	1437.5	16 952.0	3906.3
29	26.3	136.0	60.0	8160.0	3576.8	1578.0	18 496.0	3600.0
30	28.8	138.0	63.7	8790.6	3974.4	1834.6	19 044.0	4057.7
合计	699.2	3790.7	1801.1	227 790	88 657.9	42 148.04	479 763.1	108 430.6

由式 (7.28) 得：

$$\begin{cases} 699.2 = 30\hat{\beta}_0 + 3790.7\hat{\beta}_1 + \cdots + 1801.1\hat{\beta}_k \\ 88\,657.9 = 3790.7\hat{\beta}_0 + 479\,763.1\hat{\beta}_1 + 227\,789.98\hat{\beta}_2 \\ 42\,148.04 = 1801.1\hat{\beta}_0 + 88\,657.9\hat{\beta}_1 + 108\,430.6\hat{\beta}_2 \end{cases}$$

解方程组得：　　　　$\hat{\beta}_0 = -36.133$，　$\hat{\beta}_1 = 0.299$，　$\hat{\beta}_2 = 0.362$

于是，儿童体重关于身高、胸围的线性回归估计方程为：

$$\hat{y} = -36.133 + 0.299x_1 + 0.362x_2$$

回归系数 $\hat{\beta}_1 = 0.299$，$\hat{\beta}_2 = 0.362$，均大于零，说明儿童体重与身高和胸围之间都是正相关关系，随着身高和胸围的增加，体重也要增加。$\hat{\beta}_1 = 0.299$，表示保持胸围不变的前提下，儿童身高每增加 1 厘米，体重平均增加 0.299 千克；$\hat{\beta}_2 = 0.362$，表示在保持身高不变的前提下，儿童胸围每增加 1 厘米，体重平均增加 0.362 千克。

我们可以利用这个方程来估计体重的可能取值，表 7.5 给出了样本每一个身高 x_{1i} 和胸围 x_{2i} 所对应的体重估计值 $\hat{y}_i$。

表 7.5　30 名儿童体重多元线性回归估计值 $\hat{y}_i$ 计算结果

编　号	y	x_1	x_2	$\hat{y}_i$	编　号	y	x_1	x_2	$\hat{y}_i$
1	22.6	119.8	60.5	21.6	16	22.3	128.2	60.1	24.0
2	21.5	121.7	55.5	20.3	17	22.7	126.1	57.4	22.3
3	19.1	121.4	56.5	20.6	18	23.5	128.6	60.4	24.2
4	21.8	124.4	60.5	23.0	19	21.5	129.4	52.0	21.4
5	21.5	120.0	57.7	20.6	20	25.5	126.9	61.5	24.1
6	20.1	117.0	57.0	19.5	21	25.0	126.5	63.9	24.8
7	18.8	118.0	57.1	19.8	22	26.1	128.2	63.0	25.0
8	22.0	118.8	61.7	21.7	23	27.9	131.4	63.1	26.0
9	21.3	124.2	58.4	22.1	24	26.8	130.8	61.5	25.2
10	24.0	124.8	60.8	23.2	25	27.2	133.9	65.8	27.7
11	23.3	124.7	60.0	22.9	26	24.4	130.4	62.6	25.5
12	22.5	123.1	60.0	22.4	27	24.4	131.3	59.5	24.7
13	22.9	125.3	65.2	24.9	28	23.0	130.2	62.5	25.4
14	19.5	124.2	53.7	20.4	29	26.3	136.0	60.0	26.3
15	22.9	127.4	59.5	23.5	30	28.8	138.0	63.7	28.2

7.3.3　多元线性回归分析中的检验问题

多元线性回归分析中的检验分为回归方程的显著性检验与回归系数的显著性检验，二者的结果是不一致的，与一元线性回归分析有所不同。

1．回归方程的显著性检验（全检验）

式(7.24)是用最小二乘法建立起的 y 对各 x 的回归方程，它是在假设变量 y 与 $x_1,x_2,\cdots,x_k$ 之间存在线性关系的前提下存在的。这种假设是否成立，需要对其进行统计检验。多元线性回归方程的显著性检验常用的方法之一是采用 F 检验，检验步骤如下。

(1)提出假设。假设回归方程是不显著的，即

$$H_0:\beta_1=\beta_2=\cdots=\beta_m=0$$

(2)计算回归方程的 F 统计量：

$$F=\frac{\text{SSR}/k}{\text{SSE}/(n-k-1)} \tag{7.29}$$

式中，$\text{SSR}=\sum(\hat{y}_i-\overline{y})^2$，表示回归离差平方和，$k$ 是 SSR 的自由度，即自变量的个数；$\text{SSE}=\sum(y_i-\hat{y}_i)^2$，表示剩余离差平方和，$n-k-1$ 是 SSE 的自由度。

(3)根据给定的显著性水平 α，查 F 分布表得到相应的临界值 $F_\alpha(k,n-k-1)$，进行判断：若 $F>F_\alpha(k,n-k-1)$，则在显著性水平 α 下，拒绝 H_0，认为线性回归方程的效果显著；若 $F\leqslant F_\alpha(k,n-k-1)$，则在显著性水平 α 下，不能拒绝 H_0，认为线性回归方程的效果不显著。

与一元线性回归的方差分析相似，多元线性回归方程显著性检验的方差分析如表 7.6 所示。

表 7.6　多元线性回归方差分析表

离 差 类 别	离差平方和	自　由　度	方　　差	F 统 计 量
回归	SSR	k	$\dfrac{\text{SSR}}{k}$	
残差	SSE	$n-k-1$	$\dfrac{\text{SSE}}{n-k-1}$	$F=\dfrac{\text{SSR}/k}{\text{SSE}/(n-k-1)}$
总和	SST	$n-1$	$\dfrac{\text{SST}}{n-1}$	

【例 7.10】　对例 7.9 的结果进行回归方程的显著性检验。设 $\alpha=0.05$。

解：根据题意，提出假设。假设回归方程是不显著的，即

$$H_0:\beta_1=\beta_2=0$$

根据式 (7.29) 计算回归方程的 F 统计量：

$$F=\frac{\text{SSR}/k}{\text{SSE}/(n-k-1)}=\frac{153.984/2}{35.534/27}\approx 58.504$$

根据给定的显著性水平 $\alpha=0.05$，查 F 分布表得到相应的临界值 $F_\alpha(k,n-k-1)=F_{0.05}(2,27)=2.06$。由于 $F=58.504>F_\alpha(k,n-k-1)=2.06$，则在显著性水平 $\alpha=0.05$ 下，拒绝 H_0，β_1,β_2 不全为零，认为线性回归方程的效果显著。

2．回归系数的显著性检验（偏检验）

在多元回归分析中，只检验回归方程的显著性还不够，还要检验每个自变量对因变量的影响是否重要。线性回归方程中只应保留对因变量有重要影响的因素，放弃一些影响不显著的因素。如果某个自变量 x_i 对因变量的作用不显著，这个自变量的回归系数 β_i 就可视为 0。但回归系数与 0 的差异是否显著，不能根据回归系数绝对值的大小来判断，而要根据统计检验的结果来判断。多元线性回归中回归系数的显著性检验与一元线性回归相同，也采用 t 检验，检验步骤如下。

(1) 提出假设。假设某个回归系数不显著，即

$$H_0:\beta_i=0,\quad (i=1,2,\cdots,k)$$

(2) 计算检验统计量：

$$t=\frac{\hat\beta_i-\beta_i}{s_{\hat\beta_i}}=\frac{\hat\beta_i-0}{s_{\hat\beta_i}}=\frac{\hat\beta_i}{s_{\hat\beta_i}}\sim t(n-k-1) \tag{7.30}$$

式中，$s_{\hat\beta_i}$ 是 $\hat\beta_i$ 的标准误差。

(3) 根据给定的显著性水平 α 和自由度 $(n-k-1)$，查找 t 分布表中相应的临界值 $t_{\frac{\alpha}{2}}(n-k-1)$ 进行判断：若 $|t|>t_{\frac{\alpha}{2}}(n-k-1)$，则拒绝原假设 H_0，可以认为 $\beta_i\neq 0$，即认为自变量 x_i 对因变量 y 的影响是显著的；若 $|t|\leqslant t_{\frac{\alpha}{2}}(n-k-1)$，则不能拒绝原假设 H_0，可以认为 $\beta_i=0$，即认为自变量 x_i 对因变量 y 的影响是不显著的。这时应将其剔除，重新建立 y 对其余自变量的线性回归方程，直至回归方程的显著性检验和回归系数的显著性检验都通过为止。

【例 7.11】　对例 7.9 的结果进行回归系数的显著性检验。设 $\alpha=0.05$。

解：根据例 7.9 的计算结果：$\hat y=-36.133+0.299x_1+0.362x_2$。

借助于计算机得出有关计算结果：$s_{\hat{\beta}_1} = 0.045$，$s_{\hat{\beta}_2} = 0.074$

于是，利用式(7.30)可得检验统计量的值：

$$t_{\beta_1} = \frac{\hat{\beta}_1}{s_{\hat{\beta}_1}} = \frac{0.299}{0.045} = 6.644 \; , \quad t_{\beta_2} = \frac{\hat{\beta}_2}{s_{\hat{\beta}_2}} = \frac{0.362}{0.074} = 4.892$$

根据显著性水平 $\alpha = 0.05$，自由度 $(n-k-1) = 30-2-1 = 27$，查找 t 分布表中相应的临界值 $t_{\frac{\alpha}{2}}(n-k-1) = t_{0.025}(27) = 2.052$。判断如下：对于 β_1，因为 $t_{\beta_1} = 6.644 > t_{\frac{\alpha}{2}} = 2.052$，故拒绝原假设 H_0，可以认为 $\beta_1 \neq 0$，即认为自变量 x_1（身高）对因变量 y（体重）的影响是显著的；对于 β_2，因为 $t_{\beta_2} = 4.892 > t_{\frac{\alpha}{2}} = 2.052$，故拒绝原假设 H_0，可以认为 $\beta_2 \neq 0$，即认为自变量 x_2（胸围）对因变量 y（体重）的影响是显著的。

结果表明，这两个回归参数在显著性水平 $\alpha = 0.05$ 下，统计上都是显著的，儿童身高和胸围都是影响儿童体重的显著因素。

3. 回归方程的拟合优度

在多元线性回归中，同样也需要测定回归方程对样本数据的拟合程度。我们也可以采用可决系数来测定，在多元回归中称为多重可决系数。多重可决系数同样计量了在因变量的离差中能够用回归方程的关系来说明的比例。

$$R^2 = \frac{\text{SSR}}{\text{SST}} = 1 - \frac{\text{SSE}}{\text{SST}} = \frac{\sum(\hat{y}_i - \overline{y})^2}{\sum(y_i - \overline{y})^2} = 1 - \frac{\sum(y_i - \hat{y}_i)^2}{\sum(y_i - \overline{y})^2} \tag{7.31}$$

多重可决系数 R^2 的平方根 R 称为多重相关系数或复相关系数。

在小样本情况下，需要对式(7.31)进行修正，修正值为：

$$\overline{R}^2 = 1 - \frac{\sum(y_i - \hat{y}_i)^2 / (n-k-1)}{\sum(y_i - \overline{y})^2 / (n-1)} \tag{7.32}$$

经整理，修正的多重可决系数与未经修正的多重可决系数之间有如下关系：

$$\overline{R}^2 = 1 - \frac{\sum(y_i - \hat{y}_i)^2 / (n-k-1)}{\sum(y_i - \overline{y})^2 / (n-1)} = 1 - (1 - R^2)\frac{n-1}{n-k-1} \tag{7.33}$$

多元线性回归方程的估计标准误差 s_y 为：

$$s_y = \sqrt{\frac{\sum e_i^2}{n-k-1}} = \sqrt{\frac{\sum(y_i - \hat{y}_i)^2}{n-k-1}} \tag{7.34}$$

【例 7.12】　对例 7.9 计算得到的回归方程，计算多重可决系数、修正可决系数和估计标准误差。

　　解：根据式(7.31)可得，回归方程的可决系数为：

$$R^2 = \frac{\text{SSR}}{\text{SST}} = \frac{153.98}{189.52} = 0.812$$

根据式(7.33)可得，修正可决系数为：

$$\overline{R}^2 = 1 - (1 - R^2)\frac{n-1}{n-k-1} = 1 - (1 - 0.812) \times \frac{30-1}{30-2-1} \approx 0.798$$

根据式(7.34)可得，估计标准误差为：

$$s_y = \sqrt{\frac{\sum e_i^2}{n-k-1}} = \sqrt{\frac{\sum (y_i - \hat{y}_i)^2}{n-k-1}} = \sqrt{\frac{35.53}{30-2-1}} \approx 1.1471$$

本 章 小 结

1. 变量之间的依存关系大致分为两种：函数关系和相关关系。函数关系为确定性的关系，是一种特殊的相关关系；相关关系是一种不确定性的统计关系，通常将具有相关关系的变量之间通过建立函数表达式来研究其数量关系。

2. 变量之间的相关关系通常可以表现为：线性相关或非线性相关，正相关或负相关，简单相关与复相关。本章重点介绍了简单线性相关系数的计算和检验。

3. 具有简单线性相关关系的两变量之间通过建立回归方程做进一步分析，我们把这一方法称为简单线性回归分析。在满足线性回归模型的各项基本假定前提下，可以采用最小二乘法来估计回归模型中的参数。同时可以采用 t 检验法和 F 检验法对回归系数和回归方程进行检验。计算方程的可决系数，经过检验后的方程可以做预测使用。

4. 当影响因变量的因素不止一个时，需要采用多元回归分析，本章介绍了多元线性回归分析、回归方程的多重可决系数的计算，以及对回归方程进行全检验（F 检验法）和偏检验（t 检验法）。

案 例 实 验

司机年龄与车祸发生有联系吗？

作为交通安全研究的一部分，美国交通部采集了有驾驶执照的司机中 21 岁以下者所占比例的数据及每千个驾驶执照发生死亡事故的车祸次数，样本是来自 42 个城市、在一年期间采集的数据，如表 7.7 所示。

一、问题提出

美国是世界上汽车最多也最为普及的国家，号称"车轮上的国度"。驾驶员的平均年龄越来越低，作为交通安全研究的一部分，美国交通部采集了有驾驶执照的司机中 21 岁以下者所占比例的数据及每千个驾驶执照发生死亡事故的车祸次数，样本是来自 42 个城市、在一年期间采集的数据。研究者的意图是通过此项调查研究，探讨二者之间是否存在相关关系，以及存在怎样的制约关系，进一步为有关部门做决策提供参考建议。

二、教学目的

通过此案例，促使学生借助相应统计软件作为计算分析工具，比较全面地运用相关与回归的基本理论和方法研究实际问题，使学生在以下几个方面受到训练：

(1)根据实际调查数据画出变量的散点图，通过散点图判断变量间的相互关系。

表 7.7　美国交通部相关数据

城　市	21 岁以下所占 百分数(%) x	每千个驾照发生死亡 肇事事故次数 y	城　市	21 岁以下所占 百分数(%) x	每千个驾照发生死亡 肇事事故次数 y
1	13	2.962	22	17	4.1
2	12	0.708	23	8	2.19
3	8	0.885	24	16	3.623
4	12	1.652	25	15	2.623
5	11	2.091	26	9	0.835
6	17	2.627	27	8	0.82
7	18	3.83	28	14	2.89
8	8	0.368	29	8	1.267
9	13	1.142	30	15	3.224
10	8	0.645	31	10	1.014
11	9	1.028	32	10	0.493
12	16	2.801	33	14	1.443
13	12	1.405	34	18	3.614
14	9	1.433	35	10	1.926
15	10	0.039	36	14	1.643
16	9	0.338	37	16	2.943
17	11	1.849	38	12	1.913
18	12	2.246	39	15	2.814
19	14	2.855	40	13	2.634
20	14	2.352	41	9	0.926
21	11	1.294	42	17	3.256

(2) 运用简单线性相关系数的计算方法，计算二者的相关系数，并对相关系数做检验(设显著性水平 $\alpha = 0.05$)，对结果做简要分析。

(3) 运用简单线性回归分析的基本原理，建立二者的回归方程，并对回归方程做 t 检验和 F 检验(设显著性水平 $\alpha = 0.05$)，对结果做简要分析。

(4) 运用经检验的回归方程进行预测。

三、主要分析过程(一)

实验所用软件：SPSS。

将 X 和 Y 分别录入 SPSS。用"Graphs"→"Legacy Dialogs"→"Scatter/Dot"中的"Simple Scatter"简单散点图工具作图，得到图 7.9。

从图 7.9 可知，X 和 Y 同向变动，是正相关关系。

经"Analyze"→"Correlate"→"Bivariate"菜单进入相关系数对话框，将 X、Y 两个变量选入，如图 7.10 所示。

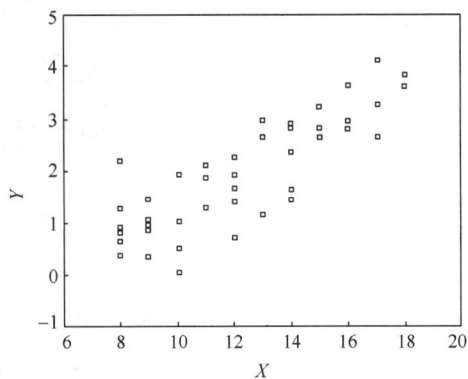

图 7.9　X、Y 散点图

图 7.11 相关分析显示，相关系数为 0.839，$p<0.01$。

经"Analyze"→"Regression"→"Linear"菜单进入回归分析对话框，将 Y 和 X 分别选为因变量和自变量。单击"Save"按钮进入保存设置对话框，如图 7.12 和图 7.13 所示。

勾选"Predicted Values"的"Unstandardized"，依次确定退出，得到结果如图 7.14 所示。

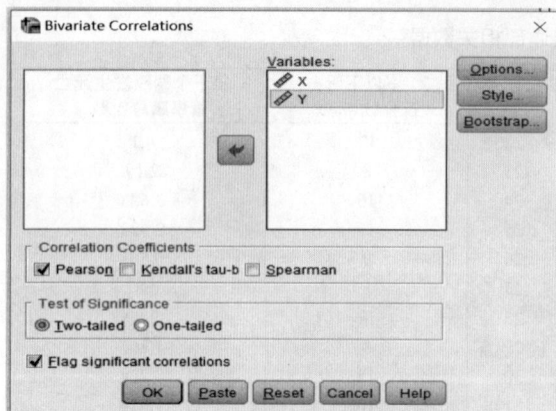

图 7.10　变量 X 和 Y 相关系数计算图

Correlations

		X	Y
X	Pearson Correlation	1	.839**
	Sig. (2-tailed)	.	.000
	N	42	42
Y	Pearson Correlation	.839**	1
	Sig. (2-tailed)	.000	.
	N	42	42

**. Correlation is significant at the 0.01 level (2-tailed).

图 7.11　变量 X 和 Y 相关分析结果图

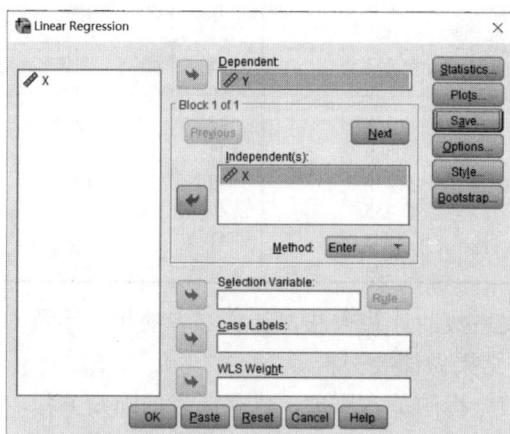

图 7.12　变量 X 和 Y 回归分析对话框 1

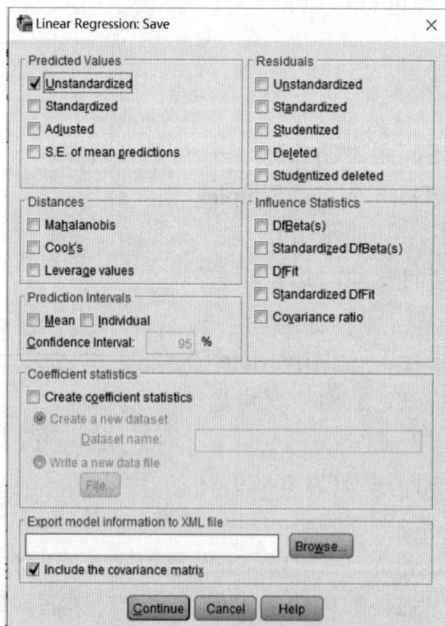

图 7.13　变量 X 和 Y 回归分析对话框 2

Model Summary^b

Model	R	R Square	Adjusted R Square	Std. Error of the Estimate
1	.839^a	.705	.697	.589350

a. Predictors: (Constant), X

b. Dependent Variable: Y

ANOVA^a

Model		Sum of Squares	df	Mean Square	F	Sig.
1	Regression	33.134	1	33.134	95.396	.000^b
	Residual	13.893	40	.347		
	Total	47.028	41			

a. Dependent Variable: Y

b. Predictors: (Constant), X

Coefficients^a

Model		Unstandardized Coefficients		Standardized Coefficients	t	Sig.
		B	Std. Error	Beta		
1	(Constant)	-1.597	.372		-4.298	.000
	X	.287	.029	.839	9.767	.000

a. Dependent Variable: Y

图 7.14　变量 X 和 Y 回归分析结果

由结果知，F 检验通过（$p < 0.001$），回归系数 t 检验也通过（$p < 0.001$）。
软件已新生成一列数据，如图 7.15 所示，图中 PRE_1 就是预测值。

	X	Y	PRE_1
1	13.00	2.962	2.13428
2	12.00	.708	1.84722
3	8.00	.885	.69901
4	12.00	1.652	1.84722
5	11.00	2.091	1.56017
6	17.00	2.627	3.28249
7	18.00	3.830	3.56954
8	8.00	.368	.69901
9	13.00	1.142	2.13428
10	8.00	.645	.69901
11	9.00	1.028	.98606
12	16.00	2.801	2.99544
13	12.00	1.405	1.84722
14	9.00	1.433	.98606
15	10.00	.039	1.27312
16	9.00	.338	.98606

图 7.15　回归预测值

四、主要分析过程（二）

实验所用软件：R。

1. 录入数据。

```
accident <- data.frame(x=numeric(3), y=numeric(3))
accident <- edit(accident)
```

数据录入窗口如图 7.16 所示。

	x	y	var3	var4	var5	var6	var7
1	13	2.962					
2	12	0.708					
3	8	0.885					
4	12	1.652					
5	11	2.091					
6	17	2.627					
7	18	3.83					
8	8	0.368					
9	13	1.142					
10	8	0.645					
11	9	1.028					
12	16	2.801					
13	12	1.405					
14	9	1.433					
15	10	0.039					
16	9	0.338					
17	11	1.849					
18	12	2.246					
19	14	2.855					

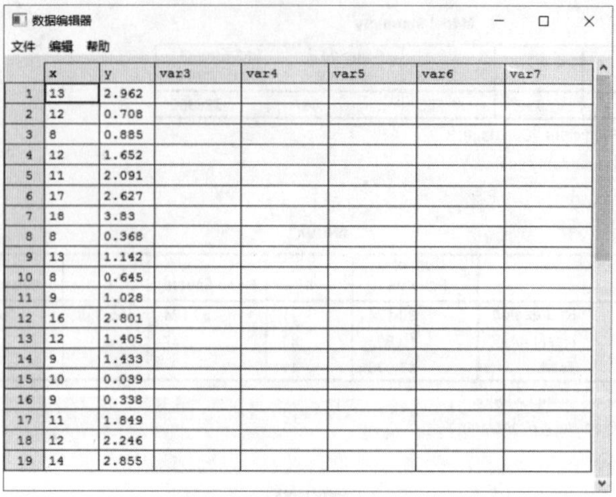

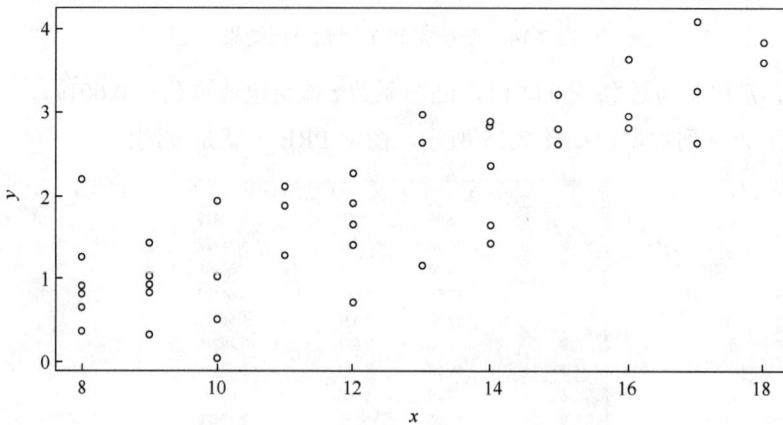

图 7.16　R 数据录入窗口

2．绘制散点图。

```
plot(x, y, type="p")
```

图 7.17　散点图

从图 7.17 可知，x 和 y 同向变动，是正相关关系。

3．相关系数的计算和检验。

```
cor(x, y)                       #计算 x 和 y 的相关系数
cor.test(x, y, level=0.05)      #检验相关系数
```

```
          Pearson's product-moment correlation

data:  x and y
t = 9.7671, df = 40, p-value = 3.794e-12
alternative hypothesis: true correlation is not equal to 0
95 percent confidence interval:
 0.7188451 0.9109267
sample estimates:
      cor
0.8393875
```

图 7.18　变量 x 和 y 相关分析结果图

从图 7.18 相关分析显示，相关系数为 0.839，$p<0.01$。

4. 回归方程的建立和检验。

```
fit <- lm(y~x)
summary(fit)
```

```
Call:
lm(formula = y ~ x)

Residuals:
     Min       1Q   Median       3Q      Max
-1.23412 -0.26441  0.00772  0.44362  1.49099

Coefficients:
            Estimate Std. Error t value Pr(>|t|)
(Intercept) -1.59741    0.37167  -4.298 0.000107 ***
x            0.28705    0.02939   9.767 3.79e-12 ***
---
Signif. codes:  0 '***' 0.001 '**' 0.01 '*' 0.05 '.' 0.1 ' ' 1

Residual standard error: 0.5894 on 40 degrees of freedom
Multiple R-squared: 0.7046,    Adjusted R-squared: 0.6972
F-statistic:  95.4 on 1 and 40 DF,  p-value: 3.794e-12
```

图 7.19 变量 x 和 y 相关回归分析结果图

从图 7.19 回归分析显示，回归方程为 $y=0.287x-1.597$。由结果可知，回归系数和截距项的 t 检验通过（$p<0.001$）、F 检验通过（$p<0.001$）。

5. 回归方程的预测。

```
predict <- predict(fit)        #预测回归方程
predict                        #展示预测值，如图 7.20 所示。
plot(x, y)
lines(x, predict(fit))         #绘制预测值和实际值的对比图，如图 7.21 所示。
```

```
        1         2         3         4         5         6         7         8         9
2.1342773 1.8472242 0.6990115 1.8472242 1.5601710 3.2824900 3.5695432 0.6990115 2.1342773
       10        11        12        13        14        15        16        17        18
0.6990115 0.9860647 2.9954369 1.8472242 0.9860647 1.2731178 0.9860647 1.5601710 1.8472242
       19        20        21        22        23        24        25        26        27
2.4213305 2.4213305 1.5601710 3.2824900 0.6990115 2.9954369 2.7083837 0.9860647 0.6990115
       28        29        30        31        32        33        34        35        36
2.4213305 0.6990115 2.7083837 1.2731178 1.2731178 2.4213305 3.5695432 1.2731178 2.4213305
       37        38        39        40        41        42
2.9954369 1.8472242 2.7083837 2.1342773 0.9860647 3.2824900
```

图 7.20 回归方程的预测值

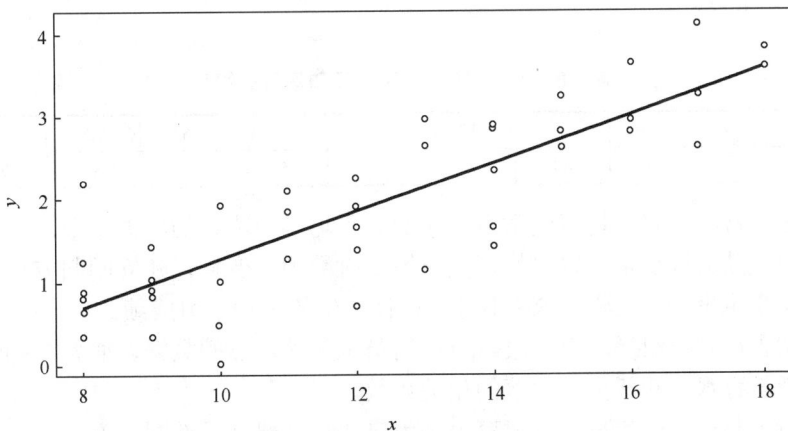

图 7.21 预测值和实际值的对比图

6. 完整代码，如图 7.22 所示。

```
1   accident <- data.frame(x=numeric(3),y=numeric(3))
2   #创建一个名为accident的数据框，它含两个变量x(所占比例)和y（事故次数）
3   accident <- edit(accident) #调用文本编辑器来输入数据
4   accident #查看accident数据框中的数据
5   x <- accident$x #将accident数据框中变量x的数据赋值给x
6   y <- accident$y #将accident数据框中变量y的数据赋值给y
7   plot(x,y,type="p") #绘制x和y的散点图
8   cor(x,y) #计算x和y的相关系数
9   cor.test(x,y,level=0.05) #检验相关系数
10  fit <- lm(y~x) #建立x和y的回归方程
11  summary(fit) #展示回归方程的详细结果
12  predict <- predict(fit) #预测回归方程
13  predict #展示预测值
14  plot(x,y)
15  lines(x,predict(fit)) #绘制预测值和实际值的对比图
```

图 7.22　完整代码

思　考　题

1. 什么是相关关系？相关关系与函数关系有什么区别？
2. 相关关系有哪些分类？
3. 简单线性相关系数的含义是什么？为什么要对样本相关系数进行显著性检验？
4. 什么是回归分析？它与相关分析有何区别和联系？
5. 简单线性回归方程的基本形式是什么？其参数的含义如何解释？
6. 相关系数、回归系数与可决系数之间的关系如何？
7. 对回归方程进行检验的方法有哪些？

练　习　题

1. 某校关于学生平均每天学习小时数和平均学习成绩的调查中，随机抽取 10 名同学进行调查，数据如表 7.8 所示。

表 7.8　10 名学生学习时间和学习成绩表

小　时　数	2	5	7	10	9	2.5	6	7.5	9.5	12
学 习 成 绩	52	72	83	94	88	57	81	86	90	95

(1)根据表中数据计算平均每天学习小时数和平均学习成绩的相关系数。

(2)以学习成绩为因变量，以平均每天学习小时数为自变量，建立回归方程。

(3)已知某学生平均每天学习 8.5 小时，估计该生的平均学习成绩。

2. 根据调查得到一组受教育年限(年)和新员工起薪(元)的数据，如表 7.9 所示。

(1)计算受教育水平和新员工起薪的相关系数。

(2)以新员工起薪为因变量，以教育水平为自变量，建立线性回归方程。

(3)计算当教育水平提高 5 年时，起薪平均增加了多少元。

表 7.9　受教育年限与新员工起薪数据表

受教育年限(年)	新员工起薪(元)	受教育年限(年)	新员工起薪(元)
12	8800	10	8050
21	15 400	3	3040
14	11 400	8	6900
9	1500	15	10 300
23	15 800	17	12 100
6	5550	19	13 000

3. 政府科研部门希望分析创新科研投入额(x)(单位：百万元)对企业利润(y)(单位：百万元)的影响。根据某市 50 家企业 2010 年的科研投入额和企业利润的相关资料整理出以下数据：$\sum x_i^2 = 2\,232\,560$，$\sum y_i^2 = 3\,055\,903$，$\bar{x} = 209.2772$，$\bar{y} = 246.1812$，$\sum x_i y_i = 2\,606\,012$。

(1) 估计线性回归方程，并解释回归系数 $\hat{\beta}$ 的经济意义。

(2) 计算回归方程的拟合优度。

(3) 给定显著性水平 $\alpha = 0.05$，对回归系数 $\hat{\beta}$ 进行 t 检验。

(4) 对创新投入额为 2 亿元的公司利润额进行点预测和置信水平为 95% 的区间预测。

4. 某一元线性回归方程的方差分析表如表 7.10 所示。

表 7.10　方差分析表

离差类别	离差平方和	自　由　度	方　差
回归	300	1	
残差	50	10	
总和			

(1) 将上面的方差分析表补充完整。

(2) 根据方差分析表计算 F 统计量的值。

(3) 在显著性水平为 0.05 的条件下，判断回归方程的整体拟合程度。

5. 已知一组变量 x 和 y 的 10 对观测值如表 7.11 所示。

表 7.11　x 和 y 数据表

x	330	225	660	880	445	555	663	330	772	661
y	77	55	112	117	99	111	114	77	115	110

(1) 计算 x 和 y 的相关系数，并进行检验($\alpha = 0.05$)。

(2) 以 x 作为自变量，y 为因变量，建立回归方程。

(3) 解释回归系数的含义。

6. 根据第 5 题的数据和估计的回归方程：

(1) 做出回归方程的方差分析表；

(2) 计算方程的拟合优度，并对方程进行 F 检验($\alpha = 0.05$)。

7. 调查一组大学生身高和体重的数据如下。

身高(cm)：	155	160	165	167	170	175	180	182
体重(kg)：	50	52	57	56	60	65	62	70

要求：(1)建立一元线性回归方程。

(2)评价拟合优度。

(3)对模型进行显著性检验(α=0.05)。

(4)当身高为 172cm 时，估计体重平均值的 95%的置信区间。

8．某健美减肥中心对一组参加减肥训练的学员的起始体重和经过一段时间的减肥训练后减轻的体重数据做统计，结果如下。

起始体重(斤)：205　　165　　289　　154　　142　　306　　261　　177

减轻体重(斤)：25　　15　　36　　12　　15　　146　　73　　50

要求：(1)试分析起始体重与减轻体重是否相关？相关程度如何？

(2)拟合一元线性回归方程。

(3)评价模型的拟合优度。

(4)计算估计标准误差，并对模型进行 F 检验(α=0.05)。

(5)以 95%的置信水平估计当起始体重为 150 斤时，减肥体重的平均值的置信区间。

9．某企业最近几个月某产品销售量、推销人员数和广告费数据如下。

销售量(万件)：25　23　24　23　24　25　26　26　25　27　28　30　31

推销人数(人)：44　42　45　45　46　44　46　46　44　46　45　48　50

广告费(万元)：15　15　14　16　15　17　16　15　15　16　18　20　19

要求：(1)建立多元线性回归方程，并评价模型的拟合优度。

(2)检验回归系数(α=0.05)。

(3)检验回归模型的显著性(α=0.05)。

(4)当推销人数增加到 55 人，广告费用为 20 万元时，预测可能的销售量。

10．养猪场为估算猪的毛重，随机抽测了 14 头猪的身长 x_1(厘米)、肚围 x_2(厘米)与体重 y(千克)，所得数据如表 7.12 所示。

表 7.12　14 头猪的身长、肚围、体重数据表

身　　长	41	45	51	52	59	62	69	72	78	80	90	92	98	103
肚　　围	49	58	62	71	62	74	71	74	79	84	85	94	91	95
体　　重	28	39	41	44	43	50	51	57	63	66	70	76	80	84

(1)拟合体重关于身长和肚围的线性回归方程。

(2)解释回归系数的含义。

11．对某种商品的需求量 y、消费者的平均收入 x_1 和商品价格 x_2 进行调查，得到以下数据，如表 7.13 所示。

表 7.13　商品需求量、消费者的平均收入、商品价格数据表

平 均 收 入	1000	600	1200	500	300	400	1300	1100	1300	300
商 品 价 格	5	7	6	6	8	7	5	4	3	9
需 求 量	100	75	80	70	50	65	90	100	110	60

(1)试求 y 对 x_1 和 x_2 的线性回归方程。

(2)解释回归系数的经济意义。

实　训　题

房地产销售价格受哪些因素影响？

随着经济的快速发展、人民生活水平的提高，促使房地产市场快速发展，但由于土地资源的相对稀缺、要求土地价格不断上升，从而使得房价不断升高。为研究房地产销售价格受影响的因素，一家房地产评估公司对某城市的房地产销售价格、地产的评估价值、房产评估价值和使用面积进行了调查，收集了 20 栋住宅的房地产评估数据，如表 7.14 所示。

表 7.14　20 栋住宅的房地产评估数据表

房地产编号	销售价格(元/平方米)	地产估价(万元)	房产估价(万元)	使用面积(平方米)
1	6890	596	4497	18 730
2	4850	900	2780	9280
3	5550	950	3144	11 260
4	6200	1000	3959	12 650
5	11 650	1800	7283	22 140
6	4500	850	2732	9120
7	3800	800	2986	8990
8	8300	2300	4775	18 030
9	5900	810	3912	12 040
10	4750	900	2935	17 250
11	4050	730	4012	10 800
12	4000	800	3168	15 290
13	9700	2000	5851	24 550
14	4550	800	2345	11 510
15	4090	800	2089	11 730
16	8000	1050	5625	19 640
17	5600	400	2086	13 440
18	3700	450	2261	9880
19	5000	340	3595	10 760
20	2240	150	578	9620

问题设计：

1．估计房地产销售价格关于地产估计、房产估价、使用面积的多元线性回归方程。

2．在销售价格的总变量中，被估计的回归方程所解释的比例是多少？

3．检验回归方程的线性关系是否显著(设显著性水平 $\alpha = 0.05$)。

4．检验各回归系数是否显著(设显著性水平 $\alpha = 0.05$)，并对结果做简要分析。

运用 SPSS、R 或 Excel 进行统计计算和分析。

第8章 时 间 序 列

案例导入:

中国考研热出现降温拐点

自1981年我国学位制度建立以来, 30多年间共培养硕士研究生426万人, 近20年我国硕士研究生报名人数始终处在爆发式增长的阶段。不过, 从2014年开始, 报名人数出现一定程度的下滑, 2015年中国各地硕士研究生招生考试报名人数都呈现出不同程度下降趋势, 比如辽宁、黑龙江和内蒙古三个省区, 都下降了5%, 甚至6%以上。2015年全国硕士研究生招生考试报名人数为164.9万人, 较2014年减少6.5万人。这是继2014年考研报名人数下跌以来, 再次明显下降。中国考研热出现降温拐点。原因可能是多方面的。例如, 如今的本科生的就业渠道变多, 此外, 从2015年开始实施的研究生全面收费也让不少高校大学生产生了疑虑。根据中国教育部的规定, 硕士生每年学费为8000元, 博士生为1万元。

虽然考研热出现降温拐点, 然而考研形势依旧严峻, 近年的考录比例仍保持在3∶1左右。因此考研之路还是充满挑战性的。

近十年考研相关数据如表8.1和图8.1所示。

表8.1 2005—2015年中国考研相关数据

年 份	报名人数(万人)	报名增长率(%)	录 取 人 数	考 录 比 例
2005	117.2	24	31	3.6∶1
2006	127.12	8.4	34.2	3.2∶1
2007	128.2	0.8	36.1	3.5∶1
2008	120	−6.8	38.6	3.0∶1
2009	124.6	3.8	44.9	2.9∶1
2010	140.6	12.8	47.4	2.8∶1
2011	151.1	7.9	49.5	3.0∶1
2012	165.6	9.6	51.7	3.2∶1
2013	176	6.3	53.9	3.3∶1
2014	172	−2.27	57	3.0∶1
2015	164.9	−4.1	57.4	2.9∶1

资料来源: 中国教育在线。

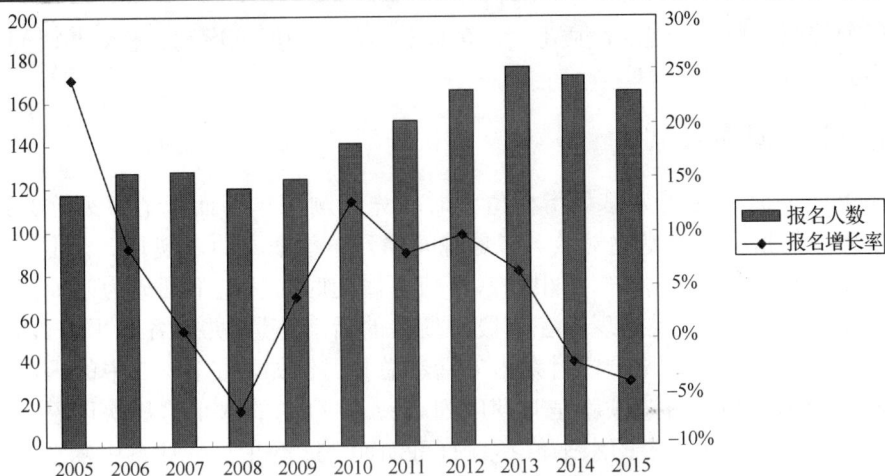

图 8.1　2005—2015 年中国考研变化走势图

8.1　时间序列概述

为探索现象发展变化的趋势和规律性，需要观察现象在不同时间状态下的数量表现，例如，表 8.2 就是对我国经济发展在不同时间得到的观察值。

表 8.2　中国的部分经济发展指标

时　间	国内生产总值（亿元）	社会消费品零售总额（亿元）	年末人口数（万人）	年平均人口（万人）	人均 GDP（元）	人均社会消费品零售额（元/人）
2000	99 776.3	39 105.7	126 743	126 265	7902	3097
2001	110 270.4	43 055.4	127 627	127 185	8670	3385
2002	121 002.0	48 135.9	128 453	128 040	9450	3759
2003	136 564.6	52 516.3	129 227	128 840	10 600	4076
2004	160 714.4	59 501.0	129 988	129 608	12 400	4591
2005	185 895.8	67 176.6	130 756	130 372	14 259	5153
2006	217 656.6	76 410.0	131 448	131 102	16 602	5828
2007	268 019.4	89 210.0	132 129	131 789	20 337	6769
2008	316 751.7	114 830.1	132 802	132 466	23 912	8669
2009	345 629.2	132 678.4	133 450	133 126	25 963	9966
2010	408 903.0	156 998.4	134 091	133 771	30 567	11 736
2011	484 123.5	183 918.6	134 735	134 413	36 018	13 683
2012	534 123.0	210 307.0	135 404	135 070	39 544	15 570
2013	588 018.8	242 842.8	136 072	135 738	43 320	17 891
2014	636 138.7	271 896.1	136 782	136 427	46 629	19 930

注：国内生产总值按当年价格计算，社会消费品零售总额按当年价格计算。

资料来源：国家统计数据库，各年报表查询结果计算整理。

我们将同一现象在不同时间上的观察值按时间先后顺序排列而成的序列称为时间序列，又称时间数列或动态数列。由表 8.2 可以看出，时间序列由时间和水平值两个因素构成。时间是指现象所属的时间，水平值是指现象在不同时间上的表现值。

时间序列按照水平值表现的性质不同，可以分为绝对数时间序列、相对数时间序列和平均数时间序列。

8.1.1　绝对数时间序列

由一系列不同时期的同类总量指标值按时间先后顺序排列而成的序列称为绝对数时间序列。序列中的指标值都是绝对数。它是时间序列中最基本的表现形式，用于反映现象在不同时间上所达到的绝对水平。它根据水平值所属的时间状况不同分为时期序列和时点序列。时期序列中的水平值反映现象在一段时期内的活动总量，并且各水平值具有可加性，其累加的结果反映现象在更长一段时期内的活动总量。例如，在表 8.2 中的国内生产总值时间序列和社会消费品零售总额就是时期序列。时点序列中的水平值反映现象在某一时点即瞬间状态上的总量，序列中的水平值不具有可加性，虽然在某些计算中需要累加，但其累加值无任何实际意义，单纯是计算需要。例如，在表 8.2 中的年末人口数时间序列就是时点序列。

由绝对数时间序列派生出相对数时间序列和平均数时间序列。

8.1.2　相对数时间序列

由一系列不同时期的同类相对指标值按时间先后顺序排列而成的序列称为相对数时间序列。序列中的指标值都是相对数。例如，在表 8.2 中的人均 GDP 作为一个强度相对指标，它所形成的时间序列就是相对数时间序列。

8.1.3　平均数时间序列

由一系列不同时期的同类平均指标值按时间先后顺序排列而成的序列称为平均数时间序列。序列中的指标值都是平均数。例如，在表 8.2 中的年平均人口时间序列和人均社会消费品零售额就是平均数时间序列。

编制时间序列的目的，主要是通过时间序列的分析，寻找现象发展变化的规律性，而时间序列的分析可以从两个方面进行，一个是从统计指标的角度，另一个是从因素分析的角度。前者主要体现在本章 8.2 节的内容中，后者将在 8.3 节～8.6 节中进行阐述。

8.2　时间序列描述性分析

时间序列的描述性基本指标有两类：一类是现象发展的水平指标；一类是现象发展的速度指标。

8.2.1　时间序列的水平描述

1．发展水平

时间序列中各指标的数值称为发展水平。如邮电业务总量时间序列、电话普及率时间序列、劳动生产率时间序列中的各个指标值都是发展水平。

一般来说，如果用 $a_0, a_1, a_2, \cdots, a_n$ 表示一个时间序列，则将时间序列中的第一个指标值 a_0 叫作最初水平，将时间序列中的最后一个指标值 a_n 叫作最末水平，将时间序列中其余各个指标值称为中间水平。在时间序列的动态分析中，将所要研究的某一时期的指标水平称为报告期水平，用来作为对比基础时期的水平称为基期水平。

2. 平均发展水平（序时平均数）

时间序列各项指标水平的平均数，即发展水平的平均数称为平均发展水平或序时平均数。由于不同时间序列中水平值的表现形式不同，因此序时平均数的计算方法也不同。

设时间序列为 $a_1, a_2, \cdots, a_n$，其中，$a_i(i=1,2,\cdots,n)$ 表示时间序列的各个水平值，n 表示时间序列水平值的个数，我们用 $\bar{a}$ 表示序时平均数。下面分别讨论不同时间序列序时平均数的计算。

(1)绝对数时间序列的序时平均数。绝对数时间序列序时平均数的计算方法是最基本的，它是计算相对数时间序列和平均数时间序列序时平均数的基础。绝对数时间序列序时平均数的计算分时期序列和时点序列两种情形。

① 时期序列的序时平均数

时期序列序时平均数的计算式可以表示为：

$$\bar{a} = \frac{a_1 + a_2 + \cdots + a_n}{n} = \frac{\sum_{i=1}^{n} a_i}{n} \tag{8.1}$$

简单地，可表示为：

$$\bar{a} = \frac{\sum a}{n} \tag{8.2}$$

【例 8.1】 某汽车股份有限公司某年第二季度汽车产量如表 8.3 所示，要求：计算公司第二季度平均汽车产量。

表 8.3　某汽车股份有限公司汽车产量

月　　份	4	5	6	合计
汽车产量(万辆)	52	65	78	195

解：根据式(8.2)得：

$$\bar{a} = \frac{\sum a}{n} = \frac{195}{3} = 65 \text{（万辆）}$$

② 时点序列的序时平均数

时点序列的各个水平值表示现象在某个时点上的数值，由于各个水平值的时间间隔长度不同，因此序时平均数采用的计算方法也不同。

对于连续时点序列(统计中，一般就是指以"天"为时点间隔的时点序列)，其序时平均数可以采用式(8.1)或式(8.2)计算。

对于间断时点序列，计算序时平均数时，可以用各时点间隔长度作为权数计算，计算式如下：

$$\bar{a} = \frac{\dfrac{a_1 + a_2}{2} \cdot f_1 + \dfrac{a_2 + a_3}{2} \cdot f_2 + \cdots + \dfrac{a_{n-1} + a_n}{2} \cdot f_{n-1}}{f_1 + f_2 + \cdots + f_{n-1}} \tag{8.3}$$

式中， $f_i(i=1,2,\cdots,n-1)$ 表示相邻两个水平值的时点间隔长度。

【例8.2】 某企业去年在职职工人数的资料如表8.4所示。要求：计算该企业去年在职职工的平均人数。

表8.4 某企业去年在职职工人数资料

时 间	1月1日	3月1日	7月1日	11月1日	12月31日
人数（人）	3000	3200	2900	3000	2950

解：职工平均人数为：

$$\bar{a} = \frac{\dfrac{a_1+a_2}{2}\cdot f_1 + \dfrac{a_2+a_3}{2}\cdot f_2 + \cdots + \dfrac{a_{n-1}+a_n}{2}\cdot f_{n-1}}{f_1+f_2+\cdots+f_{n-1}}$$

$$= \frac{\dfrac{3000+3200}{2}\times 2 + \dfrac{3200+2900}{2}\times 4 + \dfrac{2900+3000}{2}\times 4 + \dfrac{3000+2950}{2}\times 2}{2+4+4+2}$$

$$\approx 3013（人）$$

明显地，如果时点间隔相等，即 $f_1=f_2=\cdots=f_{n-1}$ ，则式(8.3)可以变成下列形式：

$$\bar{a} = \frac{\dfrac{a_1}{2}+a_2+\cdots+a_{n-1}+\dfrac{a_n}{2}}{n-1} \tag{8.4}$$

(2) 相对数时间序列和平均数时间序列的序时平均数

对于相对数时间序列或平均数时间序列，通常是由两个绝对数时间序列对比形成的，因此，计算其序时平均数时，通常是分别求出分子序列和分母序列的序时平均数，然后进行对比，即得相对数或平均数时间序列的序时平均数。

令某个相对数时间序列或平均数时间序列的各指标值为 $a_i=\dfrac{x_i}{y_i}$ ，则相对数时间序列或平均数时间序列的序时平均数计算式为：

$$\bar{a} = \frac{\bar{x}}{\bar{y}} \tag{8.5}$$

【例8.3】 某国有企业今年上半年工资资料如表8.5所示。已知该企业去年年底职工人数为1050人。要求：计算该企业今年上半年职工月平均工资。

表8.5 某国有企业今年上半年工资资料

月 份	1	2	3	4	5	6
工资总额(万元)	300	290	320	296	284	280
月末职工人数(人)	1000	980	1010	950	960	940

解：设工资总额为 x ，月末职工人数为 y ，职工的月工资水平为 a ，则

$$\bar{x} = \frac{\sum x}{n} = \frac{300+290+320+296+284+280}{6} \approx 295（万元）$$

$$\overline{y} = \frac{\frac{y_1}{2} + y_2 + \cdots + y_{n-1} + \frac{y_n}{2}}{n-1} = \frac{\frac{1050}{2} + 1000 + \cdots + 960 + \frac{940}{2}}{7-1} \approx 983（人）$$

那么，该国有企业上半年职工月平均工资为：

$$\overline{a} = \frac{\overline{x}}{\overline{y}} = \frac{295}{983} \approx 0.3001（万元）= 3001（元）$$

3．增长量、平均增长量和年距增长量

（1）增长量

增长量是时间序列中的报告期水平与基期水平之差，用于描述现象在观察期内增长的绝对数量。由于采用的基期不同，故有逐期增长量和累计增长量之分。

逐期增长量是报告期水平与前一期水平之差。

累计增长量是报告期水平与某一固定时期水平之差。

设时间序列为 $a_0, a_1, a_2, \cdots, a_n$，则第 i 期的逐期增长量可以表示为 $a_i - a_{i-1}$，第 i 期的累计增长量可以表示为 $a_i - a_0$，显然，对于整个时间序列而言，各逐期增长量之和等于最末期的累计增长量。即

$$\sum_{i=1}^{n} (a_i - a_{i-1}) = a_n - a_0 \tag{8.6}$$

（2）平均增长量

平均增长量是时间序列中各逐期增长量的平均数，用于说明现象在一定时期内的平均增长水平，其计算式为：

$$平均增长量 = \frac{逐期增长量之和}{逐期增长量个数} = \frac{累计增长量}{水平值个数 - 1} \tag{8.7}$$

用符号表示为：

$$平均增长量 = \Delta = \frac{a_n - a_0}{n} \tag{8.8}$$

按上述公式计算的平均增长量称为水平法平均增长量。还可以用另一种方法即总和法计算平均增长量，它要求用平均增长量推算的各期理论水平之和等于各期实际水平之和，即

$$(a_0 + \overline{\Delta}) + (a_0 + 2\overline{\Delta}) + \cdots + (a_0 + n\overline{\Delta}) = \sum a_i \tag{8.9}$$

$$平均增长量 = \overline{\Delta} = \frac{2(\sum a_i - n a_0)}{n(n+1)} = \frac{2\sum(a_i - a_0)}{n(n+1)} \tag{8.10}$$

（3）年距增长量

年距增长量是本期发展水平与上年同期发展水平之差，因为年距增长量可以消除季节变动的影响，因此在实际中经常使用该指标。

8.2.2 时间序列的动态描述

1．发展速度和增长速度

（1）发展速度

发展速度是报告期发展水平与基期发展水平之比，用于描述现象在观察期内发展变化的

方向和程度。其表现形式有倍数或百分数等。计算式为：

$$发展速度 = \frac{报告期水平}{基期水平} \times 100\% \tag{8.11}$$

由于采用的基期水平不同，故发展速度可以分为定基发展速度和环比发展速度。定基发展速度是报告期水平与某一固定时期水平对比，说明现象在整个观察期内总的发展变化程度；环比发展速度是报告期水平与前一期水平之比，说明现象逐期发展变化的程度。

如果用 $a_0, a_1, a_2, \cdots, a_n$ 表示一个时间序列，那么：

$$定基发展速度 = \frac{a_i}{a_0} \tag{8.12}$$

$$环比发展速度 = \frac{a_i}{a_{i-1}} \tag{8.13}$$

式中，$i = 1, 2, \cdots, n$。

定基发展速度与环比发展速度之间存在如下关系：

定基发展速度等于相应各期的环比发展速度的连乘积。即

$$\frac{a_1}{a_0} \times \frac{a_2}{a_1} \times \cdots \times \frac{a_n}{a_{n-1}} = \frac{a_n}{a_0} \tag{8.14}$$

两个相邻定基发展速度之商等于对应期的环比发展速度。即

$$\frac{a_i}{a_0} \div \frac{a_{i-1}}{a_0} = \frac{a_i}{a_{i-1}} \tag{8.15}$$

(2) 增长速度

增长速度可以表示为：增长量/基期水平 = 发展速度 -1。用于说明现象增长程度的相对数。其计算式为：

$$增长速度 = \frac{增长量}{基期水平} = \frac{报告期水平 - 基期水平}{基期水平} = 发展速度 - 1 \tag{8.16}$$

由于采用的基期水平不同，增长速度可以分为定基增长速度和环比增长速度。二者分别表示为：

$$定基增长速度 = \frac{a_i - a_0}{a_0} = \frac{a_i}{a_0} - 1 \tag{8.17}$$

$$环比增长速度 = \frac{a_i - a_{i-1}}{a_{i-1}} = \frac{a_i}{a_{i-1}} - 1 \tag{8.18}$$

式中，$i = 1, 2, \cdots, n$。

需要特别指出，定基增长速度与环比增长速度之间没有直接的换算关系。

2. 平均发展速度和平均增长速度

(1) 平均发展速度

平均发展速度是各个时期环比发展速度的平均数，说明现象在整个观察期内平均发展变化的程度。其计算方法通常有水平法和方程式法。

① 水平法

水平法又称几何平均法。如果用 $a_0, a_1, a_2, \cdots, a_n$ 表示一个时间序列，那么水平法计算平均发展速度为：

$$\overline{X}_G = \sqrt[n]{\frac{a_1}{a_0} \times \frac{a_2}{a_1} \times \frac{a_3}{a_2} \times \cdots \times \frac{a_n}{a_{n-1}}} = \sqrt[n]{\frac{a_n}{a_0}} \tag{8.19}$$

用水平法计算平均发展速度时，由于各个环比发展速度连乘积等于最后一期的定基发展速度，因此，其计算可以直接采用最末期水平与最初水平资料，方法简便。但它却忽略了中间各期水平，当中间各期水平波动很大时，各期环比发展速度差异也很大，用水平法计算的平均发展速度就不能准确地反映实际的发展过程。在实际应用中，如果主要关心的是现象在最末期应达到的水平，则采用水平法计算平均发展速度比较合适。

② 方程式法

方程式法是用解高次方程的正根来计算平均发展速度。采用这种方法，要求现象在期初水平基础上，按某一平均发展速度达到的各期水平之和与各期实际水平总和相一致，即

$$a_0\overline{X} + a_0\overline{X}^2 + \cdots + a_0\overline{X}^n = \sum a_i \tag{8.20}$$

因此，用方程式法计算平均发展速度，需求解如下高次方程：

$$\overline{X} + \overline{X}^2 + \cdots + \overline{X}^n = \frac{\sum a_i}{a_0} \tag{8.21}$$

方程式法计算的平均发展速度考虑了每个时期的发展水平，它侧重于考察现象在整个观察期内的发展总量。在实际应用中，如果所关心的是现象在整个观察期内发展水平的累计总和，则采用方程式法计算平均发展速度比较合适。

在一般情况下，两种方法计算的平均发展速度比较接近；但在经济发展不平衡、出现大起大落时，两种方法计算的结果差别较大。

(2) 平均增长速度

平均增长速度是环比增长速度的平均，说明现象在观察期内逐年平均增长的程度，它的计算通常是通过先计算平均发展速度，然后利用二者的关系来求得。其计算式为：

$$平均增长速度 = 平均发展速度 - 1 \tag{8.22}$$

(3) 增长 1% 的绝对值

在实际中，需要将速度与绝对水平结合起来进行分析，通常要计算增长1%的绝对值。增长 1% 的绝对值表示报告期相对于前一期而言，每增长一个百分点而增加的绝对数量，其计算公式为：

$$第i期相对于第i-1期增长1\%的绝对值 = \frac{a_i - a_{i-1}}{\dfrac{a_i - a_{i-1}}{a_{i-1}}} \times \frac{1}{100} = \frac{a_{i-1}}{100} \tag{8.23}$$

前面介绍了发展水平、平均发展水平、增长量、平均增长量、年距增长量等时间序列的水平指标，以及发展速度、增长速度、平均发展速度、平均增长速度、增长1%的绝对值等时间序列的速度指标，可以利用这些指标对现象的动态变化进行初步分析。

表 8.6 是中国海关 2005—2014 年货物进出口总额及其动态分析指标，反映了我国 10 年间货物进出口贸易发展的基本态势。

表 8.6　中国海关货物进出口总额及其动态分析指标　　　　　单位：亿美元

年　份	货物进出口总额	增　长　量		发展速度（%）		增长速度（%）		增长 1% 的绝对值
		逐　期	累　计	环　比	定　基	环　比	定　基	
2005	14 219.1			100.0	100.0			
2006	17 604.4	3385.3	3385.3	123.8	123.8	23.8	23.8	142.191
2007	21 765.7	4161.3	7546.6	123.6	153.1	23.6	53.1	176.044
2008	25 632.6	3866.9	11 413.5	117.8	180.3	17.8	80.3	217.657
2009	22 075.4	−3557.2	7856.3	86.1	155.3	−13.9	55.3	256.326
2010	29 740.0	7664.6	15 520.9	134.7	209.2	34.7	109.2	220.754
2011	36 418.6	6678.6	22 199.5	122.5	256.1	22.5	156.1	297.4
2012	38 671.2	2252.6	24 452.1	106.2	272.0	6.2	172.0	364.186
2013	41 589.9	2918.7	27 370.8	107.5	292.5	7.5	192.5	386.712
2014	43 015.3	1425.4	28 796.2	103.4	302.5	3.4	202.5	415.899

数据来源：《中国统计年鉴》（2015）。

根据表 8.6 所示资料可以计算：

$$平均增长量 = \Delta = \frac{a_n - a_0}{n} = \frac{43\ 015.3 - 14\ 219.1}{10 - 1} \approx 3199.578（亿美元）$$

$$平均发展速度 = \overline{X}_G = \sqrt[n]{\frac{a_n}{a_0}} = \sqrt[9]{\frac{43\ 015.3}{14\ 219.1}} \approx 1.1309 = 113.09\%$$

$$平均增长速度 = 平均发展速度 - 1 = 113.09\% - 1 = 13.09\%$$

8.3　时间序列的分解与模型

8.3.1　时间序列的分解

时间序列中各指标值是许多不同因素影响的结果。对各因素按其作用的性质来划分，可以分解成四种：长期趋势、季节变动、循环变动和不规则变动。

图 8.2 中反映的时间序列就是一个包含了长期趋势、季节变动、循环变动、不规则变动的时间序列。

1. 长期趋势

长期趋势是时间序列中最基本的规律性变化，是指客观社会经济现象在某一个相当长的时期内持续发展变化的趋势。表现为三种主要形式：向上趋势、向下趋势、平稳趋势。例如，一定时期内股市的下滑，其长期趋势就是向下发展势态。长期趋势在时间序列分析中一般用 T 表示。

2. 季节变动

季节变动是指由于受到自然条件和社会条件的影响，在年度内出现的季节性变化。季节变动的本质是指以一年为周期的周期变化。例如，一些企业产品的产量（如空调、电风扇、取暖器），农作物的生长，百货商店消费品的销售额，汽车的客运量等都存在着季节变化。季节变动在现实生活中经常会遇到，例如，商业活动中的"销售旺季"和"销售淡季"，农产品和以农产品为原料的某些工业生产的产量和销售量，旅游业的"旅游旺季"和"旅游淡季"，等等。季节变动在时间序列分析中一般用 S 表示。

图 8.2　包含四个因素的时间序列图例

3．循环变动

循环变动是指持续若干时期的上下周期性波动，它不同于长期趋势，因其不是朝单一方向持续发展的；也不同于季节变动，因其波动的周期长短不一，既可以是按月、天数以至小时、分秒计算的短周期，也可以是三年、五年，或数十年的长周期。例如：经济危机。循环变动在时间序列分析中一般用 C 表示。

4．不规则变动

不规则变动又称随机变动，其变化无规则可循。例如，地震、水灾所引起的变化。这类变动是由偶然事件引起的，故有时也称作意外变动。不规则变动在时间序列分析中一般用 I 表示。

8.3.2　时间序列组合模型

上述四种因素之间的关系可以用加法模型和乘法模型来描述。设 Y 为时间序列的各个观测值，则

加法模型可以表示为：

$$Y = T + S + C + I \tag{8.24}$$

乘法模型可以表示为：

$$Y = T \cdot S \cdot C \cdot I \tag{8.25}$$

需要说明，在加法模型中，S、C、I 都是对 T 的定量偏差，四种因素彼此独立，都用原始单位表示；在乘法模型中，趋势变动因素 T 一般用原始单位表示，其余三个因素则表示成相对数或百分数，通常把 $T \cdot S$ 称为常态变化，$C \cdot I$ 称为剩余变动。在研究中，常用乘法模型。本章也将采用乘法模型进行分析讨论。

8.4 时间序列趋势分析

长期趋势是时间序列的主要构成要素，通过对时间序列长期趋势变动的分析，可以掌握现象活动的规律性，并对其未来的发展趋势做出判断或预测。同时，研究长期趋势，也是为了将其从时间序列中予以剔除，以便观察和分析时间序列中其他各影响因素。测定长期趋势的方法有很多，本书主要介绍移动平均法和最小二乘法两种。

8.4.1 移动平均法

移动平均法是时间序列趋势分析的一种较简单的常用方法之一。它的基本思想是，通过扩大原时间序列的时间间隔，并按一定的间隔长度逐期移动，分别计算出一系列移动平均数，以这一系列移动平均数作为对应时期的趋势值，由这些平均数形成的新的时间序列对原时间序列的波动起到一定的修匀作用，削弱原序列中短期偶然因素的影响，从而呈现出现象发展的变动趋势。

设时间序列为 $a_1, a_2, \cdots, a_n$，若取移动间隔长度为 3，则移动平均数序列可以表示成：

$$\overline{a}_2 = \frac{a_1 + a_2 + a_3}{3}, \quad \overline{a}_3 = \frac{a_1 + a_2 + a_3}{3}, \quad \cdots, \quad \overline{a}_{n-1} = \frac{a_{n-2} + a_{n-1} + a_n}{3} \tag{8.26}$$

它也是原时间序列的对应各期的长期趋势值。

【例 8.4】 某商场某商品的销售资料如表 8.7 所示。分别计算 3 项和 5 项移动平均值，并作图与原序列比较。

表 8.7 商品销售量移动平均趋势值

年 份	季 度	销售量（万件）	三项移动平均		五项移动平均	
			移动平均值	逐期增量	移动平均值	逐期增量
第一年	一	4	—	—	—	—
	二	6	7.7	—	—	—
	三	13	12.3	4.7	9.2	—
	四	18	12.0	−0.3	10.0	0.8
第二年	一	5	10.3	−1.7	11.6	1.6
	二	8	9.0	−1.3	12.6	1
	三	14	13.3	4.3	10.2	−2.4
	四	18	12.7	−0.7	11.2	1
第三年	一	6	11.3	−1.3	12.8	1.6
	二	10	10.7	−0.7	14.4	1.6
	三	16	16.0	5.3	12.4	−2
	四	22	15.3	−0.7	13.6	1.2
第四年	一	8	14.0	−1.3	15.4	1.8
	二	12	13.0	−1.0	17.2	1.8
	三	19	18.7	5.7	15.8	−1.4
	四	25	19.7	1.0	17.6	1.8
第五年	一	15	19.0	−0.7	19.2	1.6
	二	17	17.3	−1.7	21.0	1.8
	三	20	21.7	4.3	—	—
	四	28	—	—	—	—

解：移动平均趋势值计算见表 8.7。商品销量及其三项移动平均趋势值和五项移动平均趋势值如图 8.3 所示。

在表 8.7 中，三项移动平均和五项移动平均的结果都表现出一定的周期性波动，这是因为移动平均值序列还受到季节波动的影响。为消除季节变动，也可对原序列作四项移动平均，结果如表 8.8 所示。将各季销量与四项移动平均趋势值绘成图作比较，结果如图 8.4 所示。

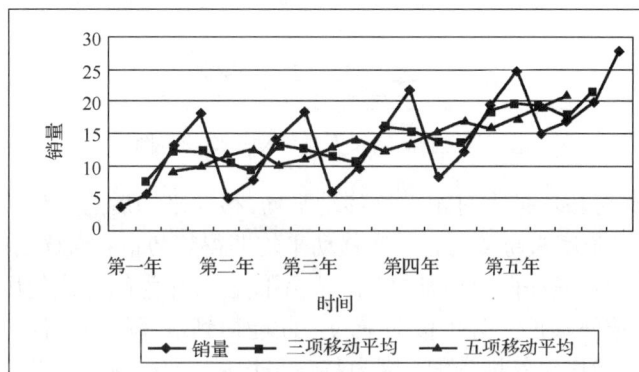

图 8.3　商品销售量移动平均趋势图

表 8.8　商品销量四项移动平均趋势值计算表

年　份	季　度	销售量(万件)	四项移动平均	移 正 平 均	逐 期 增 量
第一年	一	4	—	—	—
	二	6	—	—	—
	三	13	10.3	10.4	—
	四	18	10.5	10.8	0.4
第二年	一	5	11.0	11.1	0.4
	二	8	11.3	11.3	0.1
	三	14	11.3	11.4	0.1
	四	18	11.5	11.8	0.4
第三年	一	6	12.0	12.3	0.5
	二	10	12.5	13.0	0.8
	三	16	13.5	13.8	0.8
	四	22	14.0	14.3	0.5
第四年	一	8	14.5	14.9	0.6
	二	12	15.3	15.6	0.8
	三	19	16.0	16.9	1.3
	四	25	17.8	18.4	1.5
第五年	一	15	19.0	19.1	0.8
	二	17	19.3	19.6	0.5
	三	20	20.0	—	—
	四	28	—	—	—

运用移动平均法计算时间序列的长期趋势值时，应注意以下几点：

(1)关于扩大时间间隔的长度。移动平均的目的是消除原时间序列中的短期波动，因此扩大时间间隔的长度，应长短合适，一般应根据时间序列的具体特点决定。若现象的发展有一定的周期性，移动间隔应注意与周期长度相吻合，如时间序列是季度资料，应采用 4 项移动平均，若为月份资料，应采用 12 项移动平均。这样移动平均的结果才能真实表示时间序列的变动趋势。

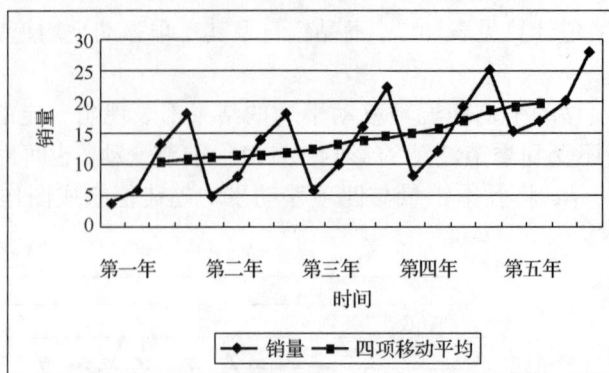

图 8.4　商品销量四项移动平均趋势图

（2）关于偶数项或奇数项扩大时距进行移动平均。移动平均后的趋势值应放在各移动项的中间位置。当移动间隔长度为奇数时，一次移动平均即得趋势值；当移动间隔长度为偶数时，因移动平均数对应的中点是在两个时期之间，故不能直接作为趋势值使用，还必须将第一次得到的移动平均数再按两项扩大时距移动平均，才能得到最后的趋势值。

（3）移动平均法不能作为外推预测。因为移动平均后，首尾都要损失若干信息量。按奇数扩大时距移动平均，所形成的趋势值时间序列，首尾各缺少 $(K-1)/2$ 个时期的趋势值（K 为扩大时距的项数）；按偶数扩大时距移动平均时，首尾各缺少 $K/2$ 个时期的趋势值。

8.4.2　趋势模型法

趋势模型法，是测定长期趋势最常用的方法，其基本原理已经在第 7 章中讲述。常用的趋势方程有以下几种形式。

1.　直线趋势方程

设所研究现象表现为直线趋势，其直线趋势方程的形式为：

$$\hat{y} = a + bt \tag{8.27}$$

式中，a、b 为方程的参数；t 为时间；$\hat{y}$ 为时间序列 y 的趋势值。

对于方程中的 a、b 参数，可根据第 7 章中的最小二乘法估计线性趋势方程的参数，即

$$
\begin{aligned}
a &= \frac{\sum y}{n} - \frac{b\sum t}{n} = \bar{y} - b\bar{t} \\
b &= \frac{n\sum ty - (\sum t)(\sum y)}{n\sum t^2 - (\sum t)^2}
\end{aligned}
\tag{8.28}
$$

【例 8.5】　利用表 8.9 中的数据，根据趋势模型法确定汽车产量的直线趋势方程，计算出2005—2014 年汽车产量的趋势值，并预测 2015 年的汽车产量，作图与原序列比较。

表 8.9　2005—2014 年中国汽车产量数据　　　　　　　　　　　　　　　　单位：万辆

年　份	2005	2006	2007	2008	2009	2010	2011	2012	2013	2014
产　量	570.5	727.9	888.9	934.6	1379.1	1826.5	1841.6	1927.6	2212.1	2372.5

数据来源：《中国统计年鉴》（2015）。

解： 有关计算过程如表 8.10 所示。

表 8.10 汽车产量直线趋势计算表

年　份	时间编号 t	产量 y（万辆）	$t \cdot y$	t^2	趋势值 $\hat{y}$
2005	1	570.5	570.5	1	514.4
2006	2	727.9	1455.8	4	726.3
2007	3	888.9	2666.7	9	938.2
2008	4	934.6	3738.2	16	1150.1
2009	5	1379.1	6895.5	25	1362.0
2010	6	1826.5	10 959.0	36	1573.9
2011	7	1841.6	12 891.2	49	1785.8
2012	8	1927.6	15 420.8	64	1997.7
2013	9	2212.1	19 908.9	81	2209.6
2014	10	2372.5	23 725.0	100	2421.5
合计	55	14 681.2	98 231.6	385	11 957.0

根据式（8.28）得：

$$b = \frac{n\sum ty - (\sum t)(\sum y)}{n\sum t^2 - (\sum t)^2} = \frac{10 \times 98\,231.6 - 55 \times 14\,681.2}{10 \times 385 - 55^2} = 211.9$$

$$a = \frac{\sum y}{n} - \frac{b\sum t}{n} = \frac{14\,681.2}{10} - \frac{211.9 \times 55}{10} = 302.5$$

汽车产量的直线趋势方程为 $\hat{y} = 302.5 + 211.9t$。将 $t = 1,2,\cdots,10$ 代入上述方程，即得 2005 —2014 年汽车产量的趋势值，见表 8.10。将汽车产量及其趋势值绘成图形，如图 8.5 所示。将 $t = 11$ 代入方程，得 2015 年汽车产量的预测值为：

$$\hat{y} = 302.5 + 211.9t = 302.5 + 211.9 \times 11 = 2633.4 \text{（万辆）}$$

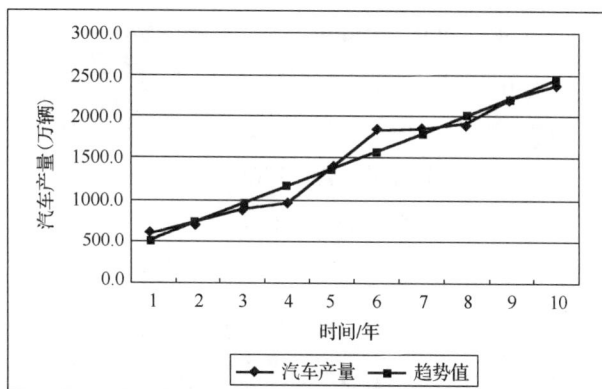

图 8.5 汽车产量直线趋势图

2. 二次曲线方程

当现象发展的趋势为抛物线形态时，可以配合二次曲线，其趋势方程的形式为：

$$\hat{y} = a + bt + ct^2 \tag{8.29}$$

跟直线趋势方程求解参数 a、b 一样，我们仍采用最小二乘法求参数 a、b、c，其标准方程组为：

$$\sum y = na + b\sum t + c\sum t^2$$
$$\sum ty = a\sum t + b\sum t^2 + c\sum t^3 \tag{8.30}$$
$$\sum t^2 y = a\sum t^2 + b\sum t^3 + c\sum t^4$$

【例 8.6】 已知我国 1998—2008 年录像机产量数据如表 8.11 所示。试配合二次曲线方程，计算出 1998—2008 年产量的趋势值，并作图与原序列比较。

表 8.11　1998—2008 年录像机产量二次曲线计算表

年份	时间编号 t	产量 y(万台)	$t \times y$	t^2	t^3	$t^2 y$	t^4	趋势值 $\hat{y}$
1998	1	330.6	330.6	1	1	330.6	1	75.2
1999	2	568.7	1137.4	4	8	2274.8	16	644.7
2000	3	790.6	2371.8	9	27	7115.4	81	1086.6
2001	4	1134.9	4539.6	16	64	18 158.4	256	1401.1
2002	5	1562.0	7810.0	25	125	39 050.0	625	1588.0
2003	6	2029.5	12 177.0	36	216	73 062.0	1296	1647.3
2004	7	1963.4	13 743.8	49	343	96 206.6	2401	1579.2
2005	8	1146.0	9168.0	64	512	73 344.0	4096	1383.4
2006	9	1156.8	10 411.2	81	729	93 700.8	6561	1060.3
2007	10	198.6	1986.0	100	1000	19 860.0	10 000	609.5
2008	11	225.6	2481.6	121	1331	27 297.6	14 641	31.3
合计	66	11 106.7	66 157.0	506	4356	450 400.2	39 974	11 106.7

数据来源：国家统计数据库，各年报表查询结果计算整理。

解： 有关计算过程如表 8.11 所示。

根据式 (8.30) 得：

$$11\ 106.7 = 11a + 66t + 506c$$
$$66\ 157.0 = 66a + 506b + 4356c$$
$$450\ 400.2 = 506a + 4356b + 39\ 974c$$

解得：　　　　　　　$a = -621.8103, \quad b = 760.7765, \quad c = -63.7641$

录像机产量的二次曲线方程为：

$$\hat{y} = -621.8103 + 760.7765t - 63.7641t^2$$

将录像机产量及其趋势值绘制成图，如图 8.6 所示。

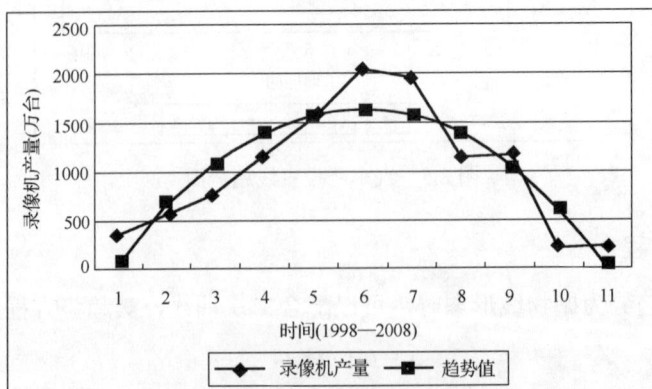

图 8.6　录像机产量二次曲线趋势图

3. 指数曲线方程

当现象的观察值呈几何级数递增或递减变化时，可以配合指数曲线，其趋势方程的形式为：

$$\hat{y} = ab^t \tag{8.31}$$

求解指数方程中的未知参数 a、b，可以先进行变量转换，将方程线性化，然后用最小二乘法求参数 a、b，即将方程两端取对数，得

$$\ln \hat{y} = \ln a + t \ln b \tag{8.32}$$

则指数曲线转换为直线形式，其趋势模型法的标准方程组为：

$$\sum \ln y = n \ln a + \ln b \sum t$$
$$\sum t \ln y = \ln a \sum t + \ln b \sum t^2 \tag{8.33}$$

联立解此方程组，求得 $\ln a$、$\ln b$，然后利用反对数表可以求出参数 a、b。

【例 8.7】 根据表 8.9 中的数据，运用趋势模型法确定 2005—2014 年我国汽车产量的指数曲线方程，求出各年汽车产量的趋势值，并预测 2015 年的汽车产量，作图与原序列比较。

解： 有关计算过程见表 8.12。

表 8.12 汽车产量指数曲线计算表

年 份	时间编号 t	产量 y（万辆）	$\ln y$	$t \cdot \ln y$	t^2	趋势值 $\hat{y}$
2005	1	570.5	6.3465	6.3465	1	636.1612
2006	2	727.9	6.5902	13.1803	4	748.3253
2007	3	888.9	6.7900	20.3699	9	880.2656
2008	4	934.6	6.8401	27.3603	16	1035.4687
2009	5	1379.1	7.2292	36.1459	25	1218.0363
2010	6	1826.5	7.5102	45.0609	36	1432.7932
2011	7	1841.6	7.5184	52.6287	49	1685.4147
2012	8	1927.6	7.5640	60.5122	64	1982.5769
2013	9	2212.1	7.7017	69.3153	81	2332.1329
2014	10	2372.5	7.7717	77.7170	100	2743.3206
合计	55	14 681.24	71.8619	408.6371	385	14 694.4954

根据（式 8.33）得：

$$71.8619 = 10 \ln a + 55 \ln b$$

$$408.6371 = 55 \lg a + 385 \lg b$$

解得： $\qquad a = 540.809, \quad b = 1.176\,314$

汽车产量的指数曲线方程为：

$$\hat{y} = 540.809(1.176\,314)^t$$

将 t 代入上述方程，即得 2005—2014 年汽车产量的趋势值，见表 8.12。将汽车产量及其趋势值绘制成图，如图 8.7 所示。将 $t = 11$ 代入方程，得 2015 年的汽车产量为：

$$\hat{y}_{2015} = 540.809(1.176\,314)^{11} = 3227.0034 \text{（万辆）}$$

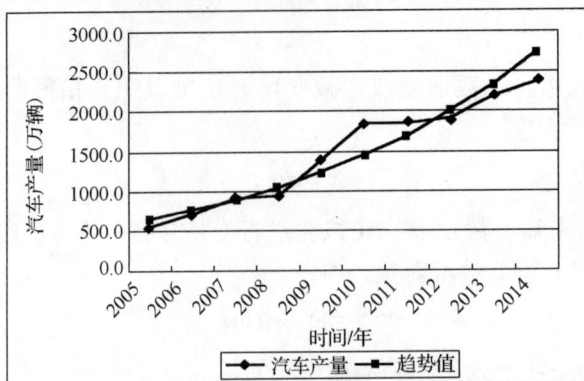

图8.7　汽车产量指数曲线趋势图

4．趋势方程的选择

上面讨论了对时间序列配合趋势方程的一般方法。但在实际应用中，对于一个给定的具体的时间序列，应如何选择所要配合的趋势线类型呢？这是一个十分重要的问题，它关系到对现象描述及其规律性认识的结论。如果趋势线选择不当，不仅不能正确描述现象的数量规律性，有时还会得出与事实相反的结论。困难的是，许多情况下，我们并不能直接根据时间序列的观察值本身判断出现象的发展形态或趋势。下面给出选择趋势线的一些参考依据。

(1)散布图分析。弄清所观察变量的实际意义及其相关的理论知识，根据观察值的变化规律及散点图的形态确定适当的趋势方程类型。这在一定程度上取决于研究者本人的经验及理论知识水平。

(2)序列数据差量特征分析。如果序列各项数据的 K 次差大致为一个常数，一般可考虑拟合 K 次曲线。若观察值的一次差(逐期增量)大体相同，可配合直线方程；若二次差大体相同，可配合二次曲线；若各观察值的环比发展速度大体为一个常数，或观察值的对数的一次差大体相同，可配合指数曲线，等等。

(3)分段拟合。现象的实际变化可能很复杂，各个阶段有不同的变化规律，可将序列分段考察，分别拟合不同的趋势线方程。

(4)最小偏差法。最后，如果对同一时间序列有几种趋势线可供选择，以估计标准误差最小者为宜。估计标准误差 $S_y = \sqrt{\dfrac{\sum (y - \hat{y})^2}{n-k}}$ ，式中，y 为实际观察值；$\hat{y}$ 为趋势值；n 为观察值个数；k 为趋势方程中未知参数的个数。

8.5　时间序列季节变动分析

在某些经济活动中，我们常常用"旺季"或"淡季"等术语来描述经济活动因季节的不同而发生变化的情形。比如某些商品的需求量和销售量与季节有关，存在明显的季节性。通常把现象由于受自然因素和生产或生活条件的影响，在一年内随着季节的更换而引起的比较有规律的变动称为季节变动。它是时间序列的又一个主要构成因素。

季节变动的测定，就是测定各季节的季节指数。季节指数是根据所给资料，求出各季(或月)平均数对全时期总平均数的比率,说明各季(或月)水平比全时期总平均水平高或低的程度,即季节变动的一般规律。

通过对现象季节指数的测定,可以确定现象的季节变动的规律,为企业组织生产、流通、销售等提供帮助。

测定季节变动的方法从简单到复杂有几十种,每种方法各有利弊,下面介绍两种常用的简单方法。

8.5.1 按季(或月)平均法

按季(或月)平均法又称同期平均法,其步骤如下:

第一,先列出各年同季(或月)的数值。

第二,计算各年同季(或月)的平均数及总季(或月)平均数。

第三,求各同季(或月)平均数对总平均数的比率即季节指数(S)。其计算公式为:

$$季节指数(S) = \frac{同季(月)平均数}{总季(月)平均数} \times 100\%$$ (8.34)

【例 8.8】 已知某啤酒股份有限公司 5 年啤酒产量资料如表 8.13 所示。试用同期平均法计算 4 个季度的季节指数,并将季节指数绘成图形。

表 8.13 啤酒产量及季节指数计算表　　　　　　　　　　　　单位:千升

年份＼季度	一	二	三	四	合计
第一年	41 533	102 794	167 538	114 338	426 203
第二年	52 248	123 282	210 774	142 983	529 287
第三年	58 777	147 490	196 684	146 637	549 588
第四年	48 709	133 601	211 186	128 004	521 500
第五年	68 705	135 865	209 349	147 713	561 632
同季合计	269 972	643 032	995 531	679 675	2 588 210
同季平均	53 994.4	128 606.4	199 106.2	135 935.0	129 410.5
季节指数(%)	41.7	99.4	153.9	105.0	400.0

表 8.13 中的季节指数说明啤酒生产量存在明显的季节变动,三季度是啤酒生产旺季,一季度是淡季。其图形如图 8.8 所示。

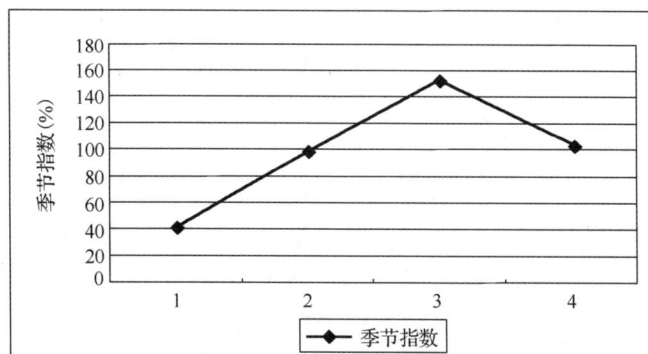

图 8.8　啤酒季节变动图形

按季(月)平均法求季节指数有一个明显的缺点,即没有考虑时间序列往往要受长期趋势的影响。例如:在上例中就存在趋势上升,它会使得后期的季节指数因受到趋势上升的影响而提高,这不符合季节指数的本意。因此,若现象存在明显的长期趋势,应当先把长期趋势的影响剔除掉,然后再按同期平均法求季节指数。这就是移动平均趋势剔除法。

8.5.2　移动平均趋势剔除法

移动平均趋势剔除法,即先通过移动平均法求出时间序列中的长期趋势值,并将所求得的长期趋势值从时间序列中剔除,将剔除了趋势值之后的观察值再用同期平均法求季节指数。其具体步骤如下(以季度数据为例):

第一,对各年的按季资料(Y)作 4 个季度的移动平均,求出长期趋势值(T)。

第二,将实际观察值除以趋势值得 $\dfrac{Y}{T} = S \cdot I$,并按季排列。

第三,对各年同期的 $S \cdot I$ 用同期平均法平均,消除不规则变动 I,得到未作调整的季节指数 S。

第四,用调整系数 $= \dfrac{400\%}{\sum S}$ 对上一步的结果进行调整。

【例 8.9】　根据表 8.13 所示啤酒产量的数据,用移动平均趋势剔除法计算 4 个季度的季节指数,并将季节指数绘成图形。

解: 首先求出 4 个季度移动平均数,由于是按照偶数项移动平均,因此需再按两项移动平均求出啤酒产量时间序列的移动平均长期趋势值,即表 8.14 中的趋势值 T;在此基础上,用趋势值 T 去除原时间序列值 Y,求得 $\dfrac{Y}{T}$,它是消除了长期趋势后得到的新序列,形成这个序列的相对数叫"季节变动和不规则变动相对数"。

表 8.14　啤酒产量季节指数计算表(一)

年　份	季　度	产量 Y (kL)	四项移动平均	趋 势 值 T	$\dfrac{Y}{T}$ (%)
第一年	一	41 533	—	—	—
	二	102 794	—	—	—
	三	167 538	106 550.8	107 890.1	155.29
	四	114 338	109 229.5	111 790.5	102.28
第二年	一	52 248	114 351.5	119 756.0	43.63
	二	123 282	125 160.5	128 741.1	95.76
	三	210 774	132 321.8	133 137.9	158.31
	四	142 983	133 954.0	136 980.0	104.38
第三年	一	58 777	140 006.0	138 244.8	42.52
	二	147 490	136 483.5	136 940.3	107.70
	三	196 684	137 397.0	136 138.5	144.47
	四	146 637	134 880.0	133 143.9	110.13
第四年	一	48 709	131 407.8	133 220.5	36.56
	二	133 601	135 033.3	132 704.1	100.68
	三	211 186	130 375.0	132 874.5	158.94
	四	128 004	135 374.0	135 657.0	94.36
第五年	一	68 705	135 940.0	135 710.4	50.63
	二	135 865	135 480.8	137 944.4	98.49
	三	209 349	140 408.0	—	—
	四	147 713	—	—	—

将"季节变动和不规则变动相对数"重新排列，如表 8.15 所示。把每年同季的"季节变动和不规则变动相对数"加以平均，消除不规则变动的影响，得到的是未作调整的季节比率。

表 8.15 中未经调整的季节比率的合计数为 401.0%，所以要进行调整，调整系数 $=\dfrac{400\%}{401.0\%}=0.9974$。用这个系数分别乘以各未调整的季节比率即得到调整后的季节比率，列在表 8.15 中的最末一行。将季节指数绘制成图，如图 8.9 所示，可以直观地看出啤酒产量的季节变动情况。

表 8.15　啤酒产量季节指数计算表（二）

年份＼季度	一	二	三	四	合　计
第一年	—	—	155.29	102.28	
第二年	43.63	95.76	158.31	104.38	
第三年	42.52	107.7	144.47	110.13	—
第四年	36.56	100.68	158.94	94.36	
第五年	50.63	98.49	—	—	
合计	173.3	402.6	617.0	411.2	1604.1
平均	43.3	100.7	154.3	102.8	401.0
调整系数	0.9974				
季节指数	43.2	100.4	153.9	102.5	400

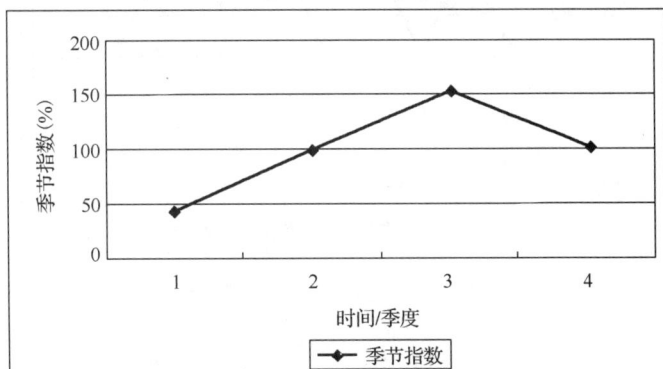

图 8.9　啤酒产量季节变动图

8.5.3　季节变动的调整

测定季节变动的目的之一是将其从时间序列中予以剔除，以便观察和分析时间序列的其他特征。消除季节变动的方法是将原时间序列除以相应的季节比率，计算式为：

$$\frac{Y}{S}=\frac{T\cdot S\cdot C\cdot I}{S}=T\cdot C\cdot I \tag{8.35}$$

结果即为调整后的时间序列，它反映了在没有季节因素影响的情况下，时间序列的变化形态。

【例 8.10】　根据表 8.13 中的啤酒产量数据，对 5 年各季的啤酒产量资料作季节性调整，并将调整后的序列与原序列作图比较。

解：根据表 8.15 中的季节指数及式（8.35），可得计算结果如表 8.16 所示。

表 8.16 啤酒产量的季节性调整

年份	季度	产量 Y（千升）	季节指数 S	调整后的产量 Y/S	年份	季度	产量 Y（千升）	季节指数 S	调整后的产量 Y/S
第一年	一	41 533	43.2	96 141.2	第三年	三	196 684	153.9	127 799.9
	二	102 794	100.4	102 384.5		四	146 637	102.5	142 921.1
	三	167 538	153.9	108 861.6	第四年	一	48 709	43.2	112 752.3
	四	114 338	102.5	111 440.5		二	133 601	100.4	133 068.7
第二年	一	52 248	43.2	120 944.4		三	211 186	153.9	137 222.9
	二	123 282	100.4	122 790.8		四	128 004	102.5	124 760.2
	三	210 774	153.9	136 955.2	第五年	一	68 705	43.2	159 039.4
	四	142 983	102.5	139 359.6		二	135 865	100.4	135 323.7
第三年	一	58 777	43.2	136 057.9		三	209 349	153.9	136 029.2
	二	147 490	100.4	146 902.4		四	147 713	102.5	143 969.8

将调整后的产量绘制成图，如图 8.10 所示，可以看出在没有季节变动的情况下啤酒产量的变化趋势。

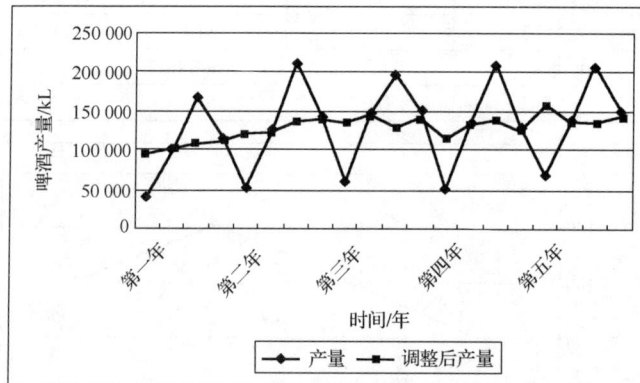

图 8.10 季节调整后的啤酒产量

8.6 时间序列循环波动与不规则变动分析

8.6.1 循环波动分析

循环波动是现象发展过程中发生的以较长时期为周期的一种显著的波动。循环波动不同于长期趋势，它不是朝着某一单一方面（上升或下降）的持续运动，而是涨落相间的波浪式变动。它也不同于季节变动，季节变动有比较固定的规律，且变动周期大多为一年，而循环波动没有固定的循环周期，变动周期多在一年以上，且周期长短不一，振幅有明显的差异。

测定循环波动的主要目的在于探索现象发展的规律性，研究不同现象之间循环波动的内在联系，进而分析循环波动的原因，为经营管理的预测和决策提供客观依据。

循环波动的规律性不甚明显，同时由于时间长短和波动大小不一，且常与不规则变动交织在一起，因而很难单独加以测定。各种循环变动的测定方法，其基本思想，都是首先消除序列中的趋势变动和季节变动，然后再用移动平均等方法消除不规则变动，从而揭示出循环变动的规律。测定循环变动的常用方法有剩余法和直接法。

1. 剩余法

剩余法又称分解法，其基本思想是：从原时间序列中陆续或一次消除长期趋势和季节变动，剩下循环波动和不规则变动，然后再将结果进行平滑，以消除不规则变动，其所剩余结果就是循环波动比率值。具体操作步骤如下：

第一，先消除季节变动 S，求得无季节性资料。用公式表示为：

$$无季节性数据 = \frac{T \cdot S \cdot C \cdot I}{S} = T \cdot C \cdot I \tag{8.36}$$

第二，将结果除以长期趋势值 T，求得循环波动和不规则变动相对数。用公式表示为：

$$循环波动及不规则变动 = \frac{T \cdot C \cdot I}{T} = C \cdot I \tag{8.37}$$

第三，将上述结果进行移动平均（MA），以消除不规则变动，即得到循环波动比率，通常用百分比表示。用公式表示为：

$$C = \mathrm{MA}(C \cdot I) \tag{8.38}$$

【例 8.11】 根据表 8.13 中的啤酒产量数据，采用剩余法分析啤酒产量的循环波动，并将结果绘成图形。

表 8.17　啤酒产量循环波动计算表

年　份	季　度	时间编号 t	产量 Y（千升）(1)	季节指数 S(2)	无季节性数据 Y/S(3)=(1)/(2)	趋势值 $\hat{T}$(4)	循环及不规则变动 $C \cdot I$(5)=(3)/(4)	循环波动比率 C(6)
第一年	一	1	41 533	43.2	96 141.2	110 811.1	0.8676	
	二	2	102 794	100.4	102 384.5	112 698.0	0.9085	0.9087
	三	3	167 538	153.9	108 861.6	114 584.9	0.9501	0.9384
	四	4	114 338	102.5	111 440.5	116 471.8	0.9568	0.9762
第二年	一	5	52 248	43.2	120 944.4	118 358.7	1.0218	0.9999
	二	6	123 282	100.4	122 790.8	120 245.6	1.0212	1.0548
	三	7	210 774	153.9	136 955.2	122 132.5	1.1214	1.0887
	四	8	142 983	102.5	139 359.6	124 019.4	1.1237	1.1086
第三年	一	9	58 777	43.2	136 057.9	125 906.3	1.0806	1.1180
	二	10	147 490	100.4	146 902.4	127 793.2	1.1495	1.0719
	三	11	196 684	153.9	127 799.9	129 680.1	0.9855	1.0738
	四	12	146 637	102.5	142 921.1	131 567.0	1.0863	0.9722
第四年	一	13	48 709	43.2	112 752.3	133 453.9	0.8449	0.9715
	二	14	133 601	100.4	133 068.7	135 340.8	0.9832	0.9427
	三	15	211 186	153.9	137 222.9	137 227.7	1.0000	0.9600
	四	16	128 004	102.5	124 760.2	139 114.6	0.8968	1.0082
第五年	一	17	68 705	43.2	159 039.4	141 001.5	1.1279	0.9906
	二	18	135 865	100.4	135 323.7	142 888.4	0.9471	1.0049
	三	19	209 349	153.9	136 029.2	144 775.3	0.9396	0.9561
	四	20	147 713	102.5	143 969.8	146 662.2	0.9816	

解：根据已知数据，可得计算结果如表 8.17 所示。其中第(2)栏的季节指数来自表 8.15。根据第(3)栏的数据，配合的直线趋势方程为 $\hat{T} = 108\,924.2 + 1886.9t$，将 $t = 1, 2, \cdots, 20$ 代入方程，即得第(4)栏的趋势值。将第(5)栏数据采用 3 项移动平均，即得第(6)栏的循环波动比率。

将循环波动比率绘制成图，如图 8.11 所示，可以看出，5 年间该啤酒股份有限公司啤酒产量的循环波动不明显。

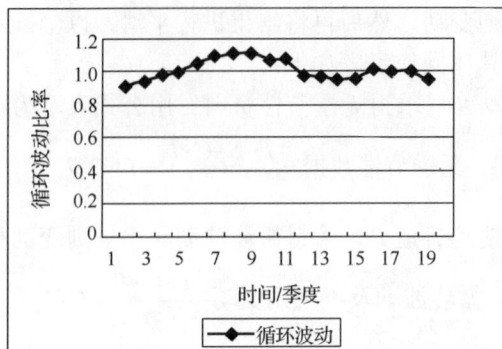

图 8.11　啤酒产量的循环波动图

2. 直接法

如果研究时间序列的目的只是为了粗略测定循环波动，可采取直接法。它是通过计算年距发展速度或年距增长速度，以消除或减弱长期趋势和季节变动，从而粗略地显示出循环波动和不规则变动。用公式表示为：

$$C \cdot I_{t,i} = \frac{Y_{t,i}}{Y_{t-1,i}} \tag{8.39}$$

或者

$$C \cdot I_{t,i} = \frac{Y_{t,i} - Y_{t-1,i}}{Y_{t-1,i}} \tag{8.40}$$

式中，$C \cdot I_{t,i}$ 表示第 t 年第 i 季(或月)的循环波动和不规则变动相对数；$Y_{t,i}$ 是第 t 年第 i 季(或月)的实际观察值；$Y_{t-1,i}$ 是第 $t-1$ 年第 i 季(或月)的实际观察值。

【例 8.12】根据表 8.13 中的数据，运用直接法测定啤酒产量的循环波动，并将计算结果绘成图形。

解：根据式(8.39)和式(8.40)，可得计算结果如表 8.18 所示。

表 8.18　啤酒产量年距发展速度和年距增长速度计算表

年份	季度	产量 Y(千升)	年距发展速度(%)	年距增长速度(%)	年份	季度	产量 Y(千升)	年距发展速度(%)	年距增长速度(%)
第一年	一	41 533	—	—	第三年	三	196 684	93.3	-6.7
	二	102 794	—	—		四	146 637	102.6	2.6
	三	167 538	—	—	第四年	一	48 709	82.9	-17.1
	四	114 338	—	—		二	133 601	90.6	-9.4
第二年	一	52 248	125.8	25.8		三	211 186	107.4	7.4
	二	123 282	119.9	19.9		四	128 004	87.3	-12.7
	三	210 774	125.8	25.8	第五年	一	68 705	141.1	41.1
	四	142 983	125.1	25.1		二	135 865	101.7	1.7
第三年	一	58 777	112.5	12.5		三	209 349	99.1	-0.9
	二	147 490	119.6	19.6		四	147 713	115.4	15.4

将年距发展速度与年距增长速度用图形表示，如图 8.12 所示。

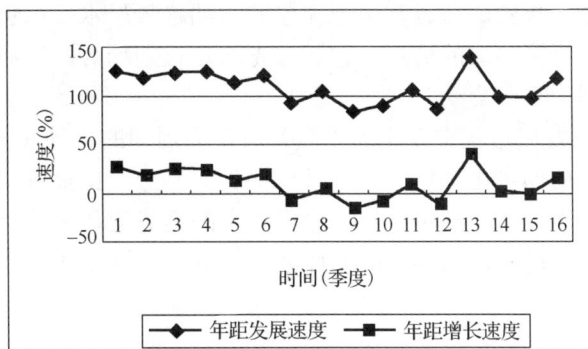

图 8.12 啤酒产量年距发展速度与年距增长速度

采用直接法所得的循环波动和不规则变动相对数，一般很难描述出循环波动的真实状态。当时间序列趋势上升时，所得相对数均大于 100%；当趋势下降时，所得相对数均小于 100%。直接法所得结果只表示异年同月的相对数变化，而不表示真实的循环水平。特别是在循环周期以及波动大小都不一致时，用直接法不能正确地描述出循环波动的真实状态。

8.6.2 不规则变动分析

不规则变动也称随机变动，它是指客观现象由于受某种随机干扰或偶然因素的影响而产生的波动。随机变动通常是由某些不可预测的原因引起的，其中有些原因是比较明显的，比如，战争、自然灾害等，有时则很难找到变化的原因。由于各种因素的作用程度和时间长短不同，致使时间序列的波动程度和大小也不同。

一般地，不规则变动发生的时间很短，而且按随机方式出现，具有不可预见性。因此不能用数学关系式予以描述，不能将其从时间序列中分离出来加以计算。但由于各种因素具有偶然性，当这些因素相互独立时，在一定时期内可能相互抵消。因此，在实际分析时，不规则变动通常不予以专门考虑。

本 章 小 结

1．将同一现象在不同时间上的观察值按时间先后顺序排列而成的序列称为时间序列，根据时间序列中指标的性质不同，可以分为绝对数时间序列、相对数时间序列和平均数时间序列。

2．时间序列的指标分析包括水平指标分析和速度指标分析。水平指标包括发展水平、平均发展水平、增长量、平均增长量和年距增长量；速度指标包括发展速度、增长速度、平均发展速度、平均增长速度。同时将水平指标和速度指标结合，分析序列增长 1%的绝对值水平。

3．时间序列的构成因素通常归纳为长期趋势、季节变动、循环波动和不规则变动。这四种因素按其作用的方式不同主要设定为乘法模型和加法模型。以乘法模型应用更广泛。

4．时间序列的长期趋势可以分为线性趋势和非线性趋势。趋势测定的方法主要有移动平均法和趋势模型法。

5．季节变动是时间序列的另一重要因素，它通常是指客观现象由于受自然因素和生产或生活条件的影响，在一年内随着季节的更换而引起的比较有规律的变动。通常用同期平均法或趋势剔除法来测定季节指数。前者常用于现象的长期趋势呈水平态势的情况，后者常用于现象中存在明显增长或下降趋势的情形，它通过先测定长期趋势，然后剔除，用平均法消除不规则变动，剩下的即为季节变动。

6. 循环波动是现象发展过程中发生的以较长时期为周期的一种显著的波动。它通常没有固定的循环周期，变动周期多在一年以上，且周期长短不一，振幅有明显的差异。各种循环波动的测定方法，其基本思想，都是首先消除序列中的趋势变动和季节变动，然后再用移动平均等方法消除不规则变动，从而揭示出循环波动的规律。测定循环变动的常用方法有剩余法和直接法。

案 例 实 验

某食品加工厂软饮料产量预测分析

软饮料的生产除了受原材料、能源等因素影响以外，很大程度上决定于市场销售，需要"以销定产"。而软饮料市场销售有很强的季节性，因此对软饮料产量的分析必须考虑季节因素，这也给软饮料的生产预测增加了一定的难度。

由某食品加工厂统计部门得到近 5 年各季度的产量数据，如表 8.19 所示。

表 8.19　某食品加工厂软饮料产量　　　　　　　　　　　　　　　　单位：吨

年 季度	2012 年	2013 年	2014 年	2015 年	2016 年
1	12 420	25 345	30 911	13 793	48 868
2	26 760	51 669	91 488	73 649	225 963
3	35 960	66 670	73 262	179 942	331 984
4	32 959	60 853	44 767	90 333	349 911

一、问题提出

某食品加工厂为了安排 2017 年的原材料采购计划、人力资源计划和市场销售工作，预测 2017 年各季度的软饮料市场销售和生产。但是从表中数据可以看出，该食品加工厂软饮料的生产有波动性，而且波动幅度比较大，其发展趋势不甚明显。能否根据表中数据对该厂的软饮料生产量做出尽可能符合实际的预测呢？

二、教学目的

通过此案例，促使学生借助相应统计软件作为计算分析工具，比较全面地运用时间序列方法研究实际生产问题，使学生在以下几个方面受到训练：

(1)运用时间序列数据描述现象发展变化的基本态势；

(2)分析时间序列长期趋势规律；

(3)分析时间序列季节变动的特征；

(4)分析时间序列的循环波动；

(5)运用时间序列作预测。

三、主要分析过程

实验所用软件：SPSS。

(一)准备工作

1．导入数据

将代表时期的序列 t 和软饮料产量序列 y 的数据复制或导入 SPSS 中。图 8.13 中的 t 和 y 两个变量是导入的原始数据，其他变量都是在后续的分析操作过程中由 SPSS 软件陆续生成的。

t	y	YEAR_	QUARTER_	DATE_	y_ma4	tsqu	lny	ERR_1	SAS_1	SAF_1	STC_1	YTR	CYCLE
1.00	12420.00	2012	1	Q1 2012	.	1.00	9.43	1.23	28434.35	.44	23148.05	58636.35	.39
2.00	26760.00	2012	2	Q2 2012	.	4.00	10.19	.88	22593.34	1.18	25650.23	44998.72	.57
3.00	35960.00	2012	3	Q3 2012	28640.38	9.00	10.49	.85	25923.01	1.39	30654.59	34243.49	.90
4.00	32959.00	2012	4	Q4 2012	33369.63	16.00	10.40	.90	33238.21	.99	37091.95	26370.66	1.41
5.00	25345.00	2013	1	Q1 2013	40322.00	25.00	10.14	1.30	58024.85	.44	44642.57	21380.23	2.09
6.00	51669.00	2013	2	Q2 2013	47647.50	36.00	10.85	.90	43623.89	1.18	48627.87	19272.20	2.52
7.00	66670.00	2013	3	Q3 2013	51830.00	49.00	11.11	.90	48061.37	1.39	53662.38	20046.57	2.68
8.00	60853.00	2013	4	Q4 2013	57503.13	64.00	11.02	1.02	61368.50	.99	60292.26	23703.34	2.54

图 8.13　SPSS 的数据窗口

2．定义时间变量

用 SPSS 进行时间序列分析之前，必须先定义时间变量。只有在定义之后，SPSS 才承认该序列的时间特性。

经菜单"Data"→"Define Dates"进入定义时间变量对话框，如图 8.14 所示。在"Cases Are"框中选择年-季度数据(Years，quarters)，填入第一个数据所对应的时点(2012 年 1 季度)，单击"OK"按钮。完成定义后，数据窗口中自动生成 year_、quarter_和 date_三个序列。

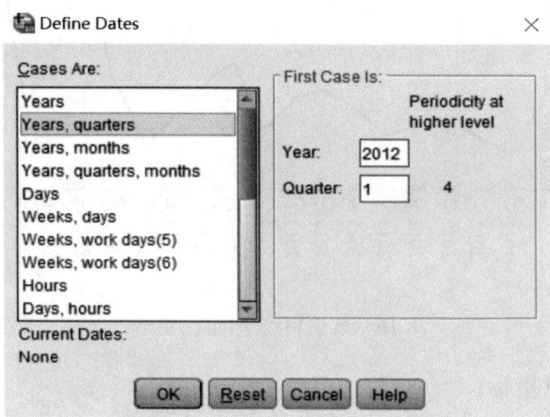

图 8.14　定义时间变量对话框

(二)分析过程

1．基本态势分析

(1)用图形进行分析。

经菜单"Analyze"→"Forecasting"→"Sequence Charts"进入序列图对话框，如图 8.15 所示。将变量 y 选入"Variables"框中，单击"OK"按钮。

软件输出如图 8.16 所示序列图，从图中可以看出，在分析期内，软饮料产量有波动性地增长。

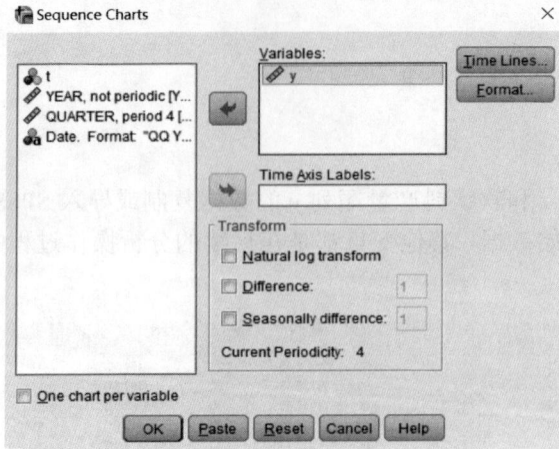

图 8.15　序列图对话框

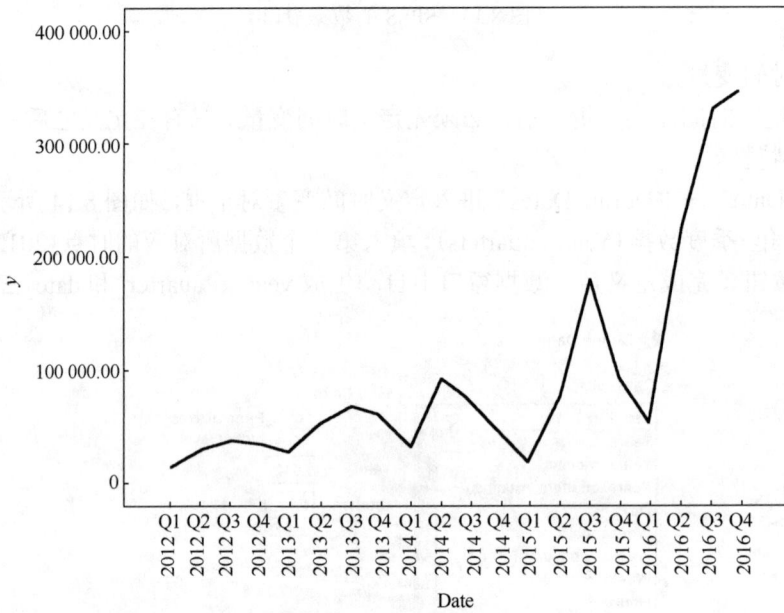

8.16　软饮料产量的序列图

(2) 计算平均增长量指标：

$$\Delta = \frac{Y_{2016/4} - Y_{2012/1}}{20-1} = \frac{349\,911 - 12\,420}{19} = 17\,762.7$$

(3) 计算平均增长速度指标：

$$\sqrt[19]{\frac{Y_{2016/4}}{Y_{2012/1}}} - 1 = \sqrt[19]{\frac{349\,911}{12\,420}} - 1 = 0.1921 = 19.21\%$$

2. 长期趋势分析

(1) 移动平均法。

经"Transform"→"Create Time Series"菜单进入创建时间序列对话框，如图 8.17 所示。

首先，将变量 y 选入"New Variables"框中；其次，在"Name"框中为移动平均序列命名，例如，输入 y_ma4；再次，在"Function"框中选择中心移动平均(Centered moving average)，并在"Span"框中输入 4(表示 4 项移动平均)；最后，单击"Change"按钮对刚才输入的变量名和方程进行确认。之后单击"OK"按钮。

软件会生成 y_ma4 序列(参见图 8.13)，该序列可代表 y 的长期趋势。用 y_ma4 序列和 y 序列作序列图(见图 8.18)，通过两序列的对比，可以看出移动平均序列较好地代表了 y 的长期趋势。

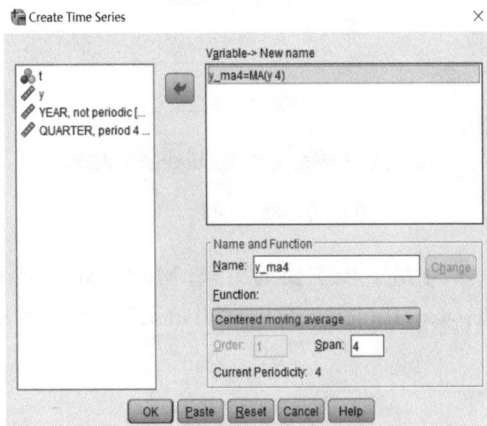

图 8.17 创建时间序列对话框

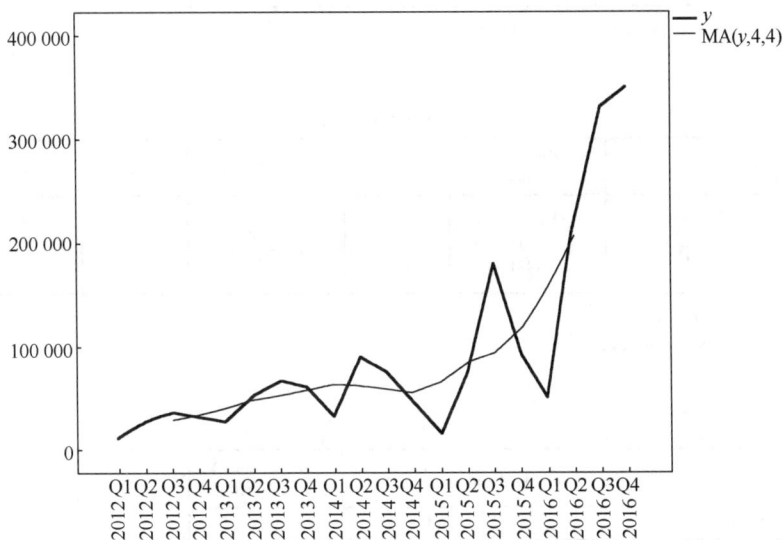

图 8.18 移动平均序列图

(2)趋势方程。

① 直线趋势方程，方程形式为 $\hat{y} = a + bt$ 。

经菜单"Analyze"→"Regression"→"Linear"进入线性回归对话框，如图 8.19 所示。将变量 y 选入"Dependent"框中，将变量 t 选入"Independents"框中，"Method"框选择默认的"Enter"，单击"OK"按钮。

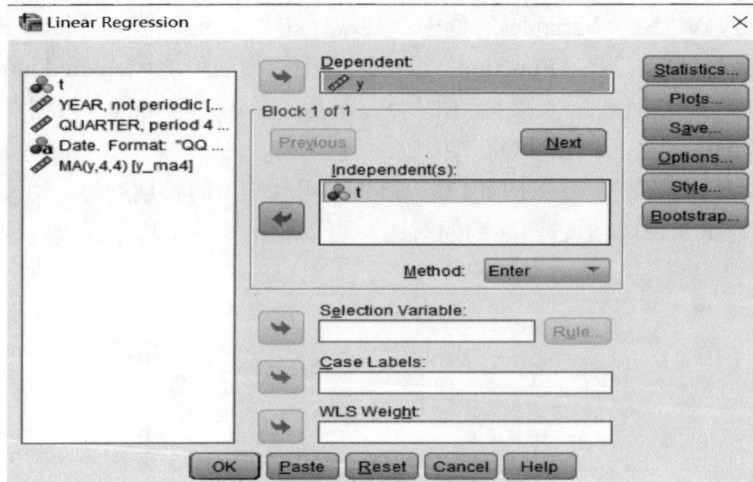

图 8.19　线性回归对话框

　　软件输出多项结果，图 8.20 是三项主要的结果：Model Summary 表显示可决系数为 0.53；ANOVA 表显示 F 检验通过；Coefficients 表显示回归系数 $a = -35\,815.85$、$b = 12\,303.92$，系数 b 的 t 检验通过。

Model Summary

Model	R	R Square	Adjusted R Square	Std.Error of the Estimate
1	.729[a]	.532	.506	70161.56631

a. Predictors: (Constant), t

ANOVA[a]

Model		Sum of Squares	df	Mean Squares	F	Sig
1	Regression	1.007E+11	1	1.007E+11	20.451	.000[b]
	Residual	8.861E+10	18	4922645386		
	Total	1.893E+11	19			

a. Dependent Variable: y
b. Predictors: (Constant), t

Coefficients[a]

Model		Unstandardized Coefficients		Standardized Coefficients	t	Sig
		B	Std. Error	Beta		
1	(Constant)	−35815.853	32592.255		−1.099	.286
	t	12303.924	2720.749	.729	4.522	.000

a. Dependent Variable: y

图 8.20　直线趋势方程的回归分析结果

　　② 二次曲线趋势方程，方程形式为 $\hat{y} = a + bt + ct^2$。

　　a. 创建变量：先创建一个 t^2 的序列，以便进行后续的回归分析。经菜单"Transform"→

"Compute Variable"进入变量计算对话框,如图 8.21 所示。在"Target Variable"框中为新变量命名,例如,输入 tsqu;在"Numeric Expression"框中填写表达式(此处可输入 $t*t$)。单击"OK"按钮,软件会生成 tsqu 序列(参见图 8.13)。

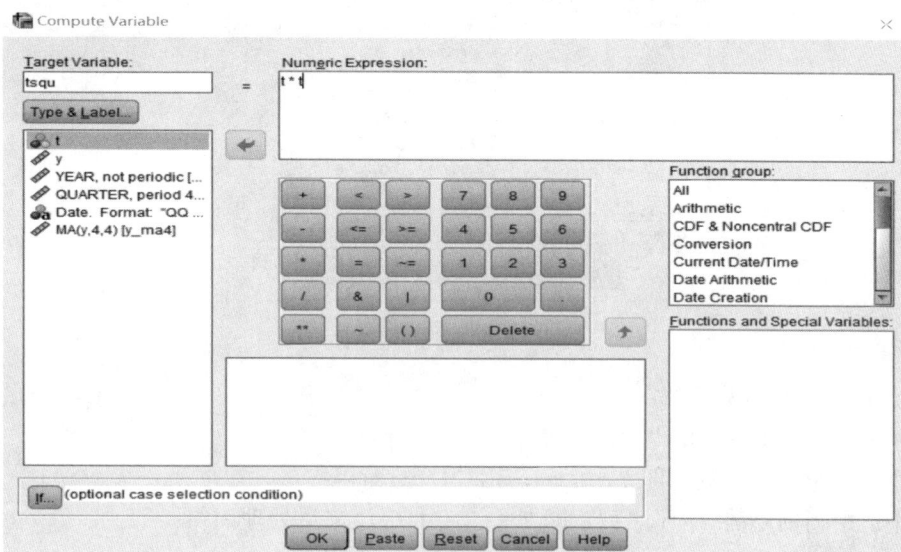

图 8.21 变量计算对话框

b. 回归分析:操作与直线趋势方程类似(参照图 8.19),区别在于选择变量时,将变量 y 选入"Dependent"框中,将变量 t 和 tsqu 两者都选入"Independents"框中。软件输出结果(与图 8.20 类似):可决系数为 0.73;F 检验通过;回归系数 a=75 156.38、b=-17 961.23、c=1441.20,三个系数的 t 检验均通过。

③ 指数曲线方程,方程形式为 $\hat{y}=ab^t$,转换为 $\ln\hat{y}=\ln a+t\ln b$。

a. 创建变量:创建 $\ln y$ 的序列以便进行回归分析,操作与创建 t^2 序列类似(参照图 8.21)。

b. 回归分析:操作与直线趋势方程类似(参照图 8.19),区别在于选择因变量时将 $\ln y$ 选入 Dependent 框中,将变量 t 选入 Independents 框中。软件输出结果显示:可决系数为 0.57;F 检验通过;回归系数 $\ln a$=9.76、$\ln b$=0.12,t 检验均通过。

三类趋势方程的 F 检验和 t 检验均通过,但二次曲线方程的可决系数最高,说明用二次曲线拟合趋势更好。

3. 季节变动分析

经菜单"Analyze"→"Time Series"→"Seasonal Decomposition"进入季节解构对话框,如图 8.22 所示。将变量 y 选入"Variables"框中;在"Model"框中选择"Multiplicative"(即乘法模型);在"Moving Average Weight"框中选择"Endpoints Weighted by 0.5"(因为是 4 项移动平均,偶数项移动平均应选此项);勾选"Display casewise listing",可输出计算的完整结果。单击"OK"按钮。

季节解构输出结果如图 8.23 所示。输出 8 个序列,从左至右依次为:

(1)序号;

(2)y 的原始值;

(3)y 的 4 项移动平均数,代表长期趋势;

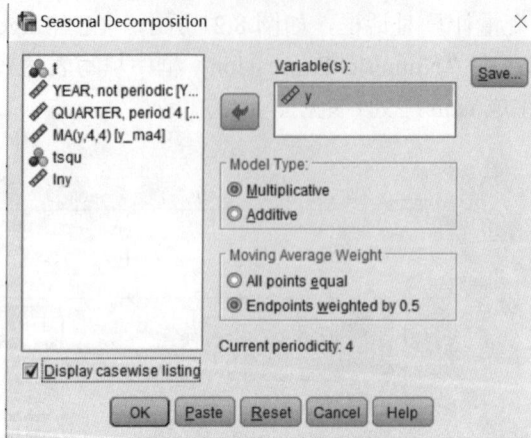

图 8.22　季节解构对话框

(4) 比率，由 (2)/(3) 而得；

(5) 季节指数，即 S，将比率用同期平均法平均而得；

(6) 季节调整后的序列，即 $T \cdot C \cdot I$，由 (2)/(5) 而得；

(7) 平滑所得的趋势-循环序列，即 $T \cdot C$，由 (6) 经平滑处理而得；

(8) 不规则变动序列 I，由 (6)/(7) 而得。

同时，在 SPSS 的数据窗口中自动生成 4 个序列：ERR_1、SAS_1、SAF_1 和 STC_1（参照图 8.13），依次对应上述的 (8)、(6)、(5) 和 (7)。

SAF_1 即是本例要求的季节指数。

Seasonal Decomposition

Series Name:　y

DATE_	Original Series	Moving Average Series	Ratio of Original Series to Moving Average Series (%)	Seasonal Factor (%)	Seasonally Adjusted Series	Smoothed Trend-Cycle Series	Irregular (Error) Component
Q1 2012	12420.000	.	.	43.7	28434.353	23148.055	1.228
Q2 2012	26760.000	.	.	118.4	22593.342	25650.233	.881
Q3 2012	35960.000	28640.3750	125.6	138.7	25923.005	30654.591	.846
Q4 2012	32959.000	33369.6250	98.8	99.2	33238.206	37091.952	.896
Q1 2013	25345.000	40322.0000	62.9	43.7	58024.853	44642.570	1.300
Q2 2013	51669.000	47647.5000	108.4	118.4	43623.894	48627.870	.897
Q3 2013	66670.000	51830.0000	128.6	138.7	48061.367	53662.379	.896
Q4 2013	60853.000	57503.1250	105.8	99.2	61368.505	60292.260	1.018
Q1 2014	30911.000	63304.5000	48.8	43.7	70767.655	65600.062	1.079
Q2 2014	91488.000	62117.7500	147.3	118.4	77242.888	65045.066	1.188
Q3 2014	73262.000	57967.2500	126.4	138.7	52813.438	56173.768	.940
Q4 2014	44767.000	53597.6250	83.5	99.2	45146.235	49293.930	.916

图 8.23　季节解构结果

接下来对季节指数作图进行分析。由于各年同季度的季节指数相同，为更细致地显示图形特征，只对一年的季节指数作序列图。

首先选择一年范围的数据。经菜单 "Data" → "Select Cases" 进入选择数据主对话框，如图 8.24 所示。在 "Select" 框中选择 "Based on time or case range"，在 "Unselected Cases Are" 框中选择默认的 "Filtered"，单击 "Range" 按钮进入次级对话框（见图 8.25）。在 "Range"

对话框中输入起止时点，例如，本例填写 2012 年 1 季度到 2012 年 4 季度。依次单击"Continue"、"OK"按钮。选择完成，现在，软件只会对 2012 年全年 4 个季度的数据进行操作，忽略其他年份的数据。

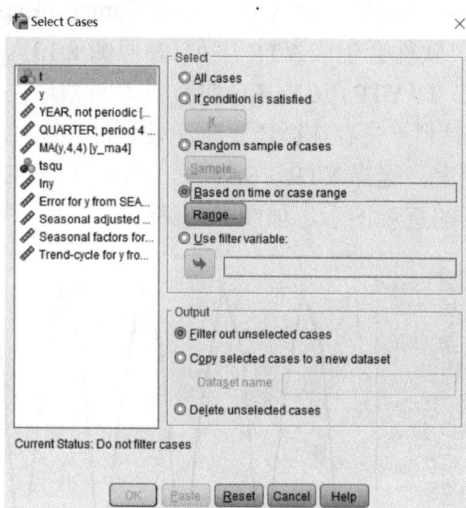

图 8.24　选择数据主对话框

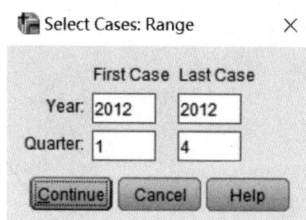

图 8.25　选择数据次级对话框

经菜单"Analyze"→"Forecasting"→"Sequence Charts"进入序列图对话框（参见图 8.15）。将变量 SAF_1 选入"Variables"框中，单击"OK"按钮。软件输出如图 8.26 所示的季节指数序列图。

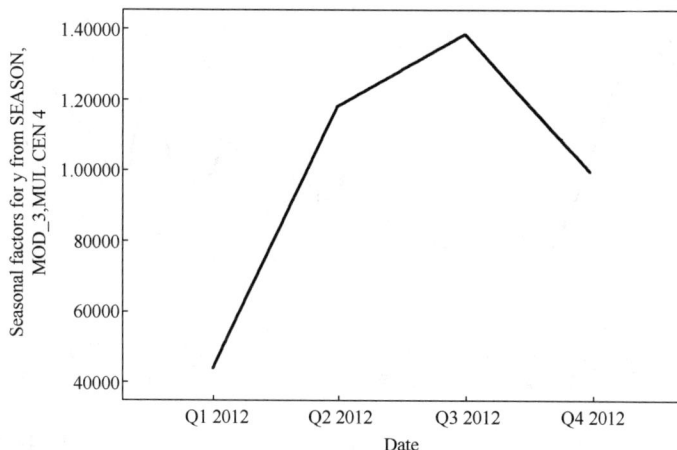

图 8.26　季节指数序列图

通过季节指数序列图可以看出，该食品加工厂软饮料产量的季节变动非常明显，第 3 季度为生产旺季，第 1 季度为生产淡季。

为便于后续分析，作图完毕后，再次经菜单"Data"→"Select Cases"进入选择数据主对话框（见图 8.24），选择"All cases"，恢复为以全部数据为分析对象。

4. 循环波动分析

季节解构已经得到趋势-循环序列 STC_1，因此，只需计算长期趋势序列就可分离出循环波动。此处利用趋势方程来计算长期趋势。由此前的分析知二次曲线拟合方程更好，因此选用二次曲线方程进行计算。

　　与前述的创建变量操作类似：经菜单"Transform"→"Compute Variable"进入变量计算对话框；在"Target Variable"框中为新变量命名，例如，输入 ytr；在"Numeric Expression"框中输入二次曲线表达式；单击"OK"按钮。软件会生成 YTR 序列（参照图 8.13）。

　　再次进行创建新变量操作，CYCLE = STC_1 / YTR，CYCLE 即为要求的循环波动序列。

　　通过图 8.27(c)可以看出，该食品加工厂软饮料产量存在循环波动，周期大概为 12 个季度。

　　至此，已得到时间序列模型的 4 种构成因素，选择 YTR、SAF_1、CYCLE 和 ERR_1 分别作序列图（参照图 8.15），得到 4 种构成因素的直观图示，如图 8.27 所示。

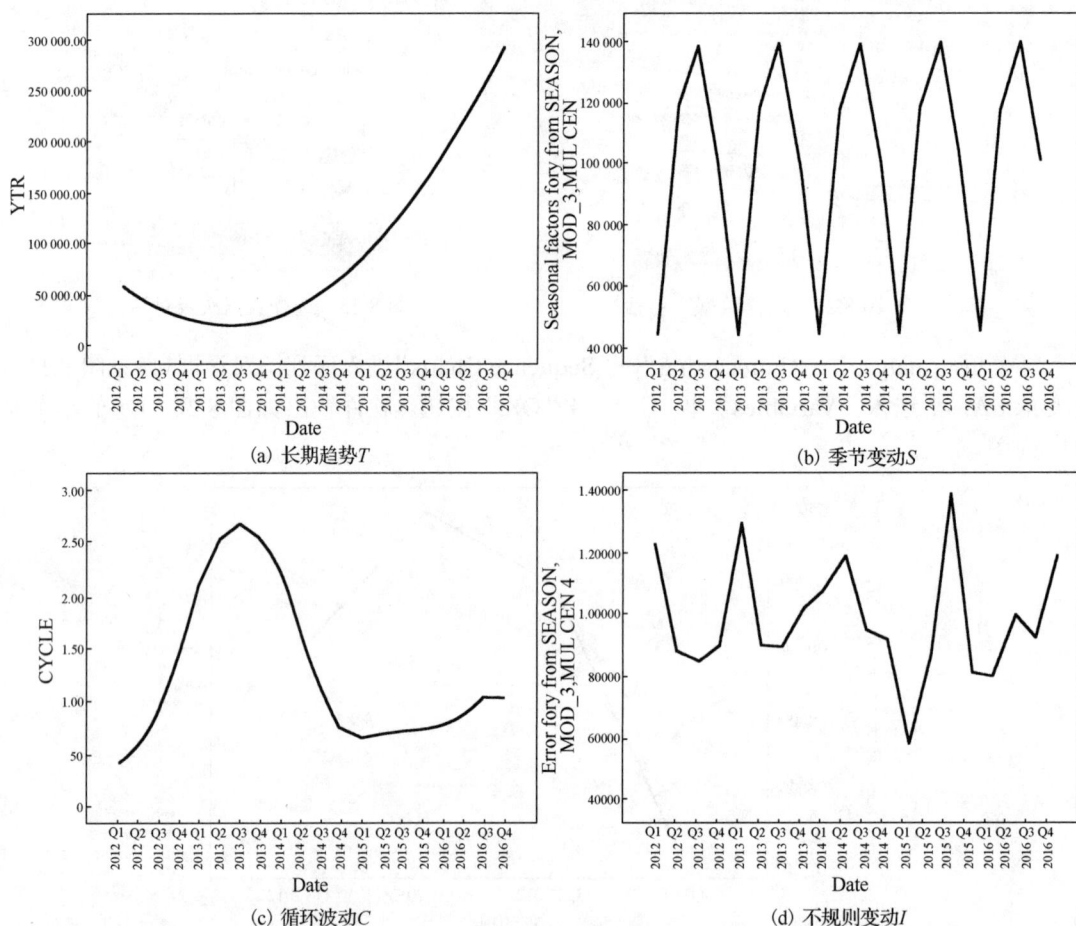

(a) 长期趋势 T　　　　　　　　　　　　　(b) 季节变动 S

(c) 循环波动 C　　　　　　　　　　　　　(d) 不规则变动 I

图 8.27　时间序列四种构成因素的序列图

5. 预测

　　2017 年 1 季度至 4 季度对应的时期序号为 21～24，将此序列命名为 t2；创建新变量 t2squ = t2 * t2；找出对应这些季度的季节指数，复制到新的序列，命名为 sf；用二次曲线方程计算长期趋势的预测值，表达式为 yf1 = 75 156.38−17 961.23 * t2 + 1441.20 * t2squ；进行季节调整，计算 yf2 = yf1 * sf。最后得到的 yf2 序列就是要求的预测值，结果如图 8.28 所示。

t2	sf	t2squ	yf1	yf2
21.00	.44	441.00	333539.75	145688.69
22.00	1.18	484.00	377550.12	447177.81
23.00	1.39	529.00	424442.89	588780.74
24.00	.99	576.00	474218.06	470234.56

图 8.28　预测结果

思 考 题

1．联系实际，举例说明什么是时间序列，什么是时期序列、时点序列、相对数时间序列、平均数时间序列。

2．编制时间序列的基本原则是什么？

3．什么是序时平均数？它与前面章节中所描述的平均数相比，有何不同点？

4．计算平均增长量，水平法和总和法各自有何特点？在应用领域上有什么不同？

5．计算平均发展速度时，几何平均法和方程式法各自的应用特点是什么？

6．时间序列构成要素组合加法模型和乘法模型中，4 个因素在模型中的意义有何不同？

7．测定长期趋势的移动平均法和趋势模型法各自有何特点？

8．测定季节变动的"同月(季)平均法"与"趋势剔除法"的基本原理有什么不同？各自的应用特点是什么？

9．循环变动与长期趋势、季节变动的区别是什么？

10．测定循环波动的方法主要有哪些？

练 习 题

1．某地区近 9 年各年末的就业人员数如表 8.20 所示。

表 8.20　某地区近 9 年就业人员数　　　　　　　　　　　　　单位：人

时　　间	一	二	三	四	五	六	七	八	九
人　　数	1690	1680	1654	1635	1624	1612	1605	1621	1646
其中：城镇	548	571	579	590	604	620	634	664	689

(1)计算 9 年间该市就业人员的平均数及城镇就业人员平均数。

(2)计算 9 年间该市城镇就业人员数占全部就业人员数的平均比重。

2．某工业企业去年职工人数资料如表 8.21 所示。

表 8.21　某工业企业去年职工人数　　　　　　　　　　　　　单位：人

时　　间	1 月末	2 月末	4 月末	6 月末	7 月末	10 月末	12 月末
人　　数	1860	1850	1900	1918	1904	1890	1910

并已知前年年末人数为 1802 人。

要求：试根据以上资料，计算该企业去年平均职工人数。

3．某地区摩托车制造厂 2006—2015 年产量如表 8.22 所示。

表 8.22　某地区摩托车制造厂 2006—2015 年产量　　　　　　　　　单位：万辆

时间	2006	2007	2008	2009	2010	2011	2012	2013	2014	2015
产量	191.07	253.53	323.42	441.32	473.07	420.84	534.60	638.25	815.01	1085.03

(1) 求该地区 2006—2015 年间各年摩托车产量的逐期增量、累计增量及全时期平均增量。

(2) 求该地区 2006—2015 年期间各年摩托车产量的环比发展速度和定基发展速度。

(3) 求该地区 2006—2015 年期间各年摩托车产量的环比增长速度和定基增长速度。

(4) 求全时期平均发展速度和平均增长速度。

(5) 如果按此速度发展，到 2018 年该地区摩托车产量将达到多少？

(6) 如果计划要求 2021 年该地区摩托车产量在 2015 年基础上翻两番，问此后 6 年应以怎样的速度增长才能达到预定目标？

4．某市 1993—2016 年钢材产量资料如表 8.23 所示。

表 8.23　某市钢材产量　　　　　　　　　　　　　　　　　　单位：万吨

时间	1993	1994	1995	1996	1997	1998	1999	2000	2001	2002	2003	2004
产量	86.4	95.0	111.4	121.1	102.6	109.6	105.7	112.2	162.7	130.7	120.7	117.6
时间	2005	2006	2007	2008	2009	2010	2011	2012	2013	2014	2015	2016
产量	116.1	131.0	135.1	157.0	161.4	201.5	235.2	288.1	294.7	382.8	436.6	447.9

(1) 用五项移动平均法测定该市钢材产量的长期趋势值。

(2) 用趋势模型法拟合直线趋势方程和指数曲线趋势方程，并计算各年的趋势值，作比较分析。

(3) 根据直线趋势方程和指数曲线趋势方程分别预测 2017 年的钢材产量。

5．某地区 2011 年 1 月—2016 年 12 月各月的啤酒产量资料如表 8.24 所示。

表 8.24　某地区啤酒产量　　　　　　　　　　　　　　　　单位：万千升

时间	1	2	3	4	5	6	7	8	9	10	11	12
2011	4.00	4.53	6.10	6.22	7.44	8.12	9.20	10.31	9.12	6.80	4.50	3.20
2012	4.08	4.55	6.54	6.89	7.56	8.72	9.69	10.34	9.28	6.55	4.57	3.33
2013	4.20	4.60	6.56	7.09	7.87	8.80	9.72	10.55	9.59	6.16	4.72	3.52
2014	4.55	4.80	6.40	7.30	7.68	8.85	9.82	10.67	9.57	6.33	4.24	3.70
2015	4.65	4.92	6.90	7.43	7.86	8.95	9.86	10.77	9.90	6.65	4.25	3.83
2016	4.80	5.10	6.98	7.46	7.92	8.98	9.98	10.98	9.98	6.70	4.36	3.89

(1) 用移动平均法分析其长期趋势。

(2) 用同月平均法计算季节指数。

6．根据表 8.24 中的数据，作以下分析：

(1) 用趋势剔除法计算季节指数，并与第 5 题的结果作比较，分析有何不同，并说明理由。

(2) 剔除季节变动，将剔除季节变动后的数据拟合趋势方程，并计算各期的长期趋势值，观察其长期趋势。

(3) 分析数据是否存在循环波动。

实 训 题

中国汽车产业发展分析

2013 年，中国汽车产销突破 2000 万辆，毫无疑问成为全球最大的汽车市场。为了深入分析中国汽车产业的发展态势，预测发展的基本走势，有必要对中国汽车产业发展变化进行具体的数量分析。为此，从中国统计年鉴获取 2000—2015 年中国汽车产量年度数据，如表 8.25 所示。

表 8.25 中国汽车产量（2000—2015） 单位：万辆

时 间	2000	2001	2002	2003	2004	2005	2006	2007
产 量	207.00	234.17	325.10	439.08	507.11	575.82	721.6	879.15
时 间	2008	2009	2010	2011	2012	2013	2014	2015
产 量	938.05	1364.48	1806.19	1850.51	1930.64	2198.41	2349.19	2450.33

问题设计：

1．分析中国汽车产业发展变化的基本态势。

2．分析中国汽车产业发展的长期趋势规律。

3．对未来 3 年中国汽车发展前景做预测分析。

运用 SPSS、R 或 Excel 进行统计计算和分析。

第9章 指　　数

案例导入：

"剁手"指数

2016 年 5 月 21 日，国内首个网络消费指数"新供给——蚂蚁网络消费指数"正式对外发布。这一指数由华夏新供给经济学研究院和蚂蚁金服携手编制，汇聚了 21 个行业、337 个城市、4.5 亿用户的网络交易数据，指数从 2011 年 1 月开始，追踪至 2016 年 4 月。网络消费指数显示，2016 年 4 月前的 5 年，网络消费规模指数稳步上升，扩张了 12.1 倍。从同期的人均情况看，网络消费水平指数从 2011 年 1 月的 96.0 上升到 2016 年 4 月的 122.2，涨幅为 27%。

作为 2015 年的十大流行语之一，"剁手党"是形容"网购点鼠标停不下来，甚至有剁手明志念头"的生动写照。因此，蚂蚁金服与华夏新供给经济学研究院联合编制的网络消费指数，也被形象地称为"剁手"指数。

国家统计局数据显示，2011 年起，中国经济增长模式出现拐点，消费取代投资成为拉动经济增长的第一引擎。2015 年，消费对 GDP 的贡献率为 51.6%，其中，网络消费支出对 GDP 的贡献率为 29.1%。

案例中提到的这些指数具体代表什么含义？如何计算？本章的指数学习就可以解决这些问题。

9.1　指　数　概　述

9.1.1　指数概念

指数的编制是从物价的变动产生的。18 世纪中叶，由于金银大量流入欧洲，欧洲的物价飞涨，引起社会不安，于是产生了反映物价变动的要求，这就是物价指数产生的根源。

有些指数，如消费品价格指数、生活费用价格指数，同人们的日常生活休戚相关；有些指数，如生产资料价格指数、股票价格指数等，则直接影响人们的投资活动，成为社会经济的晴雨表。

统计指数的概念有广义和狭义两种理解。广义指数是泛指社会经济现象数量变动的比较指标，即用来表明同类现象在不同空间、不同时间、实际与计划对比变动情况的相对数。狭义指数仅指反映不能直接相加的复杂总体在数量上综合变动情况的相对数，是一种特殊的相对数。所谓复杂总体指的是数量上不能直接加总或对比的总体，原因在于构成总体的各种事物具有不同的使用价值或计量单位。例如，要说明一个国家或一个地区的商品价格综合变动情况，由于各种商品的经济用途、规格、型号、计量单位等不同，不能直接将各种商品的价格简单加总对比，而要解决这种复杂经济总体各要素相加问题，就要编制统计指数综合反映它们的变动情况。

必须明确，统计指数法中的统计指数概念，是针对狭义指数而言，不是指广义指数。

9.1.2　指数分类

统计指数主要有如下的分类。

1. 根据研究对象范围不同，分个体指数和总指数

个体指数是考察总体中个别事物或个别项目的数量变动程度的指数。例如，某一种商品销售价格指数、销售量指数，某种产品的产量指数、成本指数就属于个体指数。

总指数是考察复杂总体的数量对比关系的指数，如反映若干不同(种类、型号、计量单位等不同)的商品总的物价变动情况、若干商品销售量的变动，若干产品总成本的变化、总产量的变化，需要计算总指数。总指数的计算显然不同于个体指数，计算总指数首先要解决个别项目或个别事物量的相加或价的相加问题，具体方法见总指数的编制。

2. 根据指数化因素的性质不同，分数量指标指数和质量指标指数

指数化因素就是要考察其变动程度的那个指标。如销售价格指数、销售量指数，其指数化因素分别为价格和销售量。

数量指标指数就是反映数量指标变动状况的指数。数量指标一般表现为总体规模、水平等外延数量特征，表现为总量或绝对数的形式。如产量指数、职工人数指数等。

质量指标指数是反映质量指标的变动状况的指数。质量指标一般是用于反映事物内涵特征的，表现为平均数或相对数的形式。如物价指数、成本指数、劳动生产率指数等。

3. 按计算方法，可分为综合指数和平均数指数，其中平均数指数又可分为算术平均数指数、调和平均数指数和几何平均数指数。

此外，还有动态指数和静态指数、定基指数和环比指数之分。

9.1.3　个体指数编制

为了反映单个事物或现象在不同时期上的变动程度，需要计算个体指数。个体指数又叫单项指数，其计算比较容易，即用报告期指标数值与基期指标数值对比即可。例如，一种商品的销售单价、销售量和销售额个体指数的计算，如表 9.1 所示。

表 9.1　某商品的销售资料

指　　标	基　　期	报　告　期
销售价格(元/千克)	2	4
销售数量(万千克)	10	20
销售额(万元)	20	80

现设 k 为个体指数，p_0、p_1 分别表示基期和报告期的单价；q_0、q_1 分别表示基期和报告期的销售量。则有关个体指数分别为：

$$销售单价个体指数\ k_p = \frac{p_1}{p_0} = \frac{4}{2} = 200\%$$

$$销售量个体指数\ k_q = \frac{q_1}{q_0} = \frac{20}{10} = 200\%$$

$$销售额个体指数\ k_{pq} = \frac{p_1 q_1}{p_0 q_0} = \frac{80}{20} = 400\%$$

9.2　总指数编制

综合反映不能直接相加的复杂总体总动态相对数，通称总指数。总指数的编制方法分为综合指数法和平均数指数法。

9.2.1　综合指数法

综合指数法是通过引入同度量因素(权数)综合报告期和基期的指标数值再对比求总指数的方法。

1. 同度量因素

(1)同度量因素的概念

为了解决复杂总体的指数化指标不能直接加总的问题，必须引入一个媒介因素，使其转化为价值总量形式之后可以相加对比，该因素就称为同度量因素。

(2)同度量因素的确定

同度量因素要在研究对象的经济变量关系中去寻找。比如考察某地区商品销售价格变动程度的时候，适用经济关系：销售单价×销售数量=销售额。众多不同种类商品的单价不能直接相加对比，而通过引入销售数量，与单价相乘可以使众多不同种类商品的单价转化为相同度量单位的销售额，这里的销售量就是同度量因素。当然，同样的方法也可以观察销售数量的变动程度，这时同度量因素就是销售价格，即它们互为同度量因素。

(3)同度量因素时间的确定

① 把作为同度量因素(权数)的各变量值固定在基期来计算指数，这是最重要的一种加权综合指数方法，其制订者是德国经济统计学家拉斯贝尔斯(E. Laspeyres，1864 年)，因此又称为拉氏指数或 L 式指数。

② 把作为同度量因素(权数)的各变量值固定在报告期来计算指数，这也是很重要的一种加权综合指数方法，其制订者是德国经济统计学家帕舍(H. Paasche，1874 年)，因此又称为帕氏指数或 P 式指数。

③ 权数的时间固定在某个具有代表性的特定时期。在实际应用中，应用固定的权数能够达到特定的目的或带来计算的方便。这一方法表明，权数的选择具有很大的灵活性，既不受基期也不受报告期的限制，使得指数的应用更加广泛。采用特定时期的权数加权所计算的指数，不仅便于分析指数的长期走势，也便于环比指数和定基指数之间的换算。这一方法是由英国经济学家扬格提出的，因此又称为扬氏指数或 Y 氏指数。

2. 数量指数编制

(1)拉氏数量指数

拉氏数量指数是把作为同度量因素(权数)的各变量值固定在基期来计算指数。其一般计算式为：

$$\bar{K}_q = \frac{\sum p_0 q_1}{\sum p_0 q_0} \tag{9.1}$$

式中，$\bar{K}_q$ 为数量指数，q_0和q_1分别是一组现象基期和报告期的数量指标数值。

（2）帕氏数量指数

帕氏数量指数是把作为同度量因素（权数）的各变量值固定在报告期来计算指数。其一般计算式为：

$$\bar{K}_q = \frac{\sum p_1 q_1}{\sum p_1 q_0} \tag{9.2}$$

（3）扬氏数量指数

扬氏数量指数是把权数固定在某个具有代表性的特定时期来计算指数。其一般计算式为：

$$\bar{K}_q = \frac{\sum p_n q_1}{\sum p_n q_0} \tag{9.3}$$

3．质量指数编制

（1）拉氏质量指数

拉氏质量指数是把作为同度量因素（权数）的各变量值固定在基期来计算指数。一般计算式为：

$$\bar{K}_p = \frac{\sum p_1 q_0}{\sum p_0 q_0} \tag{9.4}$$

式中，$\bar{K}_p$ 为质量指数，p_0 和 p_1 分别是一组现象基期和报告期的质量指标数值。

（2）帕氏质量指数

帕氏质量指数是把作为同度量因素（权数）的各变量值固定在报告期来计算指数。其一般计算式为：

$$\bar{K}_p = \frac{\sum p_1 q_1}{\sum p_0 q_1} \tag{9.5}$$

（3）扬氏质量指数

扬氏质量指数是把权数固定在某个具有代表性的特定时期来计算指数。其一般计算式为：

$$\bar{K}_p = \frac{\sum p_1 q_n}{\sum p_0 q_n} \tag{9.6}$$

【例 9.1】 某商场销售几类商品的有关资料如表 9.2 所示。

表 9.2 商场销售商品的销售额计算表

产品名称	销 售 量		销 售 单 价		销售额（元）			
	基　期	报告期	基　期	报 告 期	基　期	报告期	假 定 期	
	q_0	q_1	p_0	p_1	$p_0 q_0$	$p_1 q_1$	$p_0 q_1$	$p_1 q_0$
大米（kg）	1000	1200	2.80	3.20	2800	3840	3360	3200
棉布（m）	800	840	4.00	3.80	3200	3192	3360	3040
服装（套）	100	110	80.00	88.00	8000	9680	8800	8800
合计	—	—	—	—	14 000	16 712	15 520	15 040

要求:

(1)计算三种商品销售量总指数(拉氏、帕氏数量指数)。

(2)计算三种商品的价格总指数(拉氏、帕氏质量指数)。

解:(1)三种商品的销售量总指数,由式(9.1)和式(9.2)计算。

拉氏:
$$\bar{K}_q = \frac{\sum p_0 q_1}{\sum p_0 q_0} = \frac{15\,520}{14\,000} = 110.86\%$$

帕氏:
$$\bar{K}_q = \frac{\sum p_1 q_1}{\sum p_1 q_0} = \frac{16\,712}{15\,040} = 111.12\%$$

(2)三种商品的价格总指数,由式(9.4)和式(9.5)计算。

拉氏:
$$\bar{K}_p = \frac{\sum p_1 q_0}{\sum p_0 q_0} = \frac{15\,040}{14\,000} = 107.43\%$$

帕氏:
$$\bar{K}_p = \frac{\sum p_1 q_1}{\sum p_0 q_1} = \frac{16\,712}{15\,520} = 107.68\%$$

从以上结果可以看出,权数确定在不同的时期,计算结果是不同的。在实际应用的时候,应该注意以下几点:

① 在考察研究物量变动的时候,与帕氏物量指数比较,拉氏的物量指数计算及其结果比较准确。因为权数(价格)固定在基期,物量指数不受价格变动的影响,所以,该物量指数能够确切反映数量指标的变动,这是该指数的一个优点。因此,实际中多用拉氏物量指数。

② 在考察研究物价因素变动的时候,与拉氏物价指数比较,帕氏的物价指数及其结果具有明确的现实意义。因为权数(销量、产量等物量)固定在报告期,指数结果虽然包含了物量的变动对价格指数的影响,但是它反映了在现实产品或商品结构下的价格变动,所以,帕氏物价指数更具有现实意义。实际中多用帕氏物价指数。

③ 为满足指数体系分析的需要,总指数编制的基本原则为:在编制数量指标指数时,一般把作为同度量因素的质量指标固定在基期;在编制质量指标指数时,一般把作为同度量因素的数量指标固定在报告期。

9.2.2 平均数指数法

1. 以基期总量加权的平均数指数——拉氏指数的变形

$$\bar{K}_q = \frac{\sum p_0 q_1}{\sum p_0 q_0} = \frac{\sum k_q p_0 q_0}{\sum p_0 q_0} \qquad \left(k_q = \frac{q_1}{q_0} \right) \tag{9.7}$$

$$\bar{K}_p = \frac{\sum p_1 q_0}{\sum p_0 q_0} = \frac{\sum k_p p_0 q_0}{\sum p_0 q_0} \qquad \left(k_p = \frac{p_1}{p_0} \right) \tag{9.8}$$

该价格指数公式常用于我国零售物价指数的编制。

2. 以报告期总量加权的平均数指数——帕氏指数的变形

$$\bar{K}_q = \frac{\sum p_1 q_1}{\sum p_1 q_0} = \frac{\sum p_1 q_1}{\sum \frac{1}{k_q} p_1 q_1} \tag{9.9}$$

$$\bar{K}_p = \frac{\sum p_1 q_1}{\sum p_0 q_1} = \frac{\sum p_1 q_1}{\sum \frac{1}{k_p} p_1 q_1} \tag{9.10}$$

该价格指数公式常用于我国农副产品收购价格指数的编制。

【例 9.2】某地区两个年度两类商品的收购价格类指数和收购额资料如表 9.3 所示。要求：计算收购价格总指数、收购量总指数、收购额总指数。

表 9.3　商品收购价格指数计算表

商品种类	收购总额（万元）		收购价格类指数（%）
	第 一 年	第 二 年	
甲	140	138.6	105
乙	60	78.4	98

解：根据式（9.10），农产品收购价格总指数为：

$$\bar{K}_p = \frac{\sum p_1 q_1}{\sum p_0 q_1} = \frac{\sum p_1 q_1}{\sum \frac{1}{k_p} p_1 q_1} = \frac{138.6 + 78.4}{\frac{138.6}{1.05} + \frac{78.4}{0.98}} = \frac{217}{212} = 102.36\%$$

根据式（9.1），农产品收购量总指数为：

$$\bar{K}_q = \frac{\sum p_0 q_1}{\sum p_0 q_0} = \frac{\sum \frac{p_1 q_1}{k_p}}{\sum p_0 q_0} = \frac{\frac{138.6}{1.05} + \frac{78.4}{0.98}}{140 + 60} = \frac{212}{200} = 106\%$$

农产品收购额总指数为：

$$\bar{K}_{pq} = \frac{\sum p_1 q_1}{\sum p_0 q_0} = \frac{138.6 + 78.4}{140 + 60} = \frac{217}{200} = 108.5\%$$

9.3　指　数　体　系

9.3.1　基本概念

1. 总量指数

总量指数是由两个不同时期的总量指标对比形成的相对数。它可以由不同时期的实物总量对比形成，如不同时期的工业产品总量对比形成总产量指数；也可以由不同时期的价值总量对比形成，如不同时期的产品总成本对比形成总成本指数。

2. 指数体系

指数体系是指几个指数之间在一定的经济联系基础上所形成的较为严密的数量关系式。指数体系中最为典型的表现形式：一个总值(总量)指数等于若干(两个或两个以上)因素指数的乘积。例如：

$$销售额指数=销售量指数×销售单价指数$$

$$总成本指数=产量指数×单位产品成本指数$$

$$通信业务收入指数=通信业务量指数×通信平均单价指数$$

$$增加值指数=员工人数指数×劳动生产率指数×增加值率指数$$

$$销售利润指数=销售量指数×销售价格指数×销售利润率指数$$

9.3.2 指数体系分析

1. 加权综合指数体系分析

加权综合指数由于所用权数所属时期不同，可以形成不同的指数体系。

(1)数量指标先变化，质量指标后变化。即

$$\sum p_0 q_0 \rightarrow \sum p_0 q_1 \rightarrow \sum p_1 q_1$$

则加权综合指数为拉氏数量指标指数和帕氏质量指标指数的乘积。

(2)质量指标先变化，数量指标后变化。即

$$\sum p_0 q_0 \rightarrow \sum p_1 q_0 \rightarrow \sum p_1 q_1$$

则加权综合指数为帕氏数量指标指数和拉氏质量指标指数的乘积。

在实际分析中比较常用的是第一种，即

$$\frac{\sum p_1 q_1}{\sum p_0 q_0} = \frac{\sum p_0 q_1}{\sum p_0 q_0} \times \frac{\sum p_1 q_1}{\sum p_0 q_1} \tag{9.11}$$

就变动的绝对水平看，其数量关系式为：

$$\sum p_1 q_1 - \sum p_0 q_0 = \left(\sum p_0 q_1 - \sum p_0 q_0\right) + \left(\sum p_1 q_1 - \sum p_0 q_1\right) \tag{9.12}$$

【例 9.3】 利用指数体系分析例 9.1 的资料，计算过程如表 9.4 所示，说明商场商品销售额的变动情况，并指出其变化的程度和原因。

表 9.4 某商场销售几类商品的有关资料及其计算表

产 品 名 称	销 售 量		销售单价(元)		销售额(元)		
	基期 q_0	报告期 q_1	基期 p_0	报告期 p_1	基期 $p_0 q_0$	报告期 $p_1 q_1$	假定期 $p_0 q_1$
大米(kg)	1000	1200	2.8	3.2	2800	3840	3360
棉布(m)	800	840	4.0	3.8	3200	3192	3360
服装(套)	100	110	80.0	88.0	8000	9680	8800
合计	—	—	—	—	14000	16 712	15 520

解：(1)三种商品销售额总指数为：$\bar{K}_{pq} = \dfrac{\sum p_1 q_1}{\sum p_0 q_0} = \dfrac{16\,712}{14\,000} = 119.37\%$

三种商品销售额增加为：$\sum p_1 q_1 - \sum p_0 q_0 = 16\,712 - 14\,000 = 2712$（元）

(2)三种商品的价格总指数为：$\bar{K}_p = \dfrac{\sum p_1 q_1}{\sum p_0 q_1} = \dfrac{16\,712}{15\,520} = 107.68\%$

由于三种商品价格的变化引起的销售额的变动为：

$$\sum p_1 q_1 - \sum p_0 q_1 = 16\,712 - 15\,520 = 1192\,(\text{元})$$

(3)三种商品的销售量总指数为：$\bar{K}_q = \dfrac{\sum p_0 q_1}{\sum p_0 q_0} = \dfrac{15\,520}{14\,000} = 110.86\%$

由于三种商品销售量的变化引起的销售额的变动为：

$$\sum p_0 q_1 - \sum p_0 q_0 = 15\,520 - 14\,000 = 1520\,(\text{元})$$

从相对数数量关系来看，三者之间的相对数量关系为：
$$119.37\% = 107.68\% \times 110.86\%$$

从绝对变动水平看，三者之间的数量关系为：
$$2712 = 1192 + 1520$$

以上结果表明，报告期与基期相比，商场商品销售额上升了 19.37%，销售额增加了 2712 元。其中，由于商品价格的变化引起销售额上升了 7.68%，使销售额增加 1192 元；而销售量的变化引起销售额上升了 10.86%，使销售额增加 1520 元。

2．加权平均指数体系分析

由于所用的总量权数时期不同，加权平均指数也可以形成不同的指数体系。但在实际分析当中，比较常用的是用基期总量加权的算术平均数量指数和报告期总量加权的调和平均质量指数所形成的指数体系。即

$$\frac{\sum p_1 q_1}{\sum p_0 q_0} = \frac{\sum \dfrac{q_1}{q_0} p_0 q_0}{\sum p_0 q_0} \times \frac{\sum p_1 q_1}{\sum \dfrac{1}{p_1 / p_0} p_1 q_1} \tag{9.13}$$

就变动的绝对水平看，其数量关系式为：

$$\sum p_1 q_1 - \sum p_0 q_0 = \left(\sum \frac{q_1}{q_0} p_0 q_0 - \sum p_0 q_0\right) + \left(\sum p_1 q_1 - \sum \frac{1}{p_1 / p_0} p_1 q_1\right) \tag{9.14}$$

3．平均数变动的指数体系分析

在实际问题的研究中，常常需要对平均指标的变动进行对比分析。

在总体分组情况下，加权算术平均数计算式为：

$$\bar{x} = \frac{\sum xf}{\sum f} = \sum x \frac{f}{\sum f}$$

其变动受到各组变量值(x)和各组的权数($\frac{f}{\sum f}$)两个因素的影响。因此，两个不同时期的加权算术平均数之比所形成的指数，其变动程度既受各组变量值变动的影响，也受所研究的总体单位数结构变化的影响。为了分析它们的变动对平均指标变动的影响程度，需要计算以下指数。

（1）变量影响指数

将总体单位数结构($\frac{f}{\sum f}$)固定，反映各组变量值(x)的变动对平均数变动的影响，这一指数称为变量影响指数，也称为固定构成指数。其中总体单位数结构既可以固定在基期($\frac{f_0}{\sum f_0}$)，也可以固定在报告期($\frac{f_1}{\sum f_1}$)，在实际运用中多固定在报告期。计算式为：

$$变量影响指数=\frac{\sum x_1 f_1}{\sum f_1}\div\frac{\sum x_0 f_1}{\sum f_1} \tag{9.15}$$

（2）结构影响指数

将各组变量值(x)固定，反映总体单位数结构($\frac{f}{\sum f}$)的变动对平均数变动的影响，这一指数称为结构影响指数。其中，各组变量值(x)可以固定在基期，也可以固定在报告期，在实际运用中多固定在基期。计算式为：

$$结构影响指数=\frac{\sum x_0 f_1}{\sum f_1}\div\frac{\sum x_0 f_0}{\sum f_0} \tag{9.16}$$

（3）可变构成指数

可变构成指数是综合反映变量和结构两个因素共同变化所引起的总平均数变动程度。计算式为：

$$可变构成指数=\frac{\sum x_1 f_1}{\sum f_1}\div\frac{\sum x_0 f_0}{\sum f_0} \tag{9.17}$$

可以看出，可变构成指数=变量影响指数×结构影响指数。这种关系可以表达为：

$$\frac{\sum x_1 f_1}{\sum f_1}\div\frac{\sum x_0 f_0}{\sum f_0}=\left(\frac{\sum x_1 f_1}{\sum f_1}\div\frac{\sum x_0 f_1}{\sum f_1}\right)\times\left(\frac{\sum x_0 f_1}{\sum f_1}\div\frac{\sum x_0 f_0}{\sum f_0}\right) \tag{9.18}$$

就变动的绝对水平看，其数量关系为：

$$\frac{\sum x_1 f_1}{\sum f_1}-\frac{\sum x_0 f_0}{\sum f_0}=\left(\frac{\sum x_1 f_1}{\sum f_1}-\frac{\sum x_0 f_1}{\sum f_1}\right)+\left(\frac{\sum x_0 f_1}{\sum f_1}-\frac{\sum x_0 f_0}{\sum f_0}\right) \tag{9.19}$$

【例9.4】 某企业基期和报告期各类职工人数及工资资料如表9.5所示，用相对数和绝对差额分析两个时期平均工资的变动程度及其影响因素。

表 9.5 某企业基期和报告期职工人数及月工资数据

职工类别	职工人数(人)		月平均工资 (元/人)		月工资总额 (元)		
	基期 f_0	报告期 f_1	基期 x_0	报告期 x_1	基期 $x_0 f_0$	报告期 $x_1 f_1$	假定期 $x_0 f_1$
初级工	800	750	880	950	704 000	712 500	660 000
中级工	500	600	1400	1550	700 000	930 000	840 000
高级工	200	250	1780	2100	356 000	525 000	445 000
合计	1500	1600	—	—	1 760 000	2 167 500	1 945 000

解：根据平均数指标指数体系分析如下：

$$可变构成指数 = \frac{\sum x_1 f_1}{\sum f_1} \div \frac{\sum x_0 f_0}{\sum f_0} = \frac{2\,167\,500}{1600} \div \frac{1\,760\,000}{1500}$$

$$= 1354.69 \div 1173.33 \approx 115.46\%$$

$$平均工资的绝对差额 = \frac{\sum x_1 f_1}{\sum f_1} - \frac{\sum x_0 f_0}{\sum f_0} = 1354.69 - 1173.33 = 181.36(元)$$

$$变量影响指数 = \frac{\sum x_1 f_1}{\sum f_1} \div \frac{\sum x_0 f_1}{\sum f_1} = \frac{2\,167\,500}{1600} \div \frac{1\,945\,000}{1600}$$

$$= 1354.69 \div 1215.63 \approx 111.44\%$$

由于组平均工资的变化所引起的月平均工资变化的绝对差额

$$= \frac{\sum x_1 f_1}{\sum f_1} - \frac{\sum x_0 f_1}{\sum f_1} = \frac{2\,167\,500}{1600} - \frac{1\,945\,000}{1600} = 1354.69 - 1215.63 = 139.06(元)$$

$$结构影响指数 = \frac{\sum x_0 f_1}{\sum f_1} \div \frac{\sum x_0 f_0}{\sum f_0} = \frac{1\,945\,000}{1600} \div \frac{1\,760\,000}{1500}$$

$$= 1215.63 \div 1173.33 \approx 103.60\%$$

由于职工人数的变化所引起的月平均工资的变化的绝对差额

$$= \frac{\sum x_0 f_1}{\sum f_1} - \frac{\sum x_0 f_0}{\sum f_0} = \frac{1\,945\,000}{1600} - \frac{1\,760\,000}{1500} = 1215.63 - 1173.33 = 42.30(元)$$

计算结果：

$$115.46\% = 111.44\% \times 103.60\%$$

$$181.36 = 139.06 + 42.30$$

计算结果表明，该企业报告期职工月平均工资比基期上涨了 15.46%，是因为各类职工工资水平的提高使平均工资上涨了 11.44% 和各类职工构成变化使平均工资上涨了 3.06% 共同作用的结果。报告期职工月平均工资比基期增加了 181.36 元，其中，各类职工工资水平的提高使平均工资增加了 139.06 元，各类职工构成变化使平均工资增加了 42.30 元。

9.4 指数的应用

指数作为一种重要的经济分析指标和方法，在实践中获得了广泛的应用。不同的场合需要运用不同的指数形式，一般主要考虑以下几个方面：首先是指数的经济分析意义；其次是实际编制工作的可行性；此外还有对指数分析性质的特殊要求。

9.4.1 工业生产指数

工业生产指数也称工业产品物量指数，概括反映一个国家或地区各种工业产品产量的综合变动程度，它是衡量经济增长水平、工业发展速度的重要指标。各国都非常重视该指数的编制，但编制方法却不完全相同。

我国工业生产指数编制的过程：首先，对各种工业产品分别制定相应的不变价格标准（p_c）；其次，逐项计算各种产品的不变价格产值，加总起来得到全部工业产品的不变价格总产值；最后，将不同时期的不变价格总产值加以对比，就得到相应时期的工业生产指数。即

$$\bar{k}_q = \frac{\sum p_c q_t}{\sum p_c q_0} \text{ 或 } \bar{k}_q = \frac{\sum p_c q_t}{\sum p_c q_{t-1}} \tag{9.20}$$

式中，$\sum p_c q_t$ 为 t 时期的不变价格总产值，$t=1,2,3,\cdots$。我国自开始核算国内生产总值以来，共有 1952 年、1957 年、1970 年、1980 年、1990 年、2000 年、2005 年、2010 年 8 个不变价基期，目前的基期是 2010 年。（注：资料来自中国统计年鉴 2016。）

在西方国家，采用平均指数形式编制工业生产指数，其基本思想是，以代表产品的生产量为基础，用报告期除以基期取得产品产量的个体指数，以工业增加值计算权数来加权计算总指数。计算式为：

$$\bar{k}_q = \frac{\sum k_q p_0 q_0}{\sum p_0 q_0} \tag{9.21}$$

式中，k_q 为各种工业品的个体产量指数；$p_0 q_0$ 为相应产品的基期增加值。因此，在工业生产指数的计算中，产品增加值的计算是权数计算的关键。

在实践中，为了简化指数的编制工作，常常以各种产品的增加值比重作为权数，并且将其固定下来，连续编制各个时期的工业生产指数：

$$\bar{k}_q = \frac{\sum k_q w}{\sum w} \tag{9.22}$$

【例 9.5】 某国工业生产的比重资料为：矿业 8.5%，制造业 82%，水电煤气业 9.5%。矿业部门指数为 97.5%，制造业部门指数为 120%，水电煤气业部门指数为 105%。求工业生产指数。

解：根据公式（9.22）计算工业生产指数：

$$\bar{k}_q = \frac{\sum k_q w}{\sum w} = \frac{97.5\% \times 8.5\% + 120\% \times 82\% + 105\% \times 9.5\%}{8.5\% + 82\% + 9.5\%} = 116.67\%$$

9.4.2 零售价格指数

商品零售价格指数由国家统计局编制，它是全面反映城乡商品零售价格变动趋势的一种经济指数。零售物价的变动直接影响到城乡居民的生活支出和国家的财政收入，影响居民购

买力和市场供需平衡，影响消费与积累的比例。因此，零售价格指数是观察和分析经济活动的重要工具之一。

根据不同的需要可以按年、按季、按月编制；可以编制全国零售物价指数、各省市零售物价指数；也可以编制全国或各省市的城市零售物价指数、农村零售物价指数。我国零售价格指数编制的过程有以下步骤。

1．代表规格品选择

全国零售商品种类多达百万种，编制物价指数不可能包括所有的商品，而是根据全国统一的商品分类目录选择部分具有代表性的商品进行指数编制。目前全部商品按用途分为 16 大类，大类下分中类，中类里分小类，小类下分若干商品细目。在每类商品中，应该选择零售量大、生产和销售前景好，价格变动趋势有代表性的代表规格品计算零售物价指数。

2．典型地区选择

按照经济区域和地区分布合理等原则，选出具有代表性的大、中、小城市和县作为国家的典型地区。

3．商品价格采集

在典型地区中选择经营规模大、商品种类多或成交额大的中心商场（包括集市和服务网点）作为价格的调查点。每月定时采集实际成交价格，并用简单算术平均法计算代表规格品的平均价格，以此作为计算类指数的依据。

4．权数确定

我国的零售物价总指数是采用固定加权算术平均形式计算的，其权数是根据上年商品零售额资料，并根据当年住户调查资料予以调整后确定的。在确定权数时，先确定各大类权数，然后确定小类权数，最后确定商品权数。权数均以百分比表示，各层权数之和等于 100，为便于计算，权数一律取整数。

5．指数计算

采用代表规格品平均价格法计算全社会商品零售价格总指数，计算公式为：

$$\bar{K}_p = \frac{\sum k_p p_0 q_0}{\sum p_0 q_0} = \frac{\sum k_p \omega}{\sum \omega} \tag{9.23}$$

式中，k_p 为个体指数或各层类指数；ω 为各层零售额比重权数。

【例 9.6】某地某类零售商品中甲、乙、丙、丁四种代表商品的个体价格指数分别为 105%、108%、110%和 112%，其固定权数分别为 40%、35%、20%和 5%。试计算这类商品的零售物价类指数。

解：根据式（9.23），得

$$\bar{K}_p = \frac{\sum k_p p_0 q_0}{\sum p_0 q_0} = \frac{\sum k_p \omega}{\sum \omega} = \sum k_p \times \frac{\omega}{\sum \omega}$$

$$=105\% \times 40\% + 108\% \times 35\% + 110\% \times 20\% + 112\% \times 5\%$$

$$=107.4\%$$

9.4.3　消费价格指数

消费者物价指数是 Consumer Price Index，英文缩写为 CPI，是多数国家都编制的一种经济指数。该指数是通过度量一组代表性商品(又称"固定篮子"商品及服务项目)价格水平随时间而变动的相对数，用来反映报告期与基期相比较的商品和服务项目价格水平的变动情况的宏观经济指标。

我国的居民消费价格指数是采用固定加权算术平均数方法编制的，具体步骤与零售物价指数的编制相似，但内容有所不同。消费价格指数包括消费品价格和服务项目价格两个部分，编制该指数时，首先是对消费品和服务项目进行分类，并选择代表消费品和服务项目。其次，指数中的权数原则上应采用居民消费支出的构成资料，由于各地区居民消费结构存在差异，因此权数也采用逐级计算的方式。权数原则上 5 年保持不变，但在实际支出结构发生较大变化的情况下，每年均及时进行适当微调。我国现行的 CPI 编制方式实行以 2010 年为对比基期，2010 年至 2015 年为一个权数周期。第三，分别求出消费品价格指数和服务项目价格指数，二者进行平均汇总。其计算式为：

$$\overline{K}_p = \frac{\sum k_p p_0 q_0}{\sum p_0 q_0} = \frac{\sum k_p \omega}{\sum \omega} \tag{9.24}$$

现行居民消费价格指数按城乡分别编制，分为八大类别，每个大类中又分为中类和小类，指数中共有 251 个小类近千种代表品，权数的确定分别依据城市样本的约 4 万个家庭和农村样本的约 6 万个家庭的实际消费构成。指数编制的过程与零售价格指数编制过程相似。

【例 9.7】　以某市居民消费资料为例编制消费价格指数。资料及计算过程如表 9.6 所示。

表 9.6　某市居民消费指数计算表

类别及品名	代表规格品	计量单位	平均价格(元)		权 ω %	类指数% $k = p_1/p_0$	$k\omega$
			p_0	p_1			
			①	②	③	④=②÷①	⑤=④×③
总指数					100		
一、食品大类					38	115.49	4388.62
1. 粮食中类					35	112.52	3938.20
(1)细粮小类					65	111.67	7258.55
大米	一等	kg	3	3.5	40	116.67	4666.80
面粉	标准粉	kg	2.4	2.6	60	108.33	6499.80
(2)粗粮小类					35	104.80	3668.00
2. 副食品中类					30	125.40	3762.00
3. 烟酒茶中类					20	114.80	2296.00
4. 其他食品中类					15	103.52	1552.80
二、服装、鞋帽大类					15	98.38	1475.70
三、家电及用品大类					14	100.01	1400.14
四、医疗保健大类					13	122.05	1586.65
五、交通通信工具大类					8	115.08	920.64
六、体娱文教用品大类					5	109.48	547.40
七、居住大类					8	116.25	930.00
八、服务项目大类					5	105.98	529.90

解：（1）计算各个代表规格品的个体零售物价指数，即大米和面粉的个体指数分别为：

$$k_p = \frac{3.5}{3} \approx 116.67\% \qquad k_p = \frac{2.6}{2.4} \approx 108.33\%$$

（2）把各个个体规格品的物价指数加权算术平均，得到细粮小类指数为：

$$\overline{k}_p = \frac{\sum k_p \omega}{\sum \omega} = \frac{116.67 \times 40\% + 108.33 \times 60\%}{100} \approx 111.67\%$$

（3）把细粮和粗粮指数加权算术平均，得到粮食中类指数为：

$$\overline{k}_p = \frac{116.67 \times 65\% + 104.8 \times 35\%}{100} \approx 112.52\%$$

（4）把各个食品中类指数加权算术平均，得到食品大类指数为：

$$\overline{k}_p = \frac{112.52 \times 35\% + 125.40 \times 30\% + 114.80 \times 20\% + 103.52 \times 15\%}{100} \approx 115.49\%$$

（5）把各大类指数加权算术平均，即得消费物价总指数为：

$$\overline{k}_p = \frac{\sum k_p \omega}{\sum \omega}$$

$$= \frac{115.49 \times 38\% + 98.38 \times 15\% + 100.01 \times 14\% + \cdots + 116.25 \times 8\% + 105.98 \times 5\%}{100}$$

$$= 117.79\%$$

9.4.4 股票价格指数

股票价格是指股票在证券市场上买卖的价格。它受多种因素的影响，其中有两个直接的因素：预期的股息和银行存款利率。

编制股票指数的方法很多，各有所长，一般以发行量或交易量作为权数进行加权综合。各种股票价格为 p，相应股票的发行量或交易量为 q，股价指数计算式为：

$$\overline{k}_p = \frac{\sum p_1 q}{\sum p_0 q} \tag{9.25}$$

式中，同度量因素可以固定在基期，也可以固定在报告期水平上。

上证股价指数是以 1990 年 12 月 19 日为基期，以上海股市的全部股票为计算对象，计算公式如下：股票指数=（当日股票市价总值÷基期股票市价总值）×100。由于采取全部股票进行计算，因此，上证指数可以较为贴切地反映上海股价的变化情况。

深圳股价指数由深圳证券交易所编制。它以 1991 年 4 月 3 日为基期，以在深圳证券交易所上市交易的全部股票为计算对象，用每日各种股票的收盘价分别乘以其发行量后求和得到的市价总值，除以基期市价总值后乘以 100 求得，是反映深圳股价变动的有效统计数字。

美国的标准普尔 500 指数就是采用拉氏加权综合公式编制的，以 500 种采样股票通过加权平均综合，其中包括 400 种工业股、20 种运输业股、40 种金融业股和 40 种公用事业股，以 1941－1943 年为基数，权数为基期各种股票的发行量，具有较强的代表性和影响力。

美国的道琼斯指数又称道氏指数，它采用不加权算术平均法计算，以 1928 年 10 月 1 日为基期，在纽约交易所交易时间每30分钟公布一次，用当日当时的股票价格算术平均数与基期的比值求得。由于不加权大大简化了资料的采集和指数的计算，但是不加权不能区分不同股票的重要性程度。道氏65种股票价格平均数，由30种工业股、20种运输业股、15种公用事业股的股票价格混合构成。由于道琼斯指数编制历史悠久，入编的公司代表性强，因此是被西方新闻媒介引用最多的股票指数。

目前，世界各国的主要证券交易市场都有自己的股票价格指数。

本 章 小 结

1. 狭义的指数，是一种特殊的相对数，它是用来表明不能直接相加和不能直接对比的现象在不同时期间的相对变化程度。其编制方法有综合指数法和加权平均指数法。

2. 综合指数法由于采用的同度量因素的时期不同，可以有拉氏指数（同度量因素用基期水平）、帕氏指数（同度量因素用报告期水平）、扬氏指数（同度量因素用固定期水平）。

3. 加权平均指数法。由于实际计算资料和其他条件的限制，不能直接编制综合指数，即以个体指数为基础、总量指标为权数来编制平均数指数，分为加权算术平均指数和加权调和平均指数两种。

4. 指数体系可以分为广义的指数体系和狭义的指数体系。这里主要讨论的是狭义的指数体系，狭义的指数体系是指几个指数之间在一定的经济联系基础上所结成的较为严密的数量关系式。最为典型的表现形式就是：一个总值（总量）指数等于若干（两个或两个以上）因素指数的乘积；总量的变动差额等于各因素指数变动差额之和。

5. 平均指标指数体系。平均指标变动的可变构成指数=结构变动指数×固定构成指数。

思 考 题

1. 什么是统计指数？与一般的相对数相比，所研究现象总体有何特征？

2. 什么叫同度量因素？它在编制统计指数时有何作用？

3. 由于同度量因素时期采用不同，编制数量指数和质量指数有哪些方法？应怎样选择应用？说明理由。

4. 平均数指数是如何编制的？它与总指数的编制有何区别和联系？

5. 平均指标指数是一般的相对数吗？可变构成指数、固定构成指数、结构影响指数三者有何区别？在数量上存在何种联系？

6. 什么是指数体系？什么是因素分析？因素分析包括哪两方面的内容？

7. 当一个总量指标由两个以上因素影响结果时，如何运用综合指数法分析其中各个因素的影响程度？

8. 简要说明我国零售物价指数、居民消费价格指数、农副产品收购价格指数的编制方法。

练 习 题

1. 某企业三种产品的单位成本及产量资料如表9.7所示。

表 9.7 三种产品的单位成本及产量

产品名称	计量单位	单位产品成本(元)		产量	
		基 期	报 告 期	基 期	报 告 期
甲	m	480	450	70	84
乙	t	250	245	70	70
丙	个	50	50	225	280

要求：(1)计算该企业三种产品的单位成本个体指数和总指数。

(2)计算该企业三种产品的产量个体指数和总指数。

2．某商场的两种商品销售资料如表 9.8 所示。

表 9.8 两种商品销售资料

商 品	单 位	销 售 量		单价(元)	
		基 期	报 告 期	基 期	报 告 期
A	件	500	600	80	100
B	kg	1500	1600	120	140

要求：(1)计算拉氏物量指数和物价指数。

(2)计算帕氏物量指数和物价指数。

3．某商店三种产品的销售额情况如表 9.9 所示。

表 9.9 某商店三种产品的销售额

商品名称	单 位	价格(元)		销 售 量	
		基 期	报 告 期	基 期	报 告 期
皮鞋	双	25	28	4000	5000
外衣	件	140	160	500	550
线手套	只	0.5	0.6	800	1000

要求：(1)计算以基期价格为同度量因素的销售量综合指数，以及由于销售量的变化所引起的销售额变化的相对值和绝对值。

(2)计算以报告期销售量为同度量因素的价格指数，以及由于销售价格的变化所引起的销售额变化的相对值和绝对值。

(3)计算销售额总指数及其变化的绝对值。

4．某企业三种产品的产值和产量资料如表 9.10 所示。

表 9.10 某企业三种产品的产值和产量

产 品	实际产值(万元)		2006 年比 2005 年产量增加(%)
	2005 年	2006 年	
A	200	240	25
B	450	485	10
C	350	480	40

要求：(1)计算三种产品的总产值指数。

(2)计算产量总指数及由于产量变动而增加的产值。

(3)利用指数体系推算价格总指数。

5. 某城市居民在本期用同样多的货币购买食用商品，其购买数量比上年同期少了 10%。请问该居民所在城市的食用商品价格总体上是上升了还是下降了？本期与去年同期相比食用商品的价格指数是多少？

6. 某企业上期销售收入 1000 万元，本期要求达到 1500 万元，同时销售量增加 150%，那么价格水平应如何调整？调整的幅度如何？

7. 表 9.11 是某企业甲乙两个车间基期和报告期的产值、职工人数以及劳动生产率数据资料。要求：计算该企业职工平均劳动生产率变化程度，并对变化原因进行分析。

表 9.11　甲乙两个车间产值、职工人数以及劳动生产率

车　间	平均人数（人）				劳动生产率（万元/人）	
	基　期		报　告　期		基　期	报　告　期
	f_0	$f_0/\sum f_0$	f_1	$f_1/\sum f_1$	基　期 x_0	报　告　期 x_1
甲	1000	0.36	2000	0.5	10	12
乙	1800	0.64	2000	0.5	15	16
合计	2800	1	4000	1	13.21	14

8. 表 9.12 是 A 城市去年零售商品价格类指数资料。要求：以表 9.12 中资料说明编制商品零售物价指数的一般步骤，并计算副食品类物价指数、食品类物价指数和全部零售商品物价指数。

表 9.12　A 城市零售商品价格类指数

商品类别及项目	权数（%）	类指数（%）
总指数		
一、食品类	48	
（一）粮食	30	98.4
（二）副食品	40	
1. 食用油料	20	101.7
2. 食盐	4	96.4
3. 鲜菜	12	108.1
4. 肉禽蛋	14	95.0
5. 水产品	21	103.5
6. 调味品	9	103.0
7. 食糖	10	98.0
8. 点心	10	104.0
（三）其他食品	30	102.8
二、饮料、烟酒	4	102.6
三、服装、鞋帽	5	115.2
四、纺织品	4	99.3
五、家用电器及音响器材	4	95.0
六、文化办公用品	3	110.3
七、日用品	5	108.9
八、体育娱乐及其用品	4	99.0
九、交通、通信及其用品	5	92.1
十、家具	3	98.1
十一、化妆品	2	99.0
十二、金银珠宝饰品	1	109.7
十三、中西药及医疗保健用品	3	116.8
十四、书报杂志及电子出版物	3	108.6
十五、燃料	4	105.8
十六、建筑材料及五金	2	116.5

实　训　题

食品消费的影响因素分析

甲城市居民消费的主要粮食品类的消费价格和消费数量资料如表 9.13 所示。

表 9.13　居民消费的主要粮食品类的消费价格和消费数量

食 品 类 别	计 量 单 位	食品价格(元)		销　售　量		个 体 指 数	
		基　期	报 告 期	基　期	报 告 期	价　格	销 售 量
大米	kg	3.20	3.50	960 000.00	800 000.00	1.09	0.83
面粉	kg	2.50	3.50	600 000.00	720 000.00	1.40	1.20
食用油	kg	5.50	7.50	150 000.00	160 000.00	1.36	1.07

问题设计：

1．分别用拉氏公式和帕氏公式编制食品的价格总指数，比较两者在数值结果和分析意义方面有何不同。

2．分别用拉氏公式和帕氏公式编制食品的销售量总指数，比较两者在数值结果和分析意义方面有何不同。

3．实际运用中，一般是如何选用指数工具分析现象的发展变化的？

4．对食品销售额的综合变动进行因素分析，并说明在价格变动和销售量变动中，哪个是影响销售额变动的主要因素。

运用 SPSS、R 或 Excel 进行统计计算和分析。

附录 A　常用统计表

表 A.1　标准正态分布表

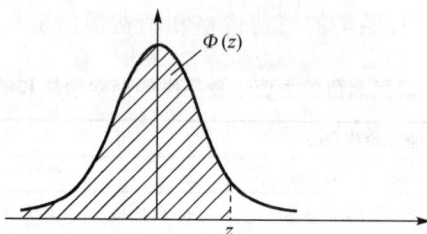

z	0.00	0.01	0.02	0.03	0.04	0.05	0.06	0.07	0.08	0.09
0.0	0.5000	0.5040	0.5080	0.5120	0.5160	0.5199	0.5239	0.5279	0.5319	0.5359
0.1	0.5398	0.5438	0.5478	0.5517	0.5557	0.5596	0.5636	0.5675	0.5714	0.5753
0.2	0.5793	0.5832	0.5871	0.5910	0.5948	0.5987	0.6026	0.6064	0.6103	0.6141
0.3	0.6179	0.6217	0.6255	0.6293	0.6331	0.6368	0.6406	0.6443	0.6480	0.6517
0.4	0.6554	0.6591	0.6628	0.6664	0.6700	0.6736	0.6772	0.6808	0.6844	0.6879
0.5	0.6915	0.6950	0.6985	0.7019	0.7054	0.7088	0.7123	0.7157	0.7190	0.7224
0.6	0.7257	0.7291	0.7324	0.7357	0.7389	0.7422	0.7454	0.7486	0.7517	0.7549
0.7	0.7580	0.7611	0.7642	0.7673	0.7703	0.7734	0.7764	0.7794	0.7823	0.7852
0.8	0.7881	0.7910	0.7939	0.7967	0.7995	0.8023	0.8051	0.8078	0.8106	0.8133
0.9	0.8159	0.8186	0.8212	0.8238	0.8264	0.8289	0.8315	0.8340	0.8365	0.8389
1.0	0.8413	0.8438	0.8461	0.8485	0.8508	0.8531	0.8554	0.8577	0.8599	0.8621
1.1	0.8643	0.8665	0.8686	0.8708	0.8729	0.8749	0.8770	0.8790	0.8810	0.8830
1.2	0.8849	0.8869	0.8888	0.8907	0.8925	0.8944	0.8962	0.8980	0.8997	0.9015
1.3	0.9032	0.9049	0.9066	0.9082	0.9099	0.9115	0.9131	0.9147	0.9162	0.9177
1.4	0.9192	0.9207	0.9222	0.9236	0.9251	0.9265	0.9278	0.9292	0.9306	0.9319
1.5	0.9332	0.9345	0.9357	0.9370	0.9382	0.9394	0.9406	0.9418	0.9430	0.9441
1.6	0.9452	0.9463	0.9474	0.9484	0.9495	0.9505	0.9515	0.9525	0.9535	0.9545
1.7	0.9554	0.9564	0.9573	0.9582	0.9591	0.9599	0.9608	0.9616	0.9625	0.9633
1.8	0.9641	0.9648	0.9656	0.9664	0.9671	0.9678	0.9686	0.9693	0.9700	0.9706
1.9	0.9713	0.9719	0.9726	0.9732	0.9738	0.9744	0.9750	0.9756	0.9762	0.9767
2.0	0.9772	0.9778	0.9783	0.9788	0.9793	0.9798	0.9803	0.9808	0.9812	0.9817
2.1	0.9821	0.9826	0.9830	0.9834	0.9838	0.9842	0.9846	0.9850	0.9854	0.9857
2.2	0.9861	0.9864	0.9868	0.9871	0.9874	0.9878	0.9881	0.9884	0.9887	0.9890
2.3	0.9893	0.9896	0.9898	0.9901	0.9904	0.9906	0.9909	0.9911	0.9913	0.9916
2.4	0.9918	0.9920	0.9922	0.9925	0.9927	0.9929	0.9931	0.9932	0.9934	0.9936
2.5	0.9938	0.9940	0.9941	0.9943	0.9945	0.9946	0.9948	0.9949	0.9951	0.9952
2.6	0.9953	0.9955	0.9956	0.9957	0.9959	0.9960	0.9961	0.9962	0.9963	0.9964
2.7	0.9965	0.9966	0.9967	0.9968	0.9969	0.9970	0.9971	0.9972	0.9973	0.9974
2.8	0.9974	0.9975	0.9976	0.9977	0.9977	0.9978	0.9979	0.9979	0.9980	0.9981
2.9	0.9981	0.9982	0.9982	0.9983	0.9984	0.9984	0.9985	0.9985	0.9986	0.9986
3.0	0.9987	0.9990	0.9993	0.9995	0.9997	0.9998	0.9998	0.9999	0.9999	1.0000

表 A.2　t 分布表

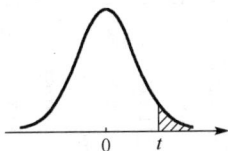

自由度	上　单　侧				
	0.10	0.05	0.025	0.01	0.005
1	3.078	6.314	12.706	31.821	63.657
2	1.886	2.920	4.603	6.965	9.925
3	1.638	2.353	3.182	4.541	5.841
4	1.533	2.132	2.776	3.747	4.604
5	1.476	2.015	2.571	3.365	4.032
6	1.440	1.943	2.447	3.143	3.707
7	1.415	1.895	2.365	2.998	3.499
8	1.397	1.860	2.306	2.896	3.355
9	1.383	1.833	2.262	2.821	3.250
10	1.372	1.812	2.228	2.764	3.169
11	1.363	1.796	2.201	2.718	3.106
12	1.356	1.782	2.179	2.681	3.055
13	1.350	1.771	2.160	2.650	3.012
14	1.345	1.761	2.145	2.624	2.977
15	1.341	1.753	2.131	2.602	2.947
16	1.337	1.746	2.120	2.583	2.921
17	1.333	1.740	2.110	2.567	2.898
18	1.330	1.734	2.101	2.552	2.878
19	1.328	1.729	2.093	2.539	2.861
20	1.325	1.725	2.086	2.528	2.845
21	1.323	1.721	2.080	2.518	2.831
22	1.321	1.717	2.074	2.508	2.819
23	1.319	1.714	2.069	2.500	2.807
24	1.318	1.711	2.064	2.492	2.797
25	1.316	1.708	2.060	2.485	2.787
26	1.315	1.706	2.056	2.479	2.779
27	1.314	1.703	2.052	2.473	2.771
28	1.313	1.701	2.048	2.467	2.763
29	1.311	1.699	2.045	2.462	2.756
30	1.310	1.697	2.042	2.457	2.750
40	1.303	1.684	2.021	2.423	2.704
60	1.296	1.671	2.000	2.390	2.660
120	1.289	1.658	1.980	2.358	2.617
∞	1.282	1.645	1.960	2.326	2.576

表A.3　χ^2 分布表

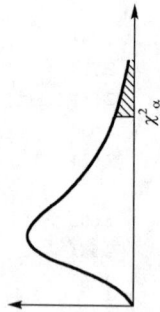

上 单 侧

自由度	0.995	0.99	0.975	0.95	0.90	0.10	0.05	0.025	0.01	0.005
1	$392\,704\times10^{-10}$	$157\,088\times10^{-9}$	$982\,069\times10^{-9}$	$393\,214\times10^{-8}$	0.0157908	2.70554	3.84146	5.02389	6.63490	7.87944
2	0.0100251	0.0201007	0.0506356	0.102587	0.210720	4.60517	5.99147	7.37776	9.2104	10.9566
3	0.0717212	0.114832	0.215795	0.351846	0.584375	6.25139	7.81473	9.34840	11.3449	12.8381
4	0.206990	0.297110	0.484419	0.710721	1.063623	7.77944	9.48773	11.1433	13.2767	14.8602
5	0.411740	0.554300	0.831211	1.145476	1.61031	9.23635	11.0705	12.8325	15.0863	16.7496
6	0.675727	0.872085	1.237347	1.63539	2.20413	10.6446	12.5916	14.4494	16.8119	18.5476
7	0.989265	1.239043	1.68987	2.16735	2.83311	12.0170	14.0671	16.0128	18.4753	20.2777
8	1.344419	1.646482	2.17973	2.73264	3.48954	13.3616	15.5073	317.5346	20.0902	21.9550
9	1.734926	2.087912	2.70039	3.32511	4.16816	14.6837	16.9190	19.0228	21.6660	23.5893
10	2.15585	2.55821	3.24697	3.94030	4.86518	15.9871	18.3070	20.4831	23.2093	25.1882
11	2.60321	3.05347	3.81575	4.57481	5.57779	17.2750	19.6751	21.9200	24.7250	26.7569
12	3.07382	3.57056	4.40379	5.22603	6.30380	18.5494	21.0261	23.3367	26.2170	28.2995
13	3.56503	4.10691	5.00874	5.89186	7.04150	19.8119	22.3621	24.7356	27.6883	29.8194
14	4.07468	4.66043	5.62872	6.57063	7.78953	21.0642	23.6848	26.1190	29.1413	31.3193

续表

上 单 侧

自由度	0.995	0.99	0.975	0.95	0.90	0.10	0.05	0.025	0.01	0.005
15	4.60094	5.22935	6.26214	7.26094	8.54675	22.3072	24.9958	27.4884	30.5779	32.8013
16	5.14224	5.81221	6.90766	7.96164	9.31223	23.5418	26.2962	28.8454	31.9999	34.2672
17	5.69724	6.40776	7.56418	8.67176	10.0852	24.7690	27.5871	30.1910	33.4087	35.7185
18	6.26481	7.01491	8.23075	9.39046	10.8649	25.9894	28.8693	31.5264	34.8053	37.1564
19	6.84398	7.63273	8.90655	10.1170	11.6509	27.2036	30.1435	32.8523	36.1908	38.5822
20	7.43386	8.26040	9.59083	10.8508	12.4426	28.4120	31.4104	34.1696	37.5662	39.9968
21	8.03366	8.89720	10.28293	11.5913	13.2396	29.6151	32.6705	35.4789	38.9321	41.4010
22	8.64272	9.54249	10.9823	12.3380	14.0415	30.8133	33.9244	36.7807	40.2894	42.7958
23	9.26042	10.19567	11.6885	13.0905	14.8479	32.0069	35.1725	38.0757	41.6384	44.1813
24	9.88623	10.8564	12.4011	13.8484	15.6587	33.1963	36.4151	39.3641	42.9798	45.5585
25	10.5197	11.5240	13.1197	14.6114	16.4734	34.3816	37.6525	40.6465	44.3141	46.9278
26	11.1603	12.1981	13.8439	15.3791	17.2919	35.5631	38.8852	41.9232	45.6417	48.2899
27	11.8076	12.8786	14.5733	16.1513	18.1138	36.7412	40.1133	43.1944	46.9630	49.6449
28	12.4613	13.5648	15.3079	16.9279	18.9392	37.9159	41.3372	44.4607	48.2782	50.9933
29	13.1211	14.2565	16.0471	17.7083	19.7677	39.0875	42.5569	45.7222	49.5879	52.3356
30	13.7867	14.9535	16.7908	18.4926	20.5992	40.2560	43.7729	46.9792	50.8922	53.6720
40	20.7065	22.1643	24.4331	26.5093	29.0505	51.8050	55.7585	59.3417	63.6907	66.7659
50	27.9907	29.7067	32.3574	34.7642	37.6886	63.1671	67.5048	71.4202	76.1539	79.4900
60	35.5346	37.4848	40.4817	43.1879	46.4589	74.3970	79.0819	83.2976	88.3794	91.9517
70	43.2752	45.4418	48.7576	51.7393	55.3290	85.5271	90.0012	95.0231	100.425	104.215
80	51.1720	53.5400	57.1532	60.3915	64.2778	96.5782	101.8	106.629	112.329	116.321
90	59.1963	61.7541	65.6466	69.1260	73.2912	107.565	113.145	118.136	124.116	128.299
100	67.3276	70.0648	74.2219	77.9295	82.3581	118.498	124.342	129.561	135.807	140.169

表 A.4　F 分布表

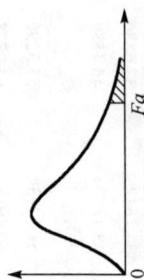

0.05

第二自由度	第一自由度																		
	1	2	3	4	5	6	7	8	9	10	12	15	20	24	30	40	60	120	∞
1	161.4	199.5	215.7	224.6	230.2	234.0	236.8	238.9	240.5	241.9	243.9	245.9	248.0	249.1	250.1	251.1	252.2	253.3	254.3
2	18.51	19.00	19.16	19.25	19.30	19.33	19.35	19.37	19.38	19.40	19.41	19.43	19.45	19.45	19.46	19.47	19.48	19.49	19.50
3	10.13	9.55	9.28	9.12	9.01	8.94	8.89	8.85	8.81	8.79	8.74	8.70	8.66	8.64	8.62	8.59	8.57	8.55	8.53
4	7.71	6.94	6.59	6.39	6.26	6.16	6.09	6.04	6.00	5.96	5.91	5.86	5.80	5.77	5.75	5.72	5.69	5.66	5.63
5	6.61	5.79	5.41	5.19	5.05	4.95	4.88	4.82	4.77	4.74	4.68	4.62	4.56	4.53	4.50	4.46	4.43	4.40	4.36
6	5.99	5.14	4.76	4.53	4.39	4.28	4.21	4.15	4.10	4.06	4.00	3.94	3.87	3.84	3.81	3.77	3.74	3.70	3.67
7	5.59	4.74	4.35	4.12	3.97	3.87	3.79	3.73	3.68	3.64	3.57	3.51	3.44	3.41	3.38	3.34	3.30	3.27	3.23
8	5.32	4.46	4.07	3.84	3.69	3.58	3.50	3.44	3.39	3.35	3.28	3.22	3.15	3.12	3.08	3.04	3.01	2.97	2.93
9	5.12	4.26	3.86	3.63	3.48	3.37	3.29	3.23	3.18	3.14	3.07	3.01	2.94	2.90	2.86	2.83	2.79	2.75	2.71
10	4.96	4.10	3.71	3.48	3.33	3.22	3.14	3.07	3.02	2.98	2.91	2.85	2.77	2.74	2.70	2.66	2.62	2.58	2.54
11	4.84	3.98	3.59	3.36	3.20	3.09	3.01	2.95	2.90	2.85	2.79	2.72	2.65	2.61	2.57	2.53	2.49	2.45	2.40
12	4.75	3.89	3.49	3.26	3.11	3.00	2.91	2.85	2.80	2.75	2.69	2.62	2.54	2.51	2.47	2.43	2.38	2.34	2.30
13	4.67	3.81	3.41	3.18	3.03	2.92	2.83	2.77	2.71	2.67	2.60	2.53	2.46	2.42	2.38	2.34	2.30	2.25	2.21
14	4.60	3.74	3.34	3.11	2.96	2.85	2.76	2.70	2.65	2.60	2.53	2.46	2.39	2.35	2.31	2.27	2.22	2.18	2.13

续表

0.05

第二自由度	第一自由度																		
	1	2	3	4	5	6	7	8	9	10	12	15	20	24	30	40	60	120	∞
15	4.54	3.68	3.29	3.06	2.90	2.79	2.71	2.64	2.59	2.54	2.48	2.40	2.33	2.29	2.25	2.20	2.16	2.11	2.07
16	4.49	3.63	3.24	3.01	2.85	2.74	2.66	2.59	2.54	2.49	2.42	2.35	2.28	2.24	2.19	2.15	2.11	2.06	2.01
17	4.45	3.59	3.20	2.96	2.81	2.70	2.61	2.55	2.49	2.45	2.38	2.31	2.23	2.19	2.15	2.10	2.06	2.01	1.96
18	4.41	3.55	3.16	2.93	2.77	2.66	2.58	2.51	2.46	2.41	2.34	2.27	2.19	2.15	2.11	2.06	2.02	1.97	1.92
19	4.38	3.52	3.13	2.90	2.74	2.63	2.54	2.48	2.42	2.38	2.31	2.23	2.16	2.11	2.07	2.03	1.98	1.93	1.88
20	4.35	3.49	3.10	2.87	2.71	2.60	2.51	2.45	2.39	2.35	2.28	2.20	2.12	2.08	2.04	1.99	1.95	1.90	1.84
21	4.32	3.47	3.07	2.84	2.68	2.57	2.49	2.42	2.37	2.32	2.25	2.18	2.10	2.05	2.01	1.96	1.92	1.87	1.81
22	4.30	3.44	3.05	2.82	2.66	2.55	2.46	2.40	2.34	2.30	2.23	2.15	2.07	2.03	1.98	1.94	1.89	1.84	1.78
23	4.28	3.42	3.03	2.80	2.64	2.53	2.44	2.37	2.32	2.27	2.20	2.13	2.05	2.01	1.96	1.91	1.86	1.81	1.76
24	4.26	3.40	3.01	2.78	2.62	2.51	2.42	2.36	2.30	2.25	2.18	2.11	2.03	1.98	1.94	1.89	1.84	1.79	1.73
25	4.24	3.39	2.99	2.76	2.60	2.49	2.40	2.34	2.28	2.24	2.16	2.09	2.01	1.96	1.92	1.87	1.82	1.77	1.71
26	4.23	3.37	2.98	2.74	2.59	2.47	2.39	2.32	2.27	2.22	2.15	2.07	1.99	1.95	1.90	1.85	1.80	1.75	1.69
27	4.21	3.35	2.96	2.73	2.57	2.46	2.37	2.31	2.25	2.20	2.13	2.06	1.97	1.93	1.88	1.84	1.79	1.73	1.67
28	4.20	3.34	2.95	2.71	2.56	2.45	2.36	2.29	2.24	2.19	2.12	2.04	1.96	1.91	1.87	1.82	1.77	1.71	1.65
29	4.18	3.33	2.93	2.70	2.55	2.43	2.35	2.28	2.22	2.18	2.10	2.03	1.94	1.90	1.85	1.81	1.75	1.70	1.64
30	4.17	3.32	2.92	2.69	2.53	2.42	2.33	2.27	2.21	2.16	2.09	2.01	1.93	1.89	1.84	1.79	1.74	1.68	1.62
40	4.08	3.23	2.84	2.61	2.45	2.34	2.25	2.18	2.12	2.08	2.00	1.92	1.84	1.79	1.74	1.69	1.64	1.58	1.51
60	4.00	3.15	2.76	2.53	2.37	2.25	2.17	2.10	2.04	1.99	1.92	1.84	1.75	1.70	1.65	1.59	1.53	1.47	1.39
120	3.92	3.07	2.68	2.45	2.29	2.17	2.09	2.02	1.96	1.91	1.83	1.75	1.66	1.61	1.55	1.50	1.43	1.35	1.25
∞	3.84	3.00	2.60	2.37	2.21	2.10	2.01	1.94	1.88	1.83	1.75	1.67	1.57	1.52	1.46	1.39	1.32	1.22	1.00

续表

0.01

第二自由度	第一自由度 1	2	3	4	5	6	7	8	9	10	12	15	20	24	30	40	60	120	∞
1	4 052	4 999.5	5 403	5 625	5 764	5 859	5 928	5 982	6 022	6 056	6 106	6 157	6 209	6 235	6 261	6 287	6 313	6 339	6 366
2	98.50	99.00	99.17	99.25	99.30	99.33	99.36	99.37	99.39	99.40	99.42	99.43	99.45	99.46	99.47	99.47	99.48	99.49	99.50
3	34.12	30.82	29.46	28.71	28.24	27.91	27.67	27.49	27.35	27.23	27.05	26.87	26.69	26.60	26.50	26.41	26.32	26.22	26.13
4	21.20	18.00	16.69	15.98	15.52	15.21	14.98	14.80	14.66	14.55	14.37	14.20	14.02	13.93	13.84	13.75	13.65	13.56	13.46
5	16.26	13.27	12.06	11.39	10.97	10.67	10.46	10.29	10.16	10.05	9.89	9.72	9.55	9.47	9.38	9.29	9.20	9.11	9.06
6	13.75	10.92	9.78	9.15	8.75	8.47	8.26	8.10	7.98	7.87	7.72	7.56	7.40	7.31	7.23	7.14	7.06	6.97	6.88
7	12.25	9.55	8.45	7.85	7.46	7.19	6.99	6.84	6.72	6.62	6.47	6.31	6.16	6.07	5.99	5.91	5.82	5.74	5.65
8	11.26	8.65	7.59	7.01	6.63	6.37	6.18	6.03	5.91	5.81	5.67	5.52	5.36	5.28	5.20	5.12	5.03	4.95	4.86
9	10.56	8.02	6.99	6.42	6.06	5.80	5.61	5.47	5.35	5.26	5.11	4.96	4.81	4.73	4.65	4.57	4.48	4.40	4.31
10	10.04	7.56	6.55	5.99	5.64	5.39	5.20	5.06	4.94	4.85	4.71	4.56	4.41	4.33	4.25	4.17	4.08	4.00	3.91
11	9.65	7.21	6.22	5.67	5.32	5.07	4.89	4.74	4.63	4.54	4.40	4.25	4.10	4.02	3.94	3.86	3.78	3.69	3.60
12	9.33	6.93	5.95	5.41	5.06	4.82	4.64	4.50	4.39	4.30	4.16	4.01	3.86	3.78	3.70	3.62	3.54	3.45	3.36
13	9.07	6.70	5.74	5.21	4.86	4.62	4.44	4.30	4.19	4.10	3.96	3.82	3.66	3.59	3.51	3.43	3.34	3.25	3.17
14	8.86	6.51	5.56	5.04	4.69	4.46	4.28	4.14	4.03	3.94	3.80	3.66	3.51	3.43	3.35	3.27	3.18	3.09	3.00
15	8.68	6.36	5.42	4.89	4.56	4.32	4.14	4.00	3.89	3.80	3.67	3.52	3.37	3.29	3.21	3.13	3.05	2.96	2.87
16	8.53	6.23	5.29	4.77	4.44	4.20	4.03	3.89	3.78	3.69	3.55	3.41	3.26	3.18	3.10	3.02	2.93	2.84	2.75
17	8.40	6.11	5.18	4.67	4.34	4.10	3.93	3.79	3.68	3.59	3.46	3.31	3.16	3.08	3.00	2.92	2.83	2.75	2.65
18	8.29	6.01	5.09	4.58	4.25	4.01	3.84	3.71	3.60	3.51	3.37	3.23	3.08	3.00	2.92	2.84	2.75	2.66	2.57
19	8.18	5.93	5.01	4.50	4.17	3.94	3.77	3.63	3.52	3.43	3.30	3.15	3.00	2.92	2.84	2.76	2.67	2.58	2.49
20	8.10	5.85	4.94	4.43	4.10	3.87	3.70	3.56	3.46	3.37	3.23	3.09	2.94	2.86	2.78	2.69	2.61	2.52	2.42
21	8.02	5.78	4.87	4.37	4.04	3.81	3.64	3.51	3.40	3.31	3.17	3.03	2.88	2.80	2.72	2.64	2.55	2.46	2.36
22	7.95	5.72	4.82	4.31	3.99	3.76	3.59	3.45	3.35	3.26	3.12	2.98	2.83	2.75	2.67	2.58	2.50	2.40	2.31
23	7.88	5.66	4.76	4.26	3.94	3.71	3.54	3.41	3.30	3.21	3.07	2.93	2.78	2.70	2.62	2.54	2.45	2.35	2.26
24	7.82	5.61	4.72	4.22	3.90	3.67	3.50	3.36	3.26	3.17	3.03	2.89	2.74	2.66	2.58	2.49	2.40	2.31	2.21

续表

0.01

第二自由度	第一自由度																		
	1	2	3	4	5	6	7	8	9	10	12	15	20	24	30	40	60	120	∞
25	7.77	5.57	4.68	4.18	3.85	3.63	3.46	3.32	3.22	3.13	2.99	2.85	2.70	2.62	2.54	2.45	2.36	2.27	2.17
26	7.72	5.53	4.64	4.14	3.82	3.59	3.42	3.29	3.18	3.09	2.96	2.81	2.66	2.58	2.50	2.42	2.33	2.23	2.13
27	7.68	5.49	4.60	4.11	3.78	3.56	3.39	3.26	3.15	3.06	2.93	2.78	2.63	2.55	2.47	2.38	2.29	2.20	2.10
28	7.64	5.45	4.57	4.07	3.75	3.53	3.36	3.23	3.12	3.03	2.90	2.75	2.60	2.52	2.44	2.35	2.26	2.17	2.06
29	7.60	5.42	4.54	4.04	3.73	3.50	3.33	3.20	3.09	3.00	2.87	2.73	2.57	2.49	2.41	2.33	2.23	2.14	2.03
30	7.56	5.39	4.51	4.02	3.70	3.47	3.30	3.17	3.07	2.98	2.84	2.70	2.55	2.47	2.39	2.30	2.21	2.11	2.01
40	7.31	5.18	4.31	3.83	3.51	3.29	3.12	2.99	2.89	2.80	2.66	2.52	2.37	2.29	2.20	2.11	2.02	1.92	1.80
60	7.08	4.98	4.13	3.65	3.34	3.12	2.95	2.82	2.72	2.63	2.50	2.35	2.20	2.12	2.03	1.94	1.84	1.73	1.60
120	6.85	4.79	3.95	3.48	3.17	2.96	2.79	2.66	2.56	2.47	2.34	2.19	2.03	1.95	1.86	1.76	1.66	1.53	1.38
∞	6.63	4.61	3.78	3.32	3.02	2.80	2.64	2.51	2.41	2.32	2.18	2.04	1.88	1.79	1.70	1.59	1.47	1.32	1.00

0.025

第二自由度	第一自由度																		
	1	2	3	4	5	6	7	8	9	10	12	15	20	24	30	40	60	120	∞
1	647.8	799.5	864.2	899.6	921.8	937.1	948.2	956.7	963.3	968.6	976.7	984.9	993.1	997.2	1 001	1 006	1 010	1 014	1 018
2	38.51	39.00	39.17	39.25	39.30	39.33	39.36	39.37	39.39	39.40	39.41	39.43	39.45	39.46	39.46	39.47	39.48	39.48	39.50
3	17.44	16.04	15.44	15.10	14.88	14.73	14.62	14.54	14.47	14.42	14.34	14.25	14.17	14.12	14.08	14.04	13.99	13.95	13.90
4	12.22	10.65	9.98	9.60	9.36	9.20	9.07	8.98	8.90	8.84	8.75	8.66	8.56	8.51	8.46	8.41	8.36	8.31	8.26
5	10.01	8.43	7.76	7.39	7.15	6.98	6.85	6.76	6.68	6.62	6.52	6.43	6.33	6.28	6.23	6.18	6.12	6.07	6.02
6	8.81	7.26	6.60	6.23	5.99	5.82	5.70	5.60	5.52	5.46	5.37	5.27	5.17	5.12	5.07	5.01	4.96	4.90	4.85
7	8.07	6.54	5.98	5.52	5.29	5.21	4.99	4.90	4.82	4.76	4.67	4.57	4.47	4.42	4.36	4.31	4.25	4.20	4.14
8	7.57	6.06	5.42	5.05	4.82	4.65	4.53	4.43	4.36	4.30	4.20	4.10	4.00	3.95	3.89	3.84	3.78	3.73	3.67
9	7.21	5.71	5.08	4.72	4.48	4.32	4.20	4.10	4.03	3.96	3.87	3.77	3.67	3.61	3.56	3.51	3.45	3.39	3.33

续表

0.025

第二自由度	第一自由度																		
	1	2	3	4	5	6	7	8	9	10	12	15	20	24	30	40	60	120	∞
10	6.94	5.46	4.83	4.47	4.24	4.07	3.95	3.85	3.78	3.72	3.62	3.52	3.42	3.37	3.31	3.26	3.20	3.14	3.08
11	6.72	5.26	4.63	4.28	4.04	3.88	3.76	3.66	3.59	3.53	3.43	3.33	3.23	3.17	3.12	3.06	3.00	2.94	2.88
12	6.55	5.10	4.47	4.12	3.89	3.73	3.61	3.51	3.44	3.37	3.28	3.18	3.07	3.02	2.96	2.91	2.85	2.79	2.72
13	6.41	4.97	4.35	4.00	3.77	3.60	3.48	3.39	3.31	3.25	3.15	3.05	2.95	2.89	2.84	2.78	2.72	2.66	2.60
14	6.30	4.86	4.24	3.89	3.66	3.50	3.38	3.29	3.21	3.15	3.05	2.95	2.84	2.79	2.73	2.67	2.61	2.55	2.49
15	6.20	4.77	4.15	3.80	3.58	3.41	3.29	3.20	3.12	3.06	2.96	2.86	2.76	2.70	2.64	2.59	2.52	2.46	2.40
16	6.12	4.69	4.08	3.73	3.50	3.34	3.22	3.12	3.05	2.99	2.89	2.79	2.68	2.63	2.57	2.51	2.45	2.38	2.32
17	6.04	4.62	4.01	3.66	3.44	3.28	3.16	3.06	2.98	2.92	2.82	2.72	2.62	2.56	2.50	2.44	2.38	2.32	2.25
18	5.98	4.56	3.95	3.61	3.38	3.22	3.10	3.01	2.93	2.87	2.77	2.67	2.56	2.50	2.44	2.38	2.32	2.26	2.19
19	5.92	4.51	3.90	3.56	3.33	3.17	3.05	2.96	2.88	2.82	2.72	2.62	2.51	2.45	2.39	2.33	2.27	2.20	2.13
20	5.87	4.46	3.86	3.51	3.29	3.13	3.01	2.91	2.84	2.77	2.68	2.57	2.46	2.41	2.35	2.29	2.22	2.16	2.09
21	5.83	4.42	3.82	3.48	3.25	3.09	2.97	2.87	2.80	2.73	2.64	2.53	2.42	2.37	2.31	2.25	2.18	2.11	2.04
22	5.79	4.38	3.78	3.44	3.22	3.05	2.93	2.84	2.76	2.70	2.60	2.50	2.39	2.33	2.27	2.21	2.14	2.08	2.00
23	5.75	4.35	3.75	3.41	3.18	3.02	2.90	2.81	2.73	2.67	2.57	2.47	2.36	2.30	2.24	2.18	2.11	2.04	1.97
24	5.72	4.32	3.72	3.38	3.15	2.99	2.87	2.78	2.70	2.64	2.54	2.44	2.33	2.27	2.21	2.15	2.08	2.01	1.94
25	5.69	4.29	3.69	3.35	3.13	2.97	2.85	2.75	2.68	2.61	2.51	2.41	2.30	2.24	2.18	2.12	2.05	1.98	1.91
26	5.66	4.27	3.67	3.33	3.10	2.94	2.82	2.73	2.65	2.59	2.49	2.39	2.28	2.22	2.16	2.09	2.03	1.95	1.88
27	5.63	4.24	3.65	3.31	3.08	2.92	2.80	2.71	2.63	2.57	2.47	2.36	2.25	2.19	2.13	2.07	2.00	1.93	1.85
28	5.61	4.22	3.63	3.29	3.06	2.90	2.78	2.69	2.61	2.55	2.45	2.34	2.23	2.17	2.11	2.05	1.98	1.91	1.83
29	5.59	4.20	3.61	3.27	3.04	2.88	2.76	2.67	2.59	2.53	2.43	2.32	2.21	2.15	2.09	2.03	1.96	1.89	1.81
30	5.57	4.18	3.59	3.25	3.03	2.87	2.75	2.65	2.57	2.51	2.41	2.31	2.20	2.14	2.07	2.01	1.94	1.87	1.79
40	5.42	4.05	3.46	3.13	2.90	2.74	2.62	2.53	2.45	2.39	2.29	2.18	2.07	2.01	1.94	1.88	1.80	1.72	1.64
60	5.29	3.93	3.34	3.01	2.79	2.63	2.51	2.41	2.33	2.27	2.17	2.06	1.94	1.88	1.82	1.74	1.67	1.58	1.48
120	5.15	3.80	3.23	2.89	2.67	2.52	2.39	2.30	2.22	2.16	2.05	1.94	1.82	1.76	1.69	1.61	1.53	1.43	1.31
∞	5.02	3.69	3.12	2.79	2.57	2.41	2.29	2.19	2.11	2.05	1.94	1.83	1.71	1.64	1.57	1.48	1.39	1.27	1.00

表 A.5　随机数表

63271	59986	71744	51102	15141	80714	58683	93108	13554	79945
88547	09896	95436	79115	08303	01041	20030	63754	08459	28364
55957	57243	83865	09911	19761	66535	40102	26646	60147	15702
46276	87453	44790	67122	45573	84358	21625	16999	13385	22782
55363	07449	34835	15290	76616	67191	12777	21861	68689	03263
69393	92785	49902	58447	42048	30378	87618	26933	40640	16281
13186	29431	88190	04588	38733	81290	89541	70290	40113	08243
17726	28652	56836	78351	47327	18518	92222	55201	27340	10493
36520	64465	05550	30157	82242	29520	69753	72602	23756	54935
81628	36100	39254	56835	37636	02421	98063	89641	64953	99337
84649	48968	75215	75498	49539	74240	03466	049292	36401	45525
63291	11618	12613	75055	43915	26488	41116	64531	56827	30825
70502	53225	03655	05915	37140	57051	48393	91322	25653	06543
06426	24771	59935	49801	11082	66762	94477	02494	88215	27191
20711	55609	29430	70165	45406	78484	31639	52009	18873	96927
41990	70538	77191	25860	55204	73417	83920	69468	74972	38712
72452	36618	76298	26678	89334	33938	95567	29380	75906	91807
37042	40318	57099	10528	09925	89773	41335	96244	29002	46453
53766	52875	15987	46962	67342	77592	57651	95508	80033	69828
90585	58955	53122	16025	84299	53310	67380	84249	25348	04332
32001	96293	37203	64516	51530	37069	40261	61374	05815	06714
62606	64324	46354	72157	67248	20135	49804	09226	64419	29457
10078	28073	85389	50324	14500	15562	64165	06125	71353	77669
91561	46145	24177	15294	10061	98124	75732	00815	83452	97355
13091	98112	53959	79607	52244	63303	10413	63839	74762	50289
73864	83014	72457	22682	03033	61714	88173	90835	00634	85169
66668	25467	48894	51043	02365	91726	09365	63167	95264	45643
84745	41042	29493	08136	09044	51926	43630	63470	76508	14194
48068	26805	94595	47907	13357	38412	33318	26098	82782	42851
54310	96175	97594	88616	42035	38093	36745	56702	40644	83514
14877	33095	10924	58013	61439	21882	42059	24177	58739	60170
78295	23179	02771	43646	59061	71411	05697	67194	30495	21157
67524	02865	38593	54278	04237	92441	26602	63835	38032	94770
58268	57219	68124	73455	83236	08710	04284	55005	84171	42596
97158	28672	50685	01181	24262	19427	52106	34308	73685	74246
04230	16831	69085	30802	65559	09205	71829	06489	85650	38707
94879	56606	30401	02602	57658	70091	54986	41394	60437	03195
71446	15232	66715	26385	91518	70566	02888	79941	39684	54315
32886	05644	79316	09819	00813	88407	17461	73925	53037	91904
62048	33711	25290	21526	02223	75947	66466	06232	10913	75336
84534	42351	21628	53669	81352	95152	08107	98814	72743	12849
84707	15885	84710	35866	06446	86311	32648	88141	73902	69981
19409	40868	64220	80861	13860	68493	52908	26374	63097	45052
57978	48015	25973	66777	45924	56144	24742	96702	88200	66162
57295	98298	11199	96510	75228	41600	47192	43267	35973	23152

参考文献

1. 刘小平，等．统计学基础与实务．北京：高等教育出版社，2011.

2. 袁卫，刘超．统计学——思想、方法与应用(第 2 版)．北京：中国人民大学出版社，2016.

3. 贾俊平，等．统计学(第 6 版)．北京：中国人民大学出版社，2015.

4. [美]门登霍尔，辛塞奇．统计学(原书第 5 版)．北京：机械工业出版社，2016.

5. [美]戴维·R·安德森，等．商务与经济统计(原书第 12 版)．北京：机械工业出版社，2015.

6. [美]詹姆斯·麦克拉夫，等．商务与经济统计学(第 12 版)．北京：中国人民大学出版社，2015.

7. [美] David Freedman，等．统计学．北京：中国统计出版社，1997.

8. 张文彤，邝春伟．SPSS 统计分析基础教程(第 2 版)．北京：高等教育出版社，2011.

9. [法]麦考斯，等．R 软件教程与统计分析：入门到精通．北京：高等教育出版社，2015.